信息科学与技术导论

（第 3 版）

主　编　钟义信

参　编　李　蕾　　何明一　　刘　岚　　蒋建国
　　　　张国平　　牛少彰　　张　琳　　左兴权
　　　　王　枞　　李睿凡　　周延泉　　王小捷
　　　　谭咏梅　　黄　玲　　刘建毅　　郭燕慧

北京邮电大学出版社
www.buptpress.com

内 容 简 介

物理科学是工业时代的标志性学科,信息科学是信息时代的标志性学科。工业时代所有理工科学生都要学习物理科学,信息时代所有学生(无论是理工医农还是文史哲艺)都要学习信息科学。本书面向初学者,站在规律的高度,运用简明的语言,讲述信息科学技术的基本概念和知识体系,剖析信息科学技术在经济社会各个领域的巨大作用,以及信息科学技术未来的发展趋势。作为导论,还特别关注了学习信息科学技术的特有规律和方法。

本书立意高远,观点清新,体系完整,逻辑严密,语言通畅,深入浅出,不仅可以用作大学本科新生的入门教材,还可以作为各个领域的读者学习信息科学技术的入门读物。

图书在版编目(CIP)数据

信息科学与技术导论 / 钟义信主编. --3 版. --北京:北京邮电大学出版社,2015.8(2023.8重印)
ISBN 978-7-5635-4464-6

Ⅰ.①信… Ⅱ.①钟… Ⅲ.①电子信息—高等学校—教材②电子技术—高等学校—教材
Ⅳ.①G202②TN01

中国版本图书馆 CIP 数据核字(2015)第 177781 号

书　　　名	信息科学与技术导论(第3版)
主　　　编	钟义信
责任编辑	刘春棠
出版发行	北京邮电大学出版社
社　　　址	北京市海淀区西土城路 10 号(邮编:100876)
发 行 部	电话:010-62282185　传真:010-62283578
E-mail	publish@bupt.edu.cn
经　　　销	各地新华书店
印　　　刷	唐山玺诚印务有限公司
开　　　本	787 mm×1 092 mm　1/16
印　　　张	13.5
字　　　数	324 千字
版　　　次	2007 年 11 月第 1 版　2010 年 7 月第 2 版　2015 年 8 月第 3 版　2023 年 8 月第 11 次印刷

ISBN 978-7-5635-4464-6　　　　　　　　　　　　　　　　　　　　　定　价:36.00 元

· 如有印装质量问题,请与北京邮电大学出版社发行部联系 ·

第3版前言

作为信息时代科学技术的旗帜,信息科学技术的发展瞬息万变,目不暇接,它在社会各个领域的应用则是无处不在,无缝覆盖。而且,一旦信息科学技术的应用到达了某个领域,就会使这个领域的状态发生"焕然一新"的巨大变化。这就是"信息化"的魅力!

对于当代大学本科的教育来说,学习信息科学技术当然是刻不容缓。然而,究竟什么是"信息科学技术",应当设置怎样的专业来落实"信息科学技术"的本科教育,从主管部门到专家学者却是见仁见智,众说纷纭。

由于受到"分而治之"传统方法论的影响,高等学校信息科学技术领域本科专业的设置呈现出"纵横分割,体系零乱"的景象:通信工程专业、计算机科学与技术专业、自动化专业、信息工程专业、电子信息工程专业、网络工程专业、物联网专业、智能科学与技术专业、软件工程专业、电子科学与技术专业、信息安全专业、多媒体专业等。于是,信息领域各专业大学生们的知识结构就普遍显得"只见树木,不见森林"。

一个众所周知的科学哲理是:系统整体的功能远不是它的各个元素功能总和所可以企及。对于系统性特别强烈的信息科学技术来说,情形更加如此。如果学生们只掌握信息科学技术的一些局部知识和能力而不了解信息科学技术的全局,他们将来就会陷入"盲人摸象"的窘境;而对国家和社会来说,就会在信息科学技术的发展与应用中以及在国际竞争中遭受重大的利益损失。

面对这种情况,在高等学校的信息领域设置一门既能深入浅出又能统揽全局的"信息科学与技术导论"课程就变得十分重要了。正是认识到这种迫切的需要,八年前,十多所高等学校的一线教师,在北京邮电大学出版社的大力支持下,共同合作,通过深入研讨,编写了《信息科学与技术导论》(以下简称《导论》),并于2010年出版了它的第2版。

为了适应信息科学技术快速发展的步伐,更好地服务于高等学校信息科学技术的本科教育,近两年来北京邮电大学出版社组织本书的编写人员和该课程的主讲教师对国内部分高校进行了专访、座谈和交流,听取各校一线教师对《导论》第2版教材的意见和建议,为编写第3版提供了可参考的修改思路。

第3版的改进目标是:进一步贯彻"浅近、精准、系统、新颖"的原则,在内容上更加紧扣最新的发展,在叙述上更加简明而系统。为此,第3版作了如下修改:(1)使"信息"的概念更加精确和清晰;(2)删除了原书第7章"学科关系";(3)新增了第6章"人工智能";(4)论述了"信息化"与"智能化"的关系;(5)阐明了当前公众关注的大数据、云计算、物联网的技术本质;(6)对未来的发展作了更加深入的分析。

为了提高本次修改的效率,由走访过各个学校的钟义信教授起草全书有关修改章节的具体文稿,在此基础上听取各位参编老师们的反馈意见,最后形成全书的正式文本。因此，这是全体参编老师们集体的劳动成果。我们希望，《导论》第3版将为我国各高校信息领域本科教育提供更高质量的服务，为我国信息领域人才培养作出更好的贡献。

需要重申的是，为了发挥"导论"课程的作用，课程应当安排在本科一年级第一学期，而不宜安排在其他学期。本课程的讲授应当采用教师引导、师生互动的方式，调动学生学习的积极性。本课程的讲授还应当遵循"保持（信息科学技术的）共性，发挥（各校信息科学技术的）个性"的原则。

在此第3版书稿付梓之际，我们衷心感谢各校"信息科学与技术导论"的任课老师和参编本书的各位老师始终如一地关心本课程的成长与发展，感谢北京邮电大学出版社的领导和编辑人员对本书的大力支持，使本书有机会不断改进，不断为各校信息科学技术领域本科教育提供越来越好的服务。

信息时代是人类发展史上最为灿烂辉煌的时代，也是东方民族大有作为的美好时代。愿我们大家共同努力，为民族振兴的中华梦想培养更多更好的信息科学技术优秀人才作出应有的贡献！

作者 2015 年夏日

第 2 版前言

《信息科学与技术导论》(以下简称《导论》)出版至今不过两年多的时间,但是,《导论》已经在我国许多高校广泛传播,在相关专业教师和学生中引起了巨大兴趣。期间,北京邮电大学出版社在北京和外地多个城市举行过《导论》教材座谈会和讨论会,听取相关专业教师们的意见和建议。北京邮电大学出版社还邀请《导论》的作者参加过相关的座谈,与《导论》的使用者互相交流切磋,起到了很好的沟通作用。

所有参加座谈会和讨论会的老师们一致的呼声是:鉴于信息科学技术在现代科学技术体系和经济社会发展中具有特别重要的作用,鉴于我国高等学校普遍设置了许多与信息科学技术密切相关的专业,同时鉴于目前我国高校缺乏通用的信息科学技术导论教材,而这部《导论》又已经受到广大读者的普遍欢迎,因此,恳切希望出版社组织力量编写出版它的第 2 版。

受到广大同事和学生们的热情鼓励,作者决定积极响应出版社和用户的召唤,在第 1 版的基础上编写出版《信息科学技术导论》第 2 版。

需要说明的是,对于怎样写《导论》,历来有不同的见解。但是认知规律表明,对初学者而言,最重要的是应能获得"浅近而系统"的认识。浅近,学生就能够把握得住所学的内容;系统,学生的认识就可以避免片面性。而"避免片面性"对于学生的终生发展是极其重要的事情,一旦在初学时有了片面性,就可能由现在的"差之毫厘"导致将来的"失之千里"。至于浅近,这不要紧,由于有了系统的认识,将来就可以根据需要有针对性地逐步深入。

所以,"浅近而完整,注重系统性;循循善诱,注重规律性"成为本书编写的基本准则。在此基础上,作者形成了以下指导原则,供各方面把握。

第一,《导论》的读者对象:作为大学本科专业,它的读者是大学一年级新生,而且应当安排在一年级的第一学期,使新生一踏进大学校门就得到"导论"课程的引导。如果在时间上安排晚了,就失去了《导论》"引导新生"的及时性。

第二,《导论》的适用专业:按照信息科学与技术的学术内涵,《导论》应当覆盖信息获取(传感)、信息传递(通信)、信息处理(计算机)、信息认知与决策(人工智能)、信息执行(控制)以及信息系统(自动化)等相关专业。

第三,《导论》的教学定位:作为《导论》,它的目的不是为了简单地给学生填塞多少信息科学技术的各种具体知识,而是要引导学生从系统整体的层次建立对于信息科学技术初步的然而是整体性的认识,准确理解"什么是信息科学技术"以及"为什么信息科学技术如此重要",从宏观上把握信息科学技术的知识结构和学习方法。

第四,《导论》的教学风格:根据《导论》的上述教学定位,在《导论》的内容取舍、深浅程度和教学风格方面应当遵循内容体系上"新颖而完整"(避免片面),学术概念上"浅近而准确"(避免偏差),教学方式上"师生互动",教授风格上"引人入胜"的原则。

第五,《导论》的使用要求:信息科学技术具有明确的学术内涵,各校应当准确表达它的学术内涵,避免产生歧义和偏差。但是不同的学校在信息领域内又各有特色,因此各校的教学在维护基本内涵的基础上可以突出各自的特色,做到既保持共性,又突出特色。

《导论》第2版的编写努力贯彻和体现以上这些指导原则。第2版全书的文字由钟义信做了统一的审定,各章的电子教案分别由原来的执笔者提供。由于编者的水平和精力所限,很难做到尽善尽美,相信第2版也还会存在这样或那样的缺点甚至错误,诚恳希望广大读者提出批评,以期不断改进。

感谢北京邮电大学出版社对本书的高度重视,做了如此广泛深入的读者和用户调查。感谢读者和用户对本书提出的许多宝贵意见,使本书的质量能够不断得到提高。还要特别感谢参加本书编写的各位老师和他们所在的学校的支持,没有这些支持和帮助,本书的编写不可能取得成功。

编　者

2010 年 3 月

第1版前言

我们所处的这个时代之所以被称为"信息时代",是因为信息科学技术的发展将为社会提供一种崭新的通用的社会生产工具——大规模智能化的信息网络,一种能够按照一定目的主动获取信息、把信息加工成知识、把知识转换为智能策略和智能行为从而成功地解决问题的社会生产工具,一种类似于人类劳动者的聪明的社会生产工具。劳动者利用这种社会生产工具进行生产活动,就可以形成信息化智能化的社会生产力;这样的社会生产力就会要求建立与之相适应的信息化智能化的社会生产关系,进而形成信息化智能化的社会上层建筑,使工业社会转变为信息社会。

虽然目前的网络(电信网、互联网、电视网)还只是一种初等的信息网络,主要只能提供信息传递与共享的服务,远远没有达到"智能化信息网络"的技术状态和能力水平,但这个目标和前景十分清晰,通过努力一定可以达到。

因此,为现在和未来的大学生(甚至是高年级中学生)提供信息科学与技术的基本教育至关重要。这是21世纪高等学校教学内容改革的一个基本方向。否则,我们的教育就不能适应时代发展的需要,我们的人才后备大军就会落后于时代。而人才知识和能力的落后,则将导致异常可怕的后果。

不可避免的是,教育落后于现实是一个普遍规律。在信息科学技术进入快速发展时期的20世纪80年代,我国高等学校还鲜有信息科学与技术的专业。目前,我国许多高等学校虽然陆续建立了与信息科学技术相关的专业,但缺乏高水平的信息科学与技术专业的教材,甚至对于"什么是信息科学与技术"的理解也还千差万别。

为了尽快扭转这种落后状况,为了适应"建设创新型国家"的需要,培养高水平的信息科学与技术人才,北京邮电大学、武汉理工大学、西北工业大学、合肥工业大学、华中师范大学、华中科技大学、四川大学、湖南大学、三峡大学、武汉科技大学等高校从事一线教学的老师们走到一起,通过研讨和交流,决定联合起来,共同编写一部《信息科学与技术导论》教材,供高等学校相关专业使用。

通过研讨,编者们认识到,作为"导论",它的任务不是要具体地为学生补充信息科学与技术专业的某些概念和知识,而是要高瞻远瞩地引导学生理解:什么是信息科学与技术?为什么当今时代会出现信息科学技术?为什么应当学习和研究信息科学技术?它的基本知识结构是什么?信息科学技术与其他相关科学技术的关系是什么?信息科学技术对经济发展和社会进步具有什么作用?它的未来发展前景是什么?怎样才能学好信息科学技术?其实,这些正是信息类专业大学新生首先面临的问题,也是他们离开中学进入大学之后最为关切的问题。

如果"导论"能够高屋建瓴、循循善诱、引人入胜地解答这些问题,使学生们一踏进大学校园就能够对自己的专业有清晰的宏观把握,对未来学习的内容心中有数,对所学专业的意义有深刻的理解,就会激发他们对自己专业的热爱,激发他们学习的自觉性、主动性、责任感和使命感,有条不紊地安排好自己的理论学习和实践学习,主动地建构自己的知识结构和能力结构,成为学习的主人,将来成为具有创新精神和实践能力的毕业生。

"信息科学与技术导论"安排在大学一年级的第一学期,每周2个学时。由于它的论说性和引导性比较强,在教学过程中应当尽量采用启发式、讨论式、互动式,做到教学过程生动活泼,课程内容深入脑海;避免老师"一言堂,满堂灌",因为"满堂灌"的方式很可能把本来很好的道理"灌出"逆反心理和负面效应。为了便于使用,本书还提供了一套电子教案,希望对教师们起到一定的参考作用。

本书适用于高等学校所有信息类专业一年级学生使用,也适用于那些"非信息类"专业但对信息科学与技术感兴趣的大学生和科学技术工作者学习。同时,对于面临毕业希望了解信息科学与技术专业的高中学生来说,本书可以提供很好的指导。

本书的出版得到北京邮电大学出版社的大力支持,这家出版社出版了学术专著《信息科学原理》、北京市研究生重点精品教材《信息科学教程》,现在又组织出版大学本科的《信息科学与技术导论》,在本领域积累了系统的经验,对作者们的想法非常理解,为作者们的编写工作提供了很好的帮助。在此,本书作者们对出版社表示衷心的感谢。

本书是国内第一本由教学科研第一线的权威专家队伍合力探讨编写的。全书由钟义信任主编和主审。第1章由钟义信、李蕾编写,第2章由张国平编写,第3章由蒋建国编写,第4章由张琳、牛少彰编写,第5章由何明一编写,第6章由左兴权、王枞、李睿凡编写,第7章由周延泉、李睿凡编写,第8章由刘岚编写,第9章由王小捷、谭咏梅、黄玲、刘建毅编写,第10章由钟义信、郭燕慧编写。同时感谢严潮斌、吕峰、黄瑞光、刘威、齐美彬、詹曙、吴从中、夏娜、何小海、吉培荣、文双春、吴谨、冯燕、卫保国等教授以及相关学校研究生在编写过程中提供的建议和帮助。

《信息科学与技术导论》的编写得到了作者们所在学校的大力支持,北京邮电大学、武汉理工大学、西北工业大学、合肥工业大学、华中师范大学等各校都为作者们的编写工作提供了必要的条件。北京邮电大学智能科学技术研究中心的各位老师不但在百忙之中如期完成了自己所负责章节的编写任务,还承担了繁重的审稿、统稿和部分编辑工作,保证了本书的如期出版。

然而,编写《信息科学与技术导论》是一项没有先例的工作,国内没有,国外也没有。它的学科内容新,写作方式新,讲授姿态新。虽然作者们尽了自己的努力,但是由于时间过于紧迫,精力、能力和知识水平有限,缺点和错误在所难免,作者们诚恳希望本书的使用者和广大读者坦率提出批评意见,以不断改进。

编 者

目 录

第1章 大科学观 ... 1
1.1 科学技术的发生学:辅人律 ... 1
- 1.1.1 什么是科学？什么是技术？ ... 1
- 1.1.2 科学技术的发生规律 ... 5
- 1.1.3 科学技术的使命 ... 7

1.2 科学技术的发展学:拟人律 ... 8
- 1.2.1 人类能力的进化 ... 8
- 1.2.2 科学技术的拟人规律 ... 14

1.3 科学技术的定位学:共生律 ... 17
- 1.3.1 科学技术能力与人类能力的共生互补 ... 17
- 1.3.2 信息时代的表征性科学技术 ... 18

本章小结 ... 19
思考题 ... 19
进一步阅读的建议 ... 20

第2章 基础概念 ... 21
2.1 信息的基本概念 ... 21
- 2.1.1 信息的定义 ... 21
- 2.1.2 信息的特征、性质与功能 ... 25

2.2 信息科学概说 ... 29
- 2.2.1 信息科学 ... 29
- 2.2.2 信息技术概述 ... 35
- 2.2.3 信息科学与信息论的联系与区别 ... 37

本章小结 ... 37
思考题 ... 38
进一步阅读的建议 ... 38

第3章 信息获取 ... 39
3.1 简述 ... 39
3.2 信息的直接获取 ... 40

3.2.1　非电量电测	40
3.2.2　信号规整	45
3.2.3　测量	46
3.3　信息的间接获取	47
3.3.1　信息表示	47
3.3.2　信息特征获取	49
3.3.3　机器学习	50
3.3.4　信息检索	53
3.4　全信息/语义信息的获取	60
本章小结	62
思考题	62
进一步阅读的建议	62

第4章　信息传递 … 64

4.1　通信网络	64
4.1.1　通信系统	64
4.1.2　交换系统	67
4.1.3　通信网络	68
4.2　信息安全	74
4.2.1　保密安全	74
4.2.2　网络安全	76
4.2.3　信息内容安全	80
4.2.4　网络信息安全的综合防范	81
本章小结	84
思考题	84
进一步阅读的建议	85

第5章　信息处理 … 86

5.1　概述	86
5.1.1　信号与信息	86
5.1.2　信号处理的概念	86
5.1.3　信息处理的概念	87
5.1.4　常规信息处理与智能信息处理的区别与联系	88
5.1.5　信息处理无处不在	89
5.2　常规信息处理	90
5.2.1　常规信息处理的概念	90
5.2.2　常规信息处理的主要内容与方法	91
5.3　智能信息处理	93
5.3.1　智能信息处理的概念	93

5.3.2 智能信息处理的理论与方法 ·· 96
5.4 信息处理的发展趋势 ·· 99
本章小结 ·· 100
思考题 ·· 101
进一步阅读的建议 ·· 101

第6章 人工智能 ·· 103

6.1 基本概念 ·· 103
　　6.1.1 信息、知识、智能 ·· 103
　　6.1.2 人工智能与人类智能 ·· 107
6.2 智能的模拟方法 ·· 109
　　6.2.1 智能的结构模拟：人工神经网络 ··· 109
　　6.2.2 智能的功能模拟：物理符号系统 ··· 111
　　6.2.3 智能的行为模拟：感知动作系统 ··· 113
　　6.2.4 智能的机制模拟：通用智能系统 ··· 115
6.3 人工智能的理论与应用 ·· 117
　　6.3.1 信息转换与智能创生定律 ·· 117
　　6.3.2 人工智能与信息技术的关系 ·· 119
　　6.3.3 人工智能应用概说 ··· 120
本章小结 ·· 123
思考题 ·· 124
进一步阅读的建议 ·· 125

第7章 信息执行 ·· 126

7.1 信息控制 ·· 126
　　7.1.1 控制的基本概念 ·· 126
　　7.1.2 由信息到行为的转换机制 ·· 130
　　7.1.3 基本的控制方法 ·· 130
7.2 信息显示 ·· 134
　　7.2.1 信息显示的基本原理 ·· 134
　　7.2.2 信息显示的作用 ·· 138
　　7.2.3 信息显示的基本方法 ·· 138
本章小结 ·· 143
思考题 ·· 143
进一步阅读的建议 ·· 144

第8章 学习导引 ·· 145

8.1 知识结构 ·· 145
　　8.1.1 信息科学技术的知识结构 ·· 145

8.1.2　信息科学技术的能力结构 ··· 149
　8.2　学习方法 ··· 153
　　8.2.1　学习方法的革命 ··· 153
　　8.2.2　大学学习与中学学习的比较 ····································· 156
　　8.2.3　大学学习方法的特点 ··· 157
　本章小结 ··· 163
　思考题 ··· 163
　进一步阅读的建议 ··· 164

第9章　未来趋势 ··· 165

　9.1　未来的信息技术 ··· 165
　　9.1.1　信息新理论引发的信息新技术 ··································· 166
　　9.1.2　新型信息材料与器件 ··· 169
　　9.1.3　智能信息系统 ··· 170
　9.2　未来的信息网络 ··· 175
　　9.2.1　现有的信息网络 ··· 175
　　9.2.2　智能信息网络 ··· 177
　本章小结 ··· 182
　思考题 ··· 183
　进一步阅读的建议 ··· 183

第10章　放眼社会 ··· 184

　10.1　信息科学—信息技术—信息经济—信息社会 ··························· 184
　　10.1.1　从科学到社会：回归"大科学观" ······························· 184
　　10.1.2　信息科学技术的连锁反应 ······································ 187
　10.2　广阔天地，大有作为 ·· 193
　　10.2.1　信息社会的生产图景 ·· 193
　　10.2.2　信息社会的服务图景 ·· 198
　本章小结 ··· 200
　思考题 ··· 201
　进一步阅读的建议 ··· 201

第 1 章 大 科 学 观

> 什么是科学？什么是技术？科学技术是怎样发生的？又会按照什么规律向前发展？科学技术的发展与人类进步究竟存在什么样的关系？这种关系又怎样在宏观上引领了科学技术的发展？如果希望自己成为一个清醒的信息科学技术工作者，那么这些就都是不能回避的问题。
>
> 显然，这并非就事论事所能回答的问题，只有掌握"大科学"的观念才能找到正确的答案。由此也才能懂得：什么是信息科学技术？为什么现代社会必然要出现信息科学技术？为什么必须学习和掌握好信息科学技术？

假如有人问你：什么是信息科学？什么是信息技术？它们在整个科学技术体系中处于什么地位？它们对于国民经济发展、社会文明进步和国家安全保障有什么独特而重要的作用？为什么要学习信息科学技术？你能给出准确的回答吗？

如果暂时不能，《导论》就将为你理解这些问题提供必要的引导。

1.1 科学技术的发生学：辅人律

为了深刻理解这些问题，就必须懂得：什么是科学？什么是技术？人类社会为什么会出现科学和技术？科学技术与人类的关系是什么？科学与技术发生和发展的基本规律是什么？

这就是所说的"大科学观"，也就是从整个科学技术与人类社会这个大角度来了解信息科学技术，而不是就信息科学技术而论信息科学技术。只有在宏观上懂得了这些基本道理，才能高屋建瓴地把握信息科学技术的真义和精髓，从而产生学习、掌握和发展信息科学技术的强烈愿望、巨大激情和创新动力；反之，如果满足于就事论事地了解一些具体知识，就容易陷入"见木不见林"的境地，最终还是难免"如入迷津，不得要领"。"不识庐山真面目，只缘身在此山中"，就是这种"没有站高望远"所引出的教训。

1.1.1 什么是科学？什么是技术？

人类总是同时面对着两类基本的"存在"：一类是先于人类且不以人类的主观意志为转移的客观存在，这就是自然界；另一类是由于人类自身的活动、在一定程度上受到人类意志的影响、由人类自己创造出来的存在,这就是社会。人类,既是自然界的一部分,又是社会的一部分。

科学,是人类创建的关于自然和社会(因而也包括人类)的本质及其运动规律的开放性理论知识体系,它经过长期的社会实践而被人们逐渐发现、提炼和抽象出来,又经过长期的社会实践检验而得到确立和更新。

科学是一个抽象的理论知识体系,是关于事物的本质及其运动规律的理论描述体系。它由事物抽象出来,但又不等同于事物本身:事物是具体的,知识是抽象的。科学是人类创造的,是事物的本质及其运动规律在人们头脑中的抽象反映。抽象的理论知识可以指导人们去认识事物的性质和规律,这是科学的伟大作用;但理论必须经受实践的检验才能证明其正确,而且理论本身不能直接改变事物,这是科学的局限。

科学发展到今天,已经形成一个规模庞大、结构复杂的开放的知识体系。

按照目前的认识和分类方法,科学的研究对象虽然千姿百态,大致可以分为两大门类:自然科学门类和社会科学门类。前者是关于自然本质及其运动规律的知识;后者是关于社会本质及其运动规律的知识。

研究领域还可以细分。例如,自然科学领域又可以细分为数学、物理学、化学、天文学、地理学、生物学等基础科学,社会科学领域又可以细分为文学、史学、哲学、政治学、经济学、法学等。自然科学和社会科学的各个学科还可以进一步划分为更低层次的学科,例如数学可以再分为算术、代数、几何、三角、微积分等基础数学和应用数学,物理学则可以再分为力学、声学、热学、磁学、光学、原子物理,如此等等。

科学研究的内容丰富多彩,而且随着人们认识的不断深化,科学研究的内容将越来越丰富和深刻。但是,无论科学研究的内容如何丰富多彩,按照它们的性质,归根结底可以分为两大类型,这就是:对象的本质及其运动规律;本质及运动规律的应用方法。前者称为基础科学;后者称为应用科学。

由于科学技术本身还在不断发展,它的分类结果至今还没有完备,而且具体的分类准则和分类结果也还存在着不同的认识(比如,越来越多的人认为数学既不属于自然科学也不属于社会科学,应当成为独立的门类),特别是随着大量新兴科学和交叉科学的不断问世,科学的分类更加复杂。

上述定义也表明,科学知识体系是一个不断动态更新的开放体系。所谓开放体系,是指这个知识体系的内容和结构不是终极的和封闭的,而是随着时间推移而不断增长和发展的;所谓动态更新,是指这个知识体系本身在演进过程中具有新陈代谢的特性,新鲜的知识会被补充进来,陈旧的知识会被淘汰出去。这种现象在科学发展史上随时都在进行。人们印象最深刻的科学更新包括:达尔文的生物进化论取代了上帝造人说;哥白尼的太阳中心说取代了托勒密的地球中心说;爱因斯坦的狭义相对论修正了牛顿的经典力学理论;等等。所有这些取代或修正都使科学向真理靠近了一步。

上述定义还表明,知识的形成是一个复杂的过程,至少需要经历两个基本的阶段,首先是在实践过程中有所发现和创新,然后是在实践过程中经历严格的检验和确证。有的发现和创新因为不能经受实践的检验而被否定和淘汰,有的发现和创新经过实践的检验而得到完善和确认。一切科学的真知都必然经得起客观实践的检验,能够在同样的实验条件下稳定重现(或在统计意义上稳定重现)。反之,一切在同样实验条件下不能稳定重现的东西,不能被承认为科学。

在科学研究活动中,也常常碰到这样的情形:一种新的正确的科学理论往往不能立即被学术界认识和接受,特别是当新的理论被一些名不见经传的小人物提出来的时候,或者某种新的理论与原有的理论有矛盾的时候,这种排斥现象更为常见。在这种情况下,除了理论本身的检验(证实或证伪)之外,实践(实验)的检验就变得更为重要。

根据认识论的原理可以判断,科学,作为这样形成的一种知识体系,不可能也不应该是一组一成不变的绝对真理,而只能是对自然和社会的本质及其发展规律的逐渐逼近的相对真理的体系。至于科学如何逐渐逼近真理,科学会朝什么方向发展,这是一个相当复杂的问题,本书随后会给出必要的分析。

可以肯定,科学不是一种不受任何约束的"自由意志的创造"。科学的发展必然受到社会需求和社会知识状况的双重约束。这是因为,一方面,科学能够研究什么问题,受到当时人们所拥有的知识的约束,科学是规律的发现,不是异想天开、胡思乱想。如果没有必要的知识积累,不可能侥幸成功。另一方面,即使人们获得了某种科学成果,如果社会没有产生这种需求,社会就不会加以关注,成果就会被埋没、被遗忘。因此,无论何时,科学发展都会受到社会需求和已有知识状况两方面的制约。当然,由于科学距离社会实践比较远,这种约束不是特别明显。但这在任何意义上都不能得出结论,认为科学不受约束。相反,科学的发展事实上会受到社会需求的牵引和已有知识状况的支撑。这是科学发展的一个极其重要的原理——"需求牵引与知识支撑"原理。

如上所述,"科学"应当包括自然科学和社会科学两个基本门类。但是由于历史形成的习惯,人们往往只把自然科学称为"科学"。这当然丝毫不意味着社会科学不是科学。毫无疑问,社会科学也是科学的一个重要的门类。虽然由于研究的对象领域不同,社会科学在长期的发展中逐渐形成了一套与自然科学不尽相同的研究方法。这主要是因为社会科学研究的对象更为复杂,通常是特大规模的分布式的复杂的动力学系统,很难像自然科学一样先行理想化,然后用数学解析的方法充分表达和运算,也很难像自然科学一样设计具体的实验系统来考察社会系统的复杂关系和行为。但是随着自然科学研究的对象由简单走向复杂,自然科学研究对象的性质越来越朝大规模分布式复杂动力学系统方向靠拢,就会有越来越多的自然科学研究方法可以应用于社会科学系统的研究。因此,自然科学和社会科学之间的关系日益密切,历史造成的差异将逐渐得到合理的沟通。

为了避免历史造成的误解,应当把自然科学称为"狭义的科学",或者就直截了当地称为自然科学;而把自然科学和社会科学都包含于其中的科学称为完整意义上的科学。不过,为了表述上的简洁,在不引起误解的情况下,按照历史上的习惯,把自然科学简称为科学也应当是允许的。

科学(指自然科学,下同)和技术是一对孪生概念,具有密切的联系。特别是在现代社会,科学与技术之间的联系更是日益密切,有时甚至会密切到难分难解的地步。然而,技术毕竟是技术,它有自己的特质,有自己独立的特性,不能完全等同于科学。否则,就没有理由把它独立于科学而称之为技术了。因此,只要有需要,仍然可以把科学与技术两者在概念上明确地互相区分开来。

那么,什么是技术?它与科学有什么联系与区别?

技术,也叫工艺学,是人类创造的关于如何认识自然和如何改造自然的工艺方法的开

放体系,它从实践过程中被人们逐渐总结出来,或在科学理论指导下被人们发明出来,经过实践的检验而逐渐得到确认和应用。

对照科学的定义可以看出,科学所研究的是关于事物本身的本质及其运动规律,是关于事物本身的知识体系;技术是人类创造出来用以解决问题的方法,是关于如何认识自然和如何改造自然的方法体系。技术通常有两种不同的存在形态:一种是抽象的方法,另一种是具体的方法。抽象的方法只告诉人们应当怎么做,是一套操作的程序,称为技术方法;具体的方法则把一套操作程序固化成为一种可以实际操作的工具,称为技术工具。也可以说,"技术方法"是技术的"软形态",而"技术工具"则是技术的"硬形态",它们是技术的两种相辅相成的表现形态。

正因为技术是关于认识自然和改造自然的工艺方法体系,技术与"认识自然和改造自然"的具体领域有着密切的联系。因此,与科学的分类情况不同,技术作为解决问题的方法体系,它的分类与所解决问题的情况相关联。比如,按照所解决问题的领域不同,技术可以分为解决工业问题的工业技术、解决农业问题的农业技术、解决国防问题的国防技术,类似的还有交通运输技术、商业贸易技术、教育技术、实验技术、医疗技术等,并可以把每个领域的技术不断细分。另外,按照解决问题所用方法和工具的不同,技术也可以分为机械技术、电子技术、计算机技术、控制技术、自动化技术、人工智能技术等。

不难看出,抽象的技术方法本身也是一种知识,具体的技术方法(工具)是这种知识的固化。这就是技术与科学之间相通的一面——它们两者都是人类创造出来的关于某种问题的有用知识。不过,技术方法是一种关于如何做事(包括认识和实践)的知识,科学理论是关于事物的本质及其运动规律的知识。或者说,科学理论回答"是什么"的问题,技术方法则回答"怎么做"的问题。科学作为一种理论知识体系可以告诉人们"事物的本质和运动规律是什么",技术则可以告诉人们"怎么做才能更好地认识事物和改变事物达到某种预期的目的"。因此,科学与技术结合在一起就可以为人们提供相对完整的知识。

不仅如此,科学与技术之间还存在一种相互作用、相互促进的关系:科学理论可以指导人们发明创造新的更好的技术方法和技术工具,而技术方法和技术工具又可以反过来帮助人们更好地认识对象的本质和运动规律。

同科学相类似,技术的创造也大体要经历两个阶段:新技术的发明和新技术的检验。新技术的发明并不能保证它一定能够经受社会的检验,换言之,并非人类发明的一切新技术都具有同样的生命力。这是因为,技术回答的问题是"做什么和怎么做",而人类在什么时期究竟要做什么并不是随心所欲的事情,它取决于当时人类社会的需求是什么。因此,如果人们发明的某项新技术符合当时社会的需求,这项发明就会受到社会的关注,因而可以被发展起来,否则就可能受到社会忽视而被埋没。另外,从工艺学的角度,解决一个问题可能有许多不同的方法,不同方法在解决问题的过程中会表现出不同的性能优劣(如性能价格比的高低等),因此,不同的方法就表现出不同的生命力。这是技术发展的"需求牵引"原理。与科学相比,技术发展的"需求牵引"作用更加明显和直接。

同样,技术方法也是一个开放的体系,一个不断发展不断完善的体系:新的成功的技术方法不断补充进来,旧的方法不断地被改造更替。一般来说,新技术和老技术的关系并不是简单的淘汰和取代的关系,更多的是老技术被新技术所发展和集成的关系。

1.1.2 科学技术的发生规律

在明白了科学技术本身的基本概念之后,需要进一步了解的问题是:科学和技术是怎样发生的?是否存在某种必然的规律?人类为什么要创造科学和技术?人类没有科学和技术行不行?

众所周知,科学和技术都不是与生俱来的。在远古的原始时代,世上既没有科学,也没有技术。那时,人类还处在茹毛饮血的原始状态。他们群居生活在原始森林之中,赤手空拳,以采集和捕猎为生,以野果和猎物为食。但是,当弱小的猎物被捕杀得越来越难寻觅,低处的野果被采摘得越来越少见,他们自身的生存便受到越来越严重的威胁。按照达尔文进化论的原理,环境改变之后,"生存的需求"便驱使着原始人类自觉不自觉地要不断进化,以增长新的本领来适应新的环境,求得生存和发展;否则就会遭到环境的淘汰而灭绝。

考察表明,人类的进化分为两个基本阶段:首先是生物学进化阶段(初级进化阶段),这是一个漫长的进化阶段;然后才是文明进化阶段(高级进化阶段),这一阶段至今仍在继续,而且演进得越来越快速,越来越高级。

在生物学进化阶段,人类主要通过自身各种器官功能的分化和强化来增强自身的能力。直立行走,手脚分工,是人类生物学进化阶段的主要成果。由四肢行走进化到直立行走,人类的视野大大开阔了,认识环境认识世界的能力大大增强了,也使人类身体的灵活性大大增强,适应环境的能力大大提高。通过手脚的分工,人类的双手从行走功能中获得解放,手的功能大大增多,变得更加灵巧,人类适应环境和改造环境的能力空前增强。

不难理解,由于人类生理器官功能分化和强化的有限性,人类生物学意义上的进化过程不可能无限制地展开,因而不可能无限制地取得显著成效。当人类自身器官功能的分化和强化达到或接近饱和程度之后,由生物学进化所带来的新的能力增强必然逐渐进入相对稳定的状态。然而,人类争取更好的生存和发展条件的需求却永无止歇地继续增长。

毫无疑问,人类生物学进化的相对饱和状态与人类不断高涨的生存发展需求之间的矛盾,必然要激发新的人类进化机制,以便继续满足人类不断增长的生存和发展需求。这种新的进化机制便是人类的"文明进化"机制。于是,在生物学进化到达"山重水复疑无路"的境地之后,人类进化过程便由生物学进化转向文明进化的阶段,出现"柳暗花明又一村"的新的进化景象。

那么,什么是"文明进化"?它是怎样发展起来的?

与通过人类自身内部器官功能的分化和强化来增强人类能力的"生物学进化"完全不同,"文明进化"是通过利用外部世界的力量来增强人类自身的能力的。生物学进化是"着眼于人体内部",文明进化是"着眼于外部世界"。它们是两种不同的然而又是相辅相成的进化机制:生物学的进化是初级的进化;文明进化则是高级的进化。一般来说,生物学进化阶段不可能有文明进化的机制,但是文明进化阶段并不排斥生物学的进化机制,如果后者还有潜力的话。

文明进化的机制是怎样出现和建立的?其实,这个过程很自然,但是却可能经历了极其漫长的摸索时间。

比如,当原始森林中那些长得比较低矮因而比较容易采摘的野果被采摘完了之后,以采摘为生存手段的原始人类就得想办法去采摘长在树木上段的果实。最直接的办法当然就是爬树,这是赤手空拳的原始人类能够做到的事情,不需要任何工具,不需要任何外力的帮助。但是,爬树充满风险,爬得越高,风险越大。曾经有多少原始人因为爬树采摘而摔伤致残致命!在漫长的进化过程中,不知道什么时候什么人曾经不经意地舞弄从地上拾起的树枝,却忽然勾下了长在树木高处原来徒手够不着的野果!这样,这个身外之物——树枝——在客观上就"延长"了人的手,扩展了手的功能,使原来赤手空拳办不到的事情办成功了。这种不经意的成功是一个伟大的发现:人们可以利用身外之物来扩展人类自身的能力。

或许,第一个取得这种成功的人并没有立即意识到这件事情具有什么伟大的意义。或许,他在取得了这次成功之后也就立即忘记了(因为他是在不经意的情况下成功的)。但是,这种偶然的成功包含着成功的必然规律。因此,尽管他自己没有意识到,尽管他的成功也没有引起他人的注意,无论如何,这种成功必然又会在别的时候在别的地方在别人身上再次出现。这样,一而再,再而三,频繁的偶然出现早晚会被人们注意。一旦人们注意到这么多"偶然"的成功,这种个别的经验就转变为众人的认识。于是,"借助身外之物,强化自身的能力"渐渐就会成为人们共同的信条。

诸如此类的"偶然发现"肯定会在人类的活动中不断出现。比如,人们活动中遇到谁也搬不动的巨石(或重物),但是,说不定有什么人也许在无意的玩耍中把断树枝的一头插在巨石底下,而树枝又恰巧垫在旁边另一块石头上,结果他在树枝的另一端轻轻地一按,竟把巨石撬动了!断树枝(身外之物)大大扩展了人的力量!这类偶然的成功多次不经意地出现,也早晚会被人们注意到,终于成为人们的经验。

由于篇幅的原因,我们不可能在这里仔细叙述当初原始人类所经历过的各种各样的"偶然"发现和"偶然"成功的过程。但可以确信,这种偶然的发现和偶然的成功肯定会不断地在世界各地反复发生。即使仅仅从上面所描述的这些个别例子中,我们已经可以清楚地看出,文明进化(要害是"利用身外之物,扩展自身能力")是怎样在长期的摸索过程中慢慢破土而出,逐渐被人们所注意,所感悟;同样也可以清楚地看出,科学技术是怎样在漫长的摸索过程中一次又一次地冲击,终于渐渐浮出水面,被人类所认识,所接受。

实际上,上例的"断枝撬石"就是现代科学"杠杆原理"的原始萌芽,其中的"断枝"则是现代技术中"杠杆"的原始形态。概言之,一切原始工具背后的原理,就是原始形态的科学;一切工具形成的方法,就是原始形态的技术。

可见,人类由生物学进化阶段向文明进化阶段的转化,由"内部器官功能的分化和强化"机制向"利用身外之物强化自身功能"机制的转化,是科学技术发生的前提条件。如果没有这个转化条件,如果没有"利用身外之物,扩展自身能力"这种需求,那么,科学技术是永远也不会发生的。总之,"人类不断改善生存发展条件(因而不断增强自身能力)的需求"造就了"科学技术发生的前提";而人类的"生物学进化"向"文明进化"的转变则是"科学技术发生的机制"。这两者在一起,就构成了科学技术的"发生学"原理。

可见,科学技术之所以会发生,根本原因在于要"利用身外之物强化自身能力"。这里的"身外之物"就是科学技术利用外部的资源所创造的各种工具,正是通过使用各种各样的工具,才可以使人类的能力得到加强。因此,科学技术从它诞生的那个时刻起,就是为了辅助人类扩展认识世界、适应世界和改造世界的能力,为了使人类能够不断改善自己生存和发展的条件。如果不是因为存在"辅助人类扩展能力"这种内在固有的需要,科学技术本来是没有发生的理由和发生的机缘的。

总之,"辅人"(利用外部的资源制造工具,辅助人类扩展自身的能力)是科学技术所以能诞生的唯一原因。反之,如果人类没有"利用身外之物制造工具来强化自身能力"这样一种需求,科学技术再好,也没有发生的根据,因此没有发生的可能。这就是科学技术的本质特征,是科学技术固有的天职和本性。这也就是"科学技术辅人律"的真正意义和全部内涵。

"科学技术辅人律"原理可以归结为图1.1的模型。

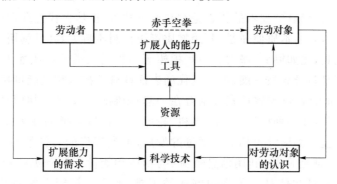

图1.1 科学技术发生学原理(辅人律)的说明

图1.1表明,古代人类赤手空拳地与劳动对象打交道(虚线所示),生产力十分低下,生存发展的条件非常艰难。人类为了生存与发展,就必须不断增强自身的能力。于是,一方面由于"扩展能力以改善生存发展条件"需求的推动,另一方面由于在实践中对劳动对象的性质逐渐有所了解,慢慢地、自觉不自觉地出现了朦胧的科学技术萌芽(如上面所描述的"原始杠杆")。后者利用外在的资源制造简陋的工具,实现了对于人类生存(认识世界和改造世界)能力的扩展。

显然,随着改善生存发展条件的需求越是走向更高级的水平,对于劳动对象性质的认识越是走向更深入的程度,科学与技术就越来越向前发展,利用资源的能力就越来越强,制造的工具也就越来越先进,它们对于人类能力的扩展就越来越深刻、越来越全面,社会生产力的水平也就越来越提高、越来越强大。

这个科学技术发生学原理及其模型(图1.1)既能言之成理,也符合迄今为止人们所知晓的科学技术发生发展的事实。因此,可以成为我们对于科学技术发生机理的合理解释。

1.1.3 科学技术的使命

通过对于科学技术发生学原理的分析已经可以看到:科学技术的本质功能和本质使命是"利用外在资源,创制先进工具,扩展人类能力"。倘若不是因为背负着这样崇高的本质使命,科学技术本来是不可能发生和发展、也没有必要发生和发展的。

科学技术发生学的原理深刻地揭示了科学技术的本质使命是"利用外部资源,创制先进工具,扩展人类能力"。科学技术数千年(甚至数万年)发展的整个历程也同样证明,科学技术始终在忠实地履行着"利用外部资源,创制先进工具,扩展人类能力"这一天赋的本质使命。

表1.1就是科学技术发展历程及其本质使命的简要总结。

表1.1 科学技术的发展历程及其本质使命

时代	表征性资源	表征性科学技术	表征性工具	扩展的能力
古代	物质	材料科学技术	质料工具	体质能力
近代	能量	能量科学技术	动力工具	体力能力
现代	信息	信息科学技术	智能工具	智力能力

表1.1载明,古代科学技术的代表是材料科学技术(虽然古代也存在一些简单的能量技术和信息技术),它的本质使命是:利用物质资源创制质料工具(只利用各种不同的物质资源所制成的工具,比如锄头、镰刀、弓箭、棍棒等),扩展人类的体质能力;近代的材料科学技术继续得到日新月异的发展,但是近代的表征性科学技术却是能量科学技术,它的本质使命是:利用动力资源(与物质资源结合在一起)创制动力工具(同时利用物质和能量两种资源制成的工具,如各种机车、机床、飞机、轮船等),扩展人类的体力能力;现代社会的材料和能量科学技术都继续得到突飞猛进的发展,但是现代的表征性科学技术却是信息科学技术,它的本质使命是:利用信息资源(与物质和能量资源有机结合)创制智能工具(综合利用物质、能量和信息三种资源制成的工具,如人工智能专家系统和智能机器人等),扩展人类的智力能力。

表1.1说明,"科学技术的发生学原理"和"科学技术的辅人律"表明了,当今时代是"利用信息科学,加工信息资源,创制智能工具,扩展人类智力能力"的时代——信息时代。

可见,自古至今,科学技术始终不渝地贯彻着自己的使命,从扩展人类的体质能力发展到扩展人类的体力能力再进一步发展到扩展人类的智力能力,由简单到复杂,循序渐进。由于人类智力能力的扩展空间无穷无尽,因此,它既是现代科学技术的本质使命,也是未来科学技术要继续履行的本质使命。

当然,表1.1的总结主要强调了科学技术发展的阶段性和每个历史阶段的表征性使命。实际上的情况要比这复杂得多:任何一个阶段的科学技术发展及其使命的履行都不是单打一地进行的,相反,每个历史阶段科学技术都肩负着综合地扩展人类体质、体力和智力能力的任务,只是不同历史阶段具有各不相同的"表征性"特色而已。这种不同时代的不同表征性特色分布取决于人类体质能力、体力能力和智力能力之间的复杂程度和逻辑关联。

需要指出,这里对表1.1的内容及相应说明都是结论性的表述,1.2节将会给出这些结论的详细论证。这里要强调的是,仔细研究科学技术发展的全部历史可以发现,表1.1的总结不仅完全符合科学技术发展的历史事实,而且确实揭示了科学技术发展的本质规律。

1.2 科学技术的发展学:拟人律

1.2.1 人类能力的进化

既然科学技术是为增强人类的能力服务的,那么,人类具有哪些能力?科学技术是怎样增强这些能力的？这里将首先讨论能力的概念和人类能力的分类,给出本书的分类方法,在此基础上,结合人类社会的发展考察人类能力的进化。

什么是能力？人类拥有哪些能力？

能力一词人人皆知,可要给能力下定义,却远非易事。心理学家们从心理学研究的角度给出了很多观点,如：

- 苏联心理学家斯米尔诺夫认为：能力是作为成功的完成某种活动的条件的那些个性心理特征。
- 鲁宾斯坦提出：能力是在个体中固定下来的、概括化了的心理活动的系统。
- 目前较为综合的观点认为,能力是人们顺利完成某种活动所必须具备的,并直接影响活动效率的那些个性心理特征。

心理学还认为,人的能力种类很多,可以根据不同的标准进行分类,如：按照倾向性可以划分为一般能力和特殊能力；按照功能可以划分为认知能力、操作能力和社交能力等。

在心理学领域以外,人们也有不同的见解,如：

- 能力总是同人的某种活动相联系并表现在活动之中。一方面能力是在活动中形成、发展并表现出来的；另一方面,从事某种活动又必须以一定的能力为前提。
- 能力是人的综合素质在现实行动中表现出来的,正确驾驭某种活动的实际本领、能量和熟练水平。
- 能力是实现人的价值的一种有效方式,也是左右与支配人生命运的一种主导性的积极力量。

从生存与适应角度来看,人类有嗅觉、听觉、视觉等能力；从活动角度来看,人类有创造力、思维力、决断力、应变力、执行力、组织力、交际力、表达力、自制力等。

此外,还有更多的能力分类方法。这里不可能一一列举。

可见,对于人类能力的刻画,随着观点角度的变化而存在许多不同的粒度。粒度越细,刻画得越具体,但也可能因此而迷失许多重要的宏观背景和相互联系；粒度越粗,刻画得越宏大,但也可能由此而失去许多微观信息。因此,粒度的把握最终应当取决于研究问题的实际需要。

从研究科学技术发展规律的角度讨论人类认识世界和改造世界的能力,适宜于从宏观的角度来分析。这是因为,只有从宏观的时空尺度来考察,才能揭示科学技术发展的基本规律。相反,如果人们的眼光被局限在微观的时空尺度里,那么所观察到的现象就很可能是"即兴的"或"随机的"无规则运动。

从宏观角度来考察,人类能力可分为三个基本方面：体质能力、体力能力和智力能力。显然,这三种能力的地位和作用各不相同：体质能力反映人的体质结构的合理性和强健性,是人的全部能力的基础,没有良好的体质,体力和智力就没有前提；体力能力反映人的力量的充沛性和持久性,它建筑在体质能力的基础上；智力能力则反映人的思维和智能的聪慧性和敏捷性,它建筑在体质和体力能力两者基础上。人的上述三种能力构成一个和谐有机的统一体。

人类能力伴随着人类的出现而产生,也跟随着人类的进化和人类社会的前进而发展。体质、体力和智力能力三者互相支撑,协调发展,不能截然分割。但是,"协调发展"并不等于"平均发展",没有重点。恰恰相反,在人类整个进化的历程中,能力的发展呈现出明显的阶段特征:按照三种能力之间的逻辑关系,在保持相对协调发展的前提下,体质能力首先成为发展的重点和基础,接着是体力能力得到必要的强化,最后才是智力能力实现长足的进步。无论是人类群体进化的历史还是人类个体发育的过程,都可以充分证明人类能力的这种"体质能力发展在先—体力能力发展随后—智力能力发展最后"的进化逻辑。

下面将在人类社会进化的大背景下考察人类能力增强的历程。

1. 体质能力的增强

在远古时代,当人类祖先从原始森林来到空旷的地面上生活后,逐渐能够使用树枝和石块等物件来防御猛兽,或挖掘植物根茎来食用。在这个过程中,作为人类祖先的古猿逐步由四肢行走转变为两足直立行走。这一转变不仅增强了人类祖先的生存能力,也使他们的身体结构发生了一系列适应性的变化,如身体重心下移、下肢骨增长、骨盆变短增宽、脊柱从弓状变为S形等。此外,两足直立行走还使人类祖先的前肢从用来行走和支持身体中解放出来,实现了手脚分工,为进行各种各样的活动创造了条件,同时也为脑的进一步发展和增大创造了条件。大约在二三百万年前,人在地球上出现了。图1.2表示了猿猴向人过渡的情形。

可见,这段时期内人类能力发展的主要内容是自身体质能力的增强,途径主要是生物学意义的进化,即人类自身生理器官功能的分化和强化。

人类历史发展的童年时代,是经历了漫长的、条件极其艰难的原始社会。人类为了能够生存下去,必须竭尽全力去适应和利用自然。在与自然界、动物界和人类的斗争中,人们逐渐发现了改变世界的原始方法,最重要的就是在使用天然工具的过程中,逐渐学会了制造工具。

早期人类制造的工具都是石器,这与其狩猎和肉食行为密切相关,也与石器资源普遍存在极易获得有关。人们借助粗糙石器尖锐棱角的帮助进行砍砸削剥等活动,用它来抗击敌人、取得食物、制作服装、建造住所和绘画雕塑等。打制石器是人类真正意义上的科技活动发端。

大约380万年前人类开始利用原始的火,当然,那时候还是无意识的。但正是这种偶然的发现和利用使人们不仅实现了从生食到熟食的进步,促进了人类祖先体质的发展,特别是为脑的发育提供了丰富的营养,而且拥有了夜间的"太阳",还可以御寒、抗击猛兽,使人类摆脱了茹毛饮血的野蛮状态,迈出了走向文明社会的关键一步(图1.3)。

图1.2 从动物向人的转变

图1.3 北京猿人打制石器

原始人经过长期探索和实践,社会生产劳动逐渐向前推进。劳动对象从最初仅限于植物的果实、根茎、小动物、昆虫等,到后来扩展到土地、种子、野兽、鱼类、人工饲养的牲畜等,实现了从采集和渔猎到原始农业和原始畜牧业的转变,提供了可靠的衣食之源,大大改善了物质生活,为人类的定居生活创造了必要的前提条件(图1.4)。

图1.4 原始农业

在长期劳动过程中,劳动工具逐步得到改进,出现了石刀、石斧等经过琢磨的精细石器。人类还会制造长矛、标枪、弓箭,用以狩猎、捕鱼,狩猎能力大为提高,也会利用地形和设置陷阱来捕捉大的野兽。此外,他们会用大兽皮等修建简单的房屋,用骨针缝制衣物,还创造出了原始的艺术,包括绘画、雕刻和装饰品等。

原始社会后期,人们由火烧矿石发现了冶炼金属工具的原始技术——青铜制造。金属工具的出现,社会生产力的提高,最终导致了原始社会向奴隶社会的转变。

在奴隶社会,人类生产的各个领域都取得了长足的进步,特别是冶金技术大大提高,金属工具得到了广泛应用。从青铜器的种类看,前期多是生产工具,后期则以礼器和兵器较多。随着金属工具的发展,人类改变物质世界的文化知识日益丰富,后来又逐渐发现了五谷的种植方法,对于土地的依赖就逐渐强了起来。人类从食物采集者变成食物生产者,进入农业文明发展阶段。

在农业时代,铁器和手工织布机的使用为男耕女织的封建社会奠定了完整的技术基础,形成了占据人类历史达数千年的农耕文化,出现了一大批思想家、军事家、政治家、科学家、艺术家和文学家,推动了思想、科学、文化等各方面的发展。这一时期中华民族所创造的华夏文明处于人类文明的顶峰,堪称人类封建文明之楷模,"四大发明"便是最好的见证。

总结以上的过程可以发现,这一时期人类能力发展的主要内容依然是体质能力的增强,但是途径发生了根本性的变化,从生物进化转向了文明进化,主要是通过利用外界物质资源制造工具和使用工具来扩展人类自身的体质能力。通过原始经验的积累,人类开始学会单纯利用物质资源构成**质料工具**,如锄头、镰刀,锄头的质地比人手的质地坚硬,因此可以用来锄地;镰刀的质地比人手的质地锋利,因此可以用来割麦,等等。这些工具既要靠人来驱动,也要靠人来驾驭,但由于没有动力和智能,只是一类静态的工具,因而"质料工具"也被称为"人力工具"或者"死的工具"。它们的功能相对较少,能力相对较低。不过,人力工具虽然简单,它们却是农业时代社会生产工具的基本形态,古代人类正是依靠使用人力工具开创了农业时代的伟大历史文明。而且,材料本身不仅可以用来制造人力工具,同时又是制造未来新的动力工具和智能工具的基本要素。

2. 体力能力的增强

18世纪60年代至19世纪70年代,蒸汽机的发明和使用使机器大工业代替了手工业。19世纪的最后30年中,电力得到广泛运用,人类由蒸汽时代跨进了电气时代。蒸汽机、电和内燃机是划时代的新的生产工具,使人类生产方式从手工生产变成机器生产,直接促成了从农业社会向工业社会的成功转变,人类开始进入工业文明发展阶段。

自然科学研究进入了一个空前活跃的阶段,取得了一系列重大成就。例如,1841年,英国物理学家焦耳发现了电流通过导体时产生热量的规律,并测定了热功当量,为建立能量守恒和转换定律作出了贡献;1869年,俄国化学家门捷列夫发现了化学元素周期律,奠定了无机化学的基础;19世纪30—40年代,德国生理学家施万发现糖和淀粉都是生命过程的结果,为食品工业奠定了理论基础;1859年,英国博物学家达尔文出版了《物种起源》一书,提出了以自然选择为基础的进化学说;等等。

科学研究的新成果逐渐转化为生产力,使社会生产得到了前所未有的增长。人类制造了各种各样的新机器,生产出了很多前所未有的物品,改善了人们的生活,改变了人们的观念。例如,电动机、电灯、电话、电报、电焊、电钻、电车等,如雨后春笋般迅速出现并走入生产和生活;交通工具得到了很大改进,火车、轮船、汽车已经成为人类代步的主要工具(图1.5),由于这些工具速度快、载重量大,不仅减小了世界的距离障碍,使世界成为一个统一的整体,还大大提高了工作效率和生产力;合成化学工业也取得了突破,人们先后合成了尿素、尼龙、橡胶、农药、除草剂等重要产品;各种药品如青霉素的出现,提高了人类的医疗水平,增强了人类抗击疾病的能力;等等。

这是美国"克莱蒙号"汽船,是由美国人富尔敦制造的第一艘汽船

图1.5 早期的火车和轮船

总之,人类在工业时代制造出了比农业时代更为强大的工具,这种工具自身具有动力,不再需要人力驱动,但还需要人来驾驭,因而被称为"动力工具"或者"活的工具"。正因为动力工具利用了自身的动力,扩展了人类的体力能力,就具有了比人力工具高得多的劳动生产率。例如,机车机床的劳动生产率显然比人类手工生产的劳动生产率高得多,飞机火车的行进能力和运载能力更是人力所无法相比的。动力工具是工业时代社会生产工具的主流,近代人类正是依靠使用动力工具才创造了工业时代的灿烂文明。

通过材料和能量的结合制造各种用途的动力工具,使这一时期人类能力发展的主要内容从体质能力的增强变成了体力能力的增强。与上一时期相比,人类不仅增强了利用物质材料制造工具的能力,而且学会了利用各种新的能量资源来帮助和替代人力劳动,从而使得人类获得了更好的认识世界和改造世界的能力。

3. 智力能力的增强

20世纪40年代至今,计算机、原子能和空间科技飞速发展,并在电子、能源、材料三大基本技术领域展开,人类开始迈入信息社会。

1945年7月16日,第一颗原子弹在美国试爆成功,爆炸力相当于两万吨TNT炸药。同年8月6日和9日两颗原子弹分别投向日本的广岛和长崎,两个城市瞬间化为废墟,举世震惊。1957年10月4日苏联成功发射第一颗人造地球卫星,宣告了航天时代的到来。1969年7月美国阿波罗号飞船将两名宇航员送上月球,第一次实现了数千年来的月球旅行之梦。1945年,第一台电子管计算机在美国问世,1948年美国贝尔实验室发明晶体管后,电子计算机以惊人的速度发展,每5年运算速度提高10倍,体积和成本降低10倍,把人类带入了计算时代。

世界出现了新的科技革命浪潮:随着现代信息技术的开发与广泛应用,以信息技术为核心的高新技术产业迅猛发展起来。信息技术是一门综合性很强的科技,它集传感、计算机、自动控制、激光、通信、光电子、光导和人工智能之大成,是高技术群的先导领域和当代新技术革命的核心推动力。目前许多国家都把它视为科技发展的重点。

人类正在进行的这场信息革命,是有史以来最伟大的科技革命,使人类消费模式从物质消费型转向信息消费型,标志着从工业社会向信息社会的转变,人类进入了信息文明发展阶段。与农业和工业时代相比,人类创制出了更先进的工具,下面仅以机器人、专家系统和网络为例简要说明。

1959年德沃尔与美国发明家约瑟夫·英格伯格联手制造出第一台工业机器人。麦卡锡在1965年推出了世界上第一个带有视觉传感器,能识别并定位积木的机器人系统。1978年Unimation公司推出通用工业机器人PUMA,标志着工业机器人技术已经成熟。1984年英格伯格推出机器人Helpmate,能在医院里为病人送饭、送药、送邮件。2002年丹麦iRobot公司推出了吸尘器机器人Roomba,能避开障碍,自动设计行进路线,还能在电量不足时,自动驶向充电座。2006年6月,微软公司推出Robotics Studio,比尔·盖茨预言,家用机器人很快将席卷全球。2011年2月,由IBM和美国德克萨斯大学联合研制的超级计算机"沃森"(Watson)在美国最受欢迎的智力竞猜电视节目《危险边缘》中击败了该节目历史上两位最成功的选手。

专家系统是一个具有大量专门知识与经验的人工智能系统,它可以根据某领域专家提供的知识和经验,进行推理和判断,模拟人类专家的决策过程,解决那些需要人类专家才能处理的复杂问题。1965年,费根鲍姆等人研制了世界上第一个专家系统DENTRAL,可以推断化学分子结构。专家系统的理论和技术不断发展,先后开发了几千个专家系统,应用渗透到包括化学、数学、物理、生物、医学、农业、气象、地质勘探、军事、工程技术、法律、商业、空间技术、自动控制、计算机设计和制造等众多领域,其中不少在功能上已达到甚至超过同领域中人类专家的水平,并在实际应用中产生了巨大的经济效益。

20世纪最后十年以来,个人计算机和数字通信网络作为人类创造出来的又一崭新的生产工具迅速渗透到社会的各个层面。人与人之间的"距离"越来越近,地球变得越来越

"小",整个世界就像一个村庄。进入互联网瞬间就可以得到万千最新信息……"地球村"已成为大多数人的共识。

科技的发展造就了人类前所未有的认识和改造自然的巨大生产力,现代人类的能力得到了快速的发展。在体质和体力能力得到进一步完善的同时,智力能力的扩展终于登上了历史舞台,开始成为人类能力发展的主要内容。为此,人类开始学会利用一种崭新的资源——信息。从两种资源(物质和能量)的开发和综合利用进步到三种资源(物质、能量和信息)的开发和综合利用,标志着人类认识世界和改造世界能力的一个更加伟大的进步,可以制造不仅具有动力而且具有智能的高级工具——智能工具,如人工智能专家系统和智能机器人等。智能工具不但不需要人的驱动,也不需要人的驾驭,是一类自主的类人机器,因而被称为"智能工具"或者"聪明工具"。正因为智能工具综合扩展了人类的体质、体力和智力能力,因此,与动力工具相比(更不要说人力工具了),它不但可以大大提高劳动生产率,保证更好的劳动质量,还可以自行开拓各种新的产品。例如,人们熟悉的计算机集成生产系统(CIMS),就可以根据产品市场销售的情况,提出新的产品设计,完成新产品的加工、制造、装配、调测、包装、上市,整个过程自行完成,只在决策层次需要人的判断和干预。可以预见,智能工具必将成为信息时代社会生产工具的主导,现代人类将利用智能工具创造出前所未有的信息时代辉煌文明。

以上分析表明,人类能力增强的重点已经由体质能力和体力能力转向智力能力。这是当今时代科学技术发展的基本特征。

1.2.2 科学技术的拟人规律

从人类能力进化与增强历程的讨论可以看出,"人类自身能力发展的实际社会需要"是科学技术发展的第一牵引力:人类存在什么样的"能力发展的实际社会需要",就必然要想方设法去寻求"可以用来满足这种社会需求的外在之物(所要发展的科学技术)"。某个时代科学技术究竟会朝什么方向发展,或者究竟要发展什么科学技术,从根本的意义上说,取决于那个时代人类在认识世界和改造世界的伟大实践中对于自身能力发展的实际社会需要。

当然,人类扩展能力的需求走向与科学技术的发展走向之间不是简单的一一对应关系,也不是一呼即应的简单过程,而是一种非常复杂的因果关系。然而,不管这种关系怎样复杂曲折,其中的因果关联总归是有迹可循的。这种相互关系可以用图 1.6 的模型来表示,这也恰好就是"科学技术发展拟人律"含义的生动解释。

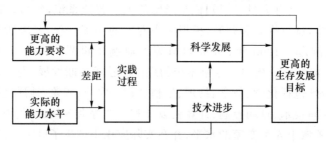

图 1.6 科学技术拟人律逻辑模型

模型表明,追求"更高的生存发展目标"是人类社会进步的永恒动力,也是人类社会一切进步的启动点。这种更高追求必然会对人类自身提出"更高的能力要求",而当时人类所具备的"实际能力水平"与这种更高要求之间就会出现能力的"差距"。正是这种能力的差距,成为一种无形的然而又是巨大的导向力(也可以称之为"看不见的手"),支配着人类在实践摸索的过程中自觉或不自觉地朝着缩小这个差距的方向努力。这种努力的理论成果就沉淀为"科学发展",而这种努力的工艺成果则成为"技术进步",后者反过来则增强了人类的能力,使原来的能力"差距"得以缩小,使实现目标成为可能。科学技术发展的结果,不但缩小了原有的能力差距,实现了先前追求的发展目标,同时也必然推动人类进一步提出更新的"更高的生存和发展目标"。于是,新的更高的能力又会成为新的需求,新的能力差距又会出现,新一轮的实践摸索和科学技术进步过程又接着展开:新的目标—新的能力要求—新的能力差距—新的科学发展—新的技术进步—更新的目标—更新的能力要求—更新的能力差距—更新的科学发展—更新的技术进步,如此螺旋式上升,成为科学技术进步和人类社会发展的一个有起点而没有终点的运动逻辑。

在这个模型里,可以清楚地看见,科学技术的发展方向确实跟随着人类能力扩展的需求亦步亦趋,贯彻始终,宏观上从来没有脱离这个轨道。这就是为什么可以把科学技术发展的规律称为"拟人律"的道理。

通过科学技术知识的运用,人类把"外部资源"加工制造成为"先进工具",而通过"先进工具"的作用,则可以实现人的"能力扩展"。这里,我们又得到了另一个重要的因素链:外部资源—科学技术—先进工具—能力扩展。

对应于人类三种能力的扩展,需要三种资源、三类科学技术和三类工具来实现:扩展体质能力的物质资源、材料科学技术和质料工具,扩展体力能力的能量资源、能量科学技术和动力工具,扩展智力能力的信息资源、信息科学技术和智能工具。

顾名思义,质料工具的主要作用是扩展人的体质能力。质料工具与人的体质能力结合起来,可以具有更强的硬度、更好的弹性、更满意的应力特性、更高的熔点、更低的凝聚点、更强的耐压能力、更强的抗腐蚀能力和抗辐射能力等。可见,质料工具的制造一方面依赖于物质资源,同时也依赖于物质结构和材料力学理论。制造质料工具的关键,是在"质量转换与物质不灭定律"指导下利用材料科学技术的知识和技能把各种物质资源转变成为具有各种优良性质的材料,并根据力学原理把材料加工成为便于使用的质料工具。

动力工具的主要作用是扩展人的体力能力。动力工具与人的体力能力相结合,就可以具有更强的推动力、牵引力、荷重力、冲击力、切削力、爆破力、摧毁力等。动力工具的制造一方面依赖于能量资源,另一方面依赖于在"能量转换与能量守恒定律"指导下利用能量科学技术的知识和技能把能量资源转换成为动力。当然,任何动力工具的制造都离不开优良的材料,因此更准确地说,动力工具的制造需要能量和物质两方面的资源,需要能量科学技术和材料科学技术两方面的知识和技能。

智能工具的主要作用是扩展人的智力能力。智能工具与人的智力能力结合起来,可以具有更敏锐的观察能力、更广阔的感知能力、更精细的分辨能力、更高效和更可靠的信息共享能力、更清晰而强大的记忆能力、更快捷准确的计算能力、更灵活而深邃的学习与认知能力、更明智的决策能力、更强大的控制能力等。智能工具的制造一方面依赖于信息资源,另一方面依赖于"信息转换(把信息转换成为知识并进一步转换成为智能)与智能创生定律"指导下利用信息科学技术的知识和技能把信息资源提炼成为知识,并进一步把知识激活成为智能。当然,任何智能工具的制造也离不开优秀的材料和动力,因此,更准确地说,智能工具的制造需要信息、能量和物质三方面的资源,需要信息科学技术、能量科学技术、材料科学技术诸方面的知识和技能的协同作用。

把以上的内容结合起来,还可以引出"科学技术发展拟人律"的一个极为重要的规律:正像人类能力的发展呈现出的"体质能力的发展最先起步,接着是体力能力的成长,然后是智力能力的发展",科学技术的发展也是"材料科学技术最先起步,接着是能量科学技术成长,然后是信息科学技术的发展"。

这里的奥妙是什么?

人类能力发展和科学技术发展的这种先后顺序,确实不是偶然的,而是有着深刻的进化论根源和认识论根源。一方面,在人类的体质、体力和智力能力这三者之间,作为"万物之灵"的"灵性"体现,智力能力相对而言最为复杂最为高级,体质能力相对而言较为简单较为基础,体力能力则介于二者之间;人类的进化过程必然从简单走向复杂,因而必然是体质能力的进化在前,接着是体力能力的进化,然后是智力能力进化。另一方面,从利用资源制造工具的发展过程来说,在物质资源、能量资源、信息资源之间,物质资源相对比较直观,信息资源相对比较抽象,能量资源介于两者之间;而人的认识过程总是从直观逐渐走向抽象,因而必有材料科学技术的发展在前,接着是能量科学技术的发展,然后才是信息科学技术的发展。

古代人类所利用的表征性资源是物质资源,表征性科学技术是材料科学技术,表征性的工具是质料工具。当然,这并不是说古代人类完全不会利用能量资源和信息资源。事实上,黄帝利用指南车同蚩尤打仗,就是利用古代信息技术的例证,因为指南针是用来获取方位信息的技术。同样,古代人类也会利用水车来灌溉农田,这是古代人类利用能量资源的证据。不过,从总体上说,古代人类对能量资源和信息资源的利用都是相对浅层和简单的,具有表征意义的古代资源和工具还是物质资源和质料工具。

近代人类所利用的表征性资源是能量资源,表征性的科学技术是能量科学技术,表征性工具是动力工具。当然,近代人类对物质资源的利用水平远远超出了古代,近代材料科学技术也获得了巨大进步。近代人类利用信息资源的能力也得到了长足的发展,放大镜、望远镜、显微镜等获取信息的工具都是在近代发明的。但是作为近代的表征性的资源、科学技术和工具,仍然是能量资源、能量科学技术和动力工具。

现代人类所利用的表征性资源则是信息资源,与此相应,表征性的科学技术是信息科学技术,表征性的工具是智能工具。这一结论指明了当代科学技术发展的宏观方向。当然,在任何意义上,都不能认为材料科学技术和能量科学技术在现代社会不重要。正如前面所说,科学技术总体上是协调发展的,现代材料科学技术和现代能量科学技术都获得了许多前所未有的突破和发展。但是作为与前面各个时代相比迥然不同的、具有表征性意义的,却是信息科学技术的发展、信息资源的利用、智能工具的创制和应用。正像一部宏伟的历史交响乐,自始至终都是浑厚和谐的演奏,但不同的乐章又有不同的主旋律。

这些就是"科学技术发展的拟人律"给我们的启示。

1.3 科学技术的定位学:共生律

1.3.1 科学技术能力与人类能力的共生互补

人类增强能力的需求激发了科学技术的进步,科学技术发展的结果又增强了人类的能力。这是人们的企盼。但是,人类自身的能力和科学技术的能力之间是如何实现互补增强的关系呢?这也是科学技术发展基本规律需要回答的重要问题。

有人担心,按照科学技术"辅人律"和"拟人律"发展起来的科学技术能力会不会有朝一日成为一种独立的力量,不是与人类默契合作,而是与人类竞争,甚至与人类对抗,成为人类生存发展的威胁?

的确,我们注意到,20 世纪 70 年代以来,西方世界某些权威机构曾经制造过许多"机器(科学技术的产物)统治人类"的科幻电影和其他科学幻想式的文学作品。在那里,机器被描写成拥有超人智慧和超人能力的"超人",到处征服和欺侮人类;人类则不得不面对机器的挑战,但总是处于"九死一生"的不利地位,几乎就要被无所不能的机器所消灭;即使人类还能利用偶尔的机会逃脱灭亡的厄运,但给人类留下的潜台词几乎总是:逃得过今日,逃不过明天,人类的前途岌岌可危。

有的作品甚至还大肆渲染:一旦机器取得了对于人类的统治权,机器就会把人类关进"人园",就像当初人类一旦取得了对于猴子的统治权之后就把猴子关进"动物园"一样;到那时,机器家族就会带领着他们的子孙后代到"人园"来参观,指点着"人园"里的人类,告诉机器的后代说:这些(人类)就是机器祖先的形态,就像今天的人们在动物园里告诉他们的子女说"那些猴子就是人类的远古祖先"一样。

总之,在他们看来,作为科学技术成就结晶的机器肯定会拥有比人类更健全的体魄、更强大的力量、更高超的智慧,人类迟早会被机器所超越、所制服、所统治,迟早会成为机器的奴隶和玩物。机器是人类的掘墓人,随着科学技术的不断进步,人类的前途不堪设想。

应当指出,这些作品所宣扬的观点完全是虚构的,是没有科学根据的。这些作品的错误根源,就在于不懂得或者不理解从科学技术的发生机制到整个发展历程都贯穿着的"科学技术辅人律"的客观规律。根据"辅人律"发生又按照"拟人律"发展起来的科学技术,将始终贯彻"辅人律"的宗旨,把科学技术形成的能力(体现为人造机器的能力)有机和谐地补充到人类能力的体系之中,从而形成"以人为主、以机为辅、人机互补、人机共生"的合作能力结构。在这个人机共生体系之中,人类的总体能力将是人类自身能力与科学技术形成的机器能力两者的有机综合,即

$$人类的总体能力 = 人类自身能力 + 科学技术能力$$

实际上,按照科学技术发生学所揭示的"辅人律"原理,机器天生就是为了辅助人类扩展能力的,永远是人类的工具。从本质的意义上说,机器和人类是两类根本不同的对象:

人类是自然进化的产物；机器是人类创造出来的工具，因此根本不是同一层次的对象，不存在你死我活的矛盾。

深入研究过智能科学技术的人们知道，人类自身是有目的的动物，机器自己则不可能具有目的，任何机器的"目的"都是它的设计者（人类）赋予的。而没有自身的目的，就没有自身的利益，也就没有为实现自身目的和自身利益而奋斗的动力。因此，智力全面超过人类的机器根本不可能存在；机器也永远不会具有统治人类的欲望。宣扬"机器统治人类"的人们由于不懂"科学技术辅人律"原理，他们错误地把阶级社会人与人之间的矛盾生硬地搬到人与机器的关系之中，这是完全没有道理的。相反，机器永远是人类创造出来的工具和助手。机器的能力和人类的能力永远是互补的共生体：人类是具有创造能力的主体，机器是操作性能优越的助手。

1.3.2 信息时代的表征性科学技术

毫无疑问，随着人类认识世界和优化世界的活动不断向深度和广度进军，材料和能源科学技术在未来还会开辟出更加广阔的空间。但是，由上一节的分析已经知道，现代人类所利用的表征性资源是信息资源，表征性的科学技术是信息科学技术，表征性的社会生产工具则是基于现代信息技术的智能工具。这也是信息科学技术必然要在这个时代问世并且取得主导地位的根本原因。

随着信息科学技术的产生和迅速成长，人类对信息资源的认识也不断深入，对信息资源的开发和利用不断取得新的进展。人类正越来越充分地学会利用各种信息资源，把它们转换成相应的知识，进一步把知识转换成智能，并与卓越的材料和高效的动力有机结合，创造出各种奇妙的智能工具。它们具有极高的信息发现与识别能力，宏大的信息存储容量，极快的传输速度，极高的运算速度和精度，极好的控制强度和精度，甚至越来越好的推理能力、理解能力和学习能力。除了创造性思维能力难以赶上（更难以超越）人类之外，其他方面的信息处理能力几乎都已经胜过人类。信息系统处理大数据和海量信息的能力使人折服，人类曾经望洋兴叹的"四色定理"也早已被机器证明出来，人类国际象棋世界冠军也被"深蓝"专家系统所战胜。然而，对于"智能工具"来说，这一切还仅仅是开始，更加精彩更加令人叹为观止的成就还在后头。

信息技术对各行各业都具有极强的渗透力，迅速成为加速经济、社会变革的强大动力。现代社会，人类各个领域的活动都同信息技术紧密联系在一起，就是它的生动表现。在人类文明史上，在人类的科技发展进程中，还从来没有一项技术像信息技术这样对人类经济、社会、文化、环境、军事乃至政治产生如此巨大和深刻的影响。信息技术的发展大大加强了信息感知、传递、存储和处理等过程的能力和效率。这不仅为信息产业的兴起与蓬勃发展奠定了物质基础，也为知识经济的形成提供了客观条件。如果说过去工业革命出现的机器是对人类体力劳动生产力的解放，那么现代信息技术和智能工具手段的应用则是对人类脑力劳动生产力的解放。现代信息技术的应用使科技知识作为一种生产要素投入生产过程，人们借助信息技术开拓新领域，创造新知识，生产新财富。信息技术改变了生产的内容，过去是靠工业技术把原材料转化为物质产品，供社会分享和应用；而现在是靠信息技术智能工具把知识转化为知识和智能产品，供社会分享和应用。

信息革命使社会和经济产生了根本变化，信息成为一种最重要的资源，信息产业变成最大的产业部门,脑力劳动成为创造社会财富的重要源泉,社会经济将实现信息化、网络化、智能化。因此,人们常把信息技术及其产业的发展水平视为一个国家科技、经济、军事实力的重要标志之一,把信息技术为龙头的一系列高新技术的发展视为新的产业革命的表征。

简言之,科学技术发展的规律决定了现代社会中信息科学技术的特殊使命。希望读者通过本书的讨论可以深刻体会到:在信息时代,信息科学技术具有特别重要的意义,有着极其广阔的应用前景,从而激发读者对信息科学技术专业的热爱,增强"学好信息科学技术"的责任感和使命感。

本章小结

本章的目的是要阐明:信息科学技术是信息时代的表征性科学技术。

但是,我们不能满足于就事论事地承认这样一个结论,而是要站在人类社会发展历史的宏观高度上,利用"大科学"的观念,分析科学与技术发生发展的原因和发展的使命,发现科学技术发生的"辅人律"、科学技术发展的"拟人律"和人类与科学技术的"共生律";根据这组基本规律,深刻地揭示出人类社会要从早期的游牧时代和农业时代逐步发展到工业时代,进一步发展到信息时代的必然趋势。这样才能深刻理解"信息科学技术和信息时代的到来不是偶然的",而是历史发展的必然结果。

认识这些规律和趋势而不是简单地背诵结论,才可以使人们深刻理解信息科学技术对于当今时代的重要意义,深刻领会到当今时代人们所肩负的伟大历史责任,而且还可以帮助人们观察和预测科学技术(包括信息科学技术自身)未来的发展和走向,做到高瞻远瞩,胸怀全局。

思 考 题

1.1 什么是科学?什么是技术?请结合自己熟悉的例子说明它们之间的关系是什么。

1.2 你认为科学技术是怎样发生的?你同意本书中的科学技术发生学原理——辅人律吗?为什么?科学技术发生学原理的启示是什么?

1.3 科学技术的本质使命是什么?你同意"科学技术辅人律"的论述吗?为什么?你认为未来机器是否会统治人类?为什么?

1.4 你同意本书中关于人类能力的分类吗?为研究科学技术的发展规律,你能提出更好的分类方法吗?

1.5 什么是科学技术的拟人规律?请举例说明对你的启示。

1.6 你同意"科学技术拟人律"的论述吗?从中你能获得哪些结论?为什么?

1.7 为什么说信息科学技术是现代社会表征性的科学技术?

1.8 你认为当代大学生应当怎样学习和发展信息科学技术?

进一步阅读的建议

A. 参考文献

[1] 杨沛霆. 科学技术发展史. 杭州:浙江教育出版社,1983.
[2] 赵红洲. 大科学观. 北京:人民出版社,1988.
[3] 柳树滋. 大自然观. 北京:人民出版社,1993.
[4] 钟义信. 信息科学原理. 5版. 北京:北京邮电大学出版社,2013.

B. 后续课程

科学史与方法论

第 2 章 基础概念

> 信息科学是信息时代的标志性科学,它的内容、体系和范畴还在不断地深化和发展。作为全书的基础,本章将系统阐述信息科学技术的基本概念,包括信息(特别是"全信息和其中的语义信息")、信息科学、信息技术的基本概念。在此基础上,还将简要阐述信息科学与信息论的关系。

2.1 信息的基本概念

任何一门科学都有自己的基本概念。准确把握基本概念,是驾驭一门科学的基础。信息,作为信息科学的基本概念,既是信息科学的出发点(认识信息的本质),又是它的过程(阐明信息的全程运动规律)和归宿(利用信息解决各种实际问题)。对信息概念的理解越透彻,对信息科学技术的理解和利用就可能越充分。

2.1.1 信息的定义

什么是信息?

对信息的最初理解,就是"音信消息"的同义语。据《新词源》考证,远在一千多年前,我国唐代诗人李中在他的《暮春怀故人》诗中就使用了"信息"一词:"梦断美人沉信息,目穿长路倚楼台"。其中的"信息"就是消息的同义词。同样,在西方的早期文献中,信息(Information)和消息(Message)也是互相通用的。

美国数学家、控制论奠基人 N. Wiener 在他的《控制论:动物与机器中的通信与控制问题》(Wiener,1948)一书中指出:"信息就是信息,不是物质,也不是能量。"虽然他在这里没有正面回答"信息是什么",他却利用排他法明确地告诉人们:信息不是物质和能量。这是对信息本质的最具原则性和最为深刻的宣示,也是把信息、物质、能量放在同样地位上等量齐观的最早科学论断。

另 美国学者、信息论创始人 C. E. Shannon 在《贝尔系统技术杂志》发表了题为"通信的数学理论"的论文(Shannon,1948)。虽然文中没有直接阐述信息的定义,但是他却明确地把信息量定义为随机不确定性减少的程度,表明他把信息理解为"用来减少随机不确定性的东西"。这里的随机不确定性是指由于随机因素所造成的不确定的性质。

法裔美国科学家 L. Brillouin 在他的名著《科学与信息论》一书中指出,信息就是负熵,并且还创造了一个新词 Negentropy 来表示负熵的概念(Brillouin,1956)。利用这个概念,Brillouin 成功地驱除了名噪一时的 Maxwell 妖。Wiener 在 1950 年出版的《控制论与社会》一书中也曾经指出:正如熵是无组织程度的度量一样,消息集合所包含的信息就是它的组织程度的度量,完全可以将消息所包含的信息解释为负熵。

M. Tribes 等人在 1971 年 9 月的《科学的美国人》杂志上发表了题为"能量与信息"的论文(Tribes,1971),指出:"概率是对知识状态的一种数值编码。某人对一个特定问题的知识状态可以用这样的方法表示,即对这个问题的种种想得出来的答案各分配一定的概率;如果他对这个问题完全了解,他就能对所有这些可能的答案(除了其中一个之外)赋予概率零,而剩下的那个则赋予概率 1。既然可以把知识状态编码成这样的概率分布,我们就可以给信息下一个定义:信息,就是使概率分布发生变动的东西(更准确地说是"使概率分布锐化的东西")"。

控制论的另一位奠基人,英国神经生理学家 W. R. Ashby 在《控制论导引》一书中对信息提出了另一种理解。他首先引入了"变异度"的概念:任何一个集合所包含的元素数目的以 2 为底的对数就称为这个集合的变异度(也可以把集合的元素数目直接定义为它的变异度)。然后,他就把变异度当作信息的概念来使用(Ashby,1956)。

美国著名学者 G. Bateson 认为:信息是产生差异的差异(Bateson,1972)。这个定义在欧洲学者中特别流行。其中意大利的 G. Longo 在 1975 年出版的《信息论:新的趋势与未决问题》一书序言中就曾经指出:信息是反映事物的形式、关系和差别的东西,它包含在事物的差异之中,而不在事物本身(Longo,1975)。

事实上,半个多世纪以来,科学文献中所提出过的信息定义数以百计,可谓百家争鸣,众说不一,呈现一片繁荣兴旺而又扑朔迷离的景象。由于篇幅所限,这里不能一一列举,有兴趣的读者可以参看本章参考文献[7]。如此众多的信息定义,胜似"盲人摸象"。其实,这是由于不同的作者从不同的角度在不同的条件下对信息进行考察的结果。

为了避免"以偏概全",在定义信息的时候必须十分注意定义的约束条件,应当根据不同的条件,区分不同的层次来给出信息的定义,同时根据约束条件的增减,使信息的定义互相沟通,进退自如。

可以认为,没有任何约束条件的层次是最高层次,因而也是最普遍适用的层次,通常称为"本体论层次"。如果在此基础上引入一个约束条件,最高层次的定义就退化为准最高层次的定义,其适用范围就比最高层次定义的范围略窄。引入的约束条件越多,定义的层次就越低,适用的范围就越窄。于是,根据引入的约束条件的不同,就可以给出不同层次和不同适用范围的信息定义,这些信息定义的系列就构成信息定义的自恰体系。

最有意义的情况是,对无条件的本体论层次信息定义引入一个特殊约束:必须有主体(人,也可以是生物或机器系统)的存在,且须从主体的立场出发来定义信息。在这个约束条件下,本体论层次信息定义就转化为认识论层次信息定义。

在本体论层次上,信息的存在不以主体的存在与否为转移。因此,在这个层次上就可以认为:地球上出现人类(主体)以前,信息就已经存在了,只是没有人去感知和利用而已。但是在认识论层次上则可以认为:没有主体就没有认识论层次的信息;因此在人类出现之前不存在(以人类为主体的)认识论层次信息。可见,讨论的约束条件不同,信息的层次不同,它的定义也就不同。因此,这两个看似矛盾的结论之间并不互相矛盾,因为它们的定义的约束条件各不相同;不但不矛盾,而且还可以随着约束条件的增减而互相转化。

当然,还可以根据需要引入更多其他的约束条件,得到其他相应层次的信息定义,从而把前述各种定义排成有序的系列。由于篇幅所限,这里只能从两个最基本也最重要的层次——本体论层次和认识论层次——来讨论信息的定义。

本体论层次的信息定义:某个事物的本体论层次信息,是该事物所呈现的运动状态及其变化方式。

定义中所说的"事物"泛指一切可能的研究对象,包括外部世界的物质客体,也包括主观世界的精神现象;"运动"泛指一切意义上的变化,包括机械运动、物理运动、化学运动、生物运动、思维运动和社会运动等;"运动状态"是指事物运动在空间上所展示的性状和形态;"运动状态的变化方式"是指事物运动状态随时间而变化的过程样式。

宇宙间一切事物都在运动,都有一定的运动状态和状态改变的方式,也就是说,一切事物都在产生信息。这是信息(在本体论层次上)的绝对性和普遍性。而一切不同的事物都具有不同的运动状态和状态变化方式,这又是本体论层次上信息的相对性和特殊性。这是最广义的信息概念,是无条件的信息概念。

任何事物都具有一定的内部结构,同时也与一定的外部环境相联系,正是这种内部结构和外部联系两者综合作用,决定了事物的具体运动状态和状态变化方式。因此,可以把上述本体论层次的信息定义叙述得更为具体:本体论层次的信息,就是事物呈现的运动状态及其变化方式,也是事物的内部结构与外部联系呈现的状态及其变化方式。

认识论层次信息定义:主体关于某个事物的认识论层次信息,是指认识主体从本体论信息所获得的关于该事物的运动状态及其变化方式,包括这种状态/方式的形式、含义和效用。

对比本体论层次与认识论层次信息定义可以发现,它们之间有着本质的联系,这表现在两者所关心的都是"事物的运动状态及其变化方式",而且,认识论信息是主体从本体论信息感知的。但是,它们之间又有原则的区别,这表现在两者的出发点完全不同:前者是"事物"本身呈现的,与认识主体无关;后者是"主体"从本体论信息感知的,不但与事物有关,而且与认识主体有关。之所以会产生这样的区别,关键在于是否引入了"认识主体"这个约束条件:引入"主体"这一条件,本体论层次信息定义就转化为认识论层次信息定义;取消主体这一条件,认识论层次信息定义就转化为本体论层次信息定义。

由于引入了主体这一条件,认识论层次的信息概念就具有了比本体论层次的信息概念丰富得多的内涵。这是因为,首先,作为认识的主体,他具有感觉能力,能够感知事物运动状态及其变化方式的外在形式;其次,他也具有理解能力,能够理解事物运动状态及其变化方式的内在含义;再者,他还具有目的性,因而能够判断事物运动状态及其变化方式对其目的而言的效用价值。而且,对于正常的人类主体来说,事物的运动状态及其变化方式的外在形式、内在含义和效用价值这三者之间是相互依存、不可分割的。因此,在认识论层次上研究信息问题的时候,"事物的运动状态及其变化方式"就不像在本体论层次上那样简单了,它必须同时考虑到形式、含义和效用三个方面的因素。

事实上,人们只有在感知了事物运动状态及其变化的形式,理解了它的含义,判明了它的价值后,才算真正掌握了这个事物的认识论层次信息,才能作出正确的判断和决策。

我们把这样同时考虑事物运动状态及其变化方式的外在形式、内在含义和效用价值的认识论层次信息称为"**全信息**",而把仅仅计及其中的形式因素的信息部分称为"**语法信息**",把计及其中的含义因素的信息部分称为"**语义信息**",把计及其中的效用因素的信息部分称为"**语用信息**"。换言之,**认识论层次的信息乃是同时计及语法信息、语义信息和语用信息的全信息**。

本体论层次信息定义和认识论层次信息定义是最基本的信息定义。如果在认识论层次信息定义基础上再引入某种新的约束条件,那么,认识论层次信息定义将转化为更低层次的信息定义。引入的约束条件越多,定义的层次就越低,由此就形成了信息定义的体系。

有了这个定义体系,现在流行的那些有关信息的种种说法就都可以在这个定义体系的相应层次上找到自己适当的位置。

人们研究信息科学,总是站在人类主体的立场上来研究信息,利用信息为人类主体服务(这就是"以人为本"的科学观)。因此,除了要准确把握本体论层次的信息概念之外,与主体相联系的认识论层次信息将受到特别的关注。鉴于认识论层次信息概念的重要性,这里有必要对它所涉及的语法信息、语义信息和语用信息的概念及其相互关系再作一些说明。

图 2.1 是关于"全信息"概念的一个图示。读者不难由此进一步理解语法、语义和语用的概念及联系。

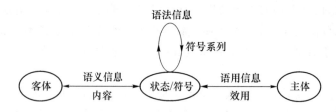

图 2.1 全信息概念的图示

图 2.1 表明,状态(图中的中间下圆)和状态变化方式(图中的中间上圆)的形式化关系是抽象的语法信息;这种形式化关系与它的相应客体(图中的左圆)相关联则将给抽象的语法信息赋予具体的含义,因而产生语义信息;而语法语义信息(图中整个中间和左边)与主体(图中右圆)的关联则将表现这样的语法和语义信息对主体的目的而言所具有的效用或价值,从而形成语用信息。

应当注意的是,理解语义信息要以语法信息为基础,因为"含义"是针对具体的状态和具体的状态变化方式来说的。同样,理解语用信息要以语义信息和语法信息为基础,因为"效用"是针对具体的状态及其变化方式所具有的含义来说的。在这个意义上,基于语法信息和语义信息的语用信息(称为"综合语用信息")具有"全信息"的意义。

在语法、语义和语用信息三者之间,语法信息是最简单、最基本的层次,语用信息则是最完全、最实用的层次,语义信息介于其中。

不过,从信息生成的过程来看,人们首先是通过自己的感觉器官来获得事物的语法信息,然后根据过去积累的经验或直接的体验来获得它的语用信息,最后,在此基础上才能感悟出关于这个事物的语义信息。换言之,语法信息和语用信息都是具体的,可以直接感受到,语义信息则是抽象的,不可能直接感受到,只能通过对具体的语法信息和语用信息的抽象感悟才能得到。在这个意义上可以认为,语义信息是语法信息和语用信息的"函数"。因此,语义信息是语法信息和语用信息的"代表";而语法信息和语用信息是语义信息的"生成元"。这是一个十分重要的概念,本书第3章将对此作出详细分析。

Shannon 信息论或统计通信理论是基于概率型语法信息的信息理论,而本书所定义的信息科学则是基于"全信息"的信息理论。这是现代信息科学与传统信息理论之间的一个重要区别。读者在后面的章节将会看到,正是由于引入了全信息的概念和理论,原先各自独立发展的识别论、通信论、控制论、决策论、优化论和智能论等才得以统一在信息科学的有机体系之中。因此,对于信息科学来说,"全信息"是一个十分重要的概念,全信息及其理论是整个信息科学理论大厦的基石。

不过,这里有必要申明:虽然如上所说"全信息/语义信息"的概念及理论对于信息科学的研究具有特别基本和特别重要的意义,但是考虑到文字叙述上的简便,在以下的讨论中,如果不至于引起读者的误解,都会把"全信息/语义信息"简称为"信息"。只有在那些容易引起读者误解的地方,或者在那些需要特别强调的地方,才使用"全信息/语义信息"的表述。这里也请读者有所警惕:在后面的讨论中遇到"信息"这个词汇的时候,就要想一想,它究竟指的"全信息"还是经典意义的信息(Shannon 信息)?

2.1.2 信息的特征、性质与功能

明确了信息的基本概念之后,就可以进一步研究信息的特征、性质、功能等问题。阐明这些问题,又可以反过来深化对信息概念的理解。需要强调的是,对于信息的定义、特征、性质、功能和分类的讨论,必须保持概念的内在统一性及和谐性。

信息有许多重要的特征、性质和功能,但由于不同研究人员的背景不同,研究的目的不同,他们做出的归纳也会各不相同。这里将从信息科学理论研究的角度,指出信息的最重要和最基本的特征、性质和功能。

1. 信息的特征

首先来看信息的几个最基本的特征。

第一特征:信息来源于物质,但又不是物质本身;因此,它从物质的运动中产生出来,又可以脱离源物质而寄生于它物质(媒体),相对独立地存在。

既然本体论信息是"事物呈现的运动状态及其变化方式",那么,客观存在的物质当然就是信息的来源之一。物质在运动,它呈现的运动状态和状态变化方式就是本体论层次的信息;而这些物质呈现的运动状态及其变化方式一旦被认识主体所感知或表述,就成为认识论层次的信息。但"物质呈现的运动状态及其变化方式"并不是物质本身。事实上,作为事物呈现的运动状态及其变化方式的信息可以离开它的源物质而载荷于其他物质,相对独立地存在。例如,一个物体在运动,它呈现的运动状态及其变化方式可以被摄影机拍摄下来,经过一定处理又可以重现出来。重现出来的仅仅是信息,而不是它的源物质本身。正是由于信息具有这个特征,精彩的文艺节目才可以被复制下来供人们反复欣赏,太空的奇观才可以被拍摄下来供人们仔细研究,激动人心的经历才可以记录下来供人们重温……否则,这一切都将成为不可能。

第二特征：信息也来源于精神世界，但是又不限于精神领域。

信息是事物呈现的运动状态和状态变化的方式，事物运动既可以是物质的运动，也可以是精神的运动（思维的过程），那么精神领域的事物运动也就成为信息的一种来源。按照认识论层次的信息定义，信息是认识主体所感知或所表述的事物运动的状态及其变化方式，主体表述的东西当然是精神领域的东西，如人的思想状态、情绪、意志、方针、政策、命令等。同客观物体所产生的信息一样，精神世界的信息也具有相对独立性，可以被记录下来加以保存、复制或重现。由于客观世界的物质客体和精神世界的主观事物都可以产生信息，因此，信息的存在超出了精神范畴。

第三特征：信息与能量紧密相关，但是又与能量有质的区别。

信息是事物呈现的运动状态及其变化的方式；能量是事物做功的本领。因此，信息与能量都与事物的运动相关。在一定意义上可以说，信息与能量两者都是事物运动的状态函数。不仅如此，传输信息或处理信息需要能量支持，而控制和利用能量需要信息引导。例如在自动防空体系中，为了取得空间目标的信息，需要有足够的能量来开动雷达系统；为了传递这个信息，要有相应的能量来支持通信系统的工作；为了导出导弹的发射状态参数信息，要有能量来保证计算机正常运行。不要说利用设备来取得信息、传递信息和处理信息时需要有能量作为动力，即使凭肉眼来观察信息，也同样需要生物能量来支持。另外，控制和驾驭能量，使它发挥好的效用又离不开信息的引导。例如上面提到的自动防空体系，若要使导弹能够命中目标，没有信息的引导是不可能的。信息和能量的关系这样密切，但是从它们的定义本身可以看出，它们之间有质的区别。

第四特征：信息可以被提炼成为知识，但信息本身不等于知识。

知识是人类长期实践经验的结晶。对照认识论层次信息的定义可以看出，知识与认识论层次的信息相通，但具有更加普遍、深刻和抽象的品格。例如，牛顿第二运动定律 $F=ma$ 是物理学的知识，是对于这类事物运动的状态及其变化规律的表述。因此，知识满足认识论信息定义的要求。在这个意义上可以说知识是信息。但是，信息却不是知识，因为它不具有普遍抽象的品格。可以认为，信息是现象，知识是从大量现象中提炼的本质。

第五特征：信息是具体的，可以被主体所感知、处理和利用。

信息不是虚无缥缈的东西，也不是可以随意想象和"创造"的事物。它是现实世界各种事物呈现的运动状态和状态变化的方式，具有非常具体和真实的品格。信息可以被感知，人的感觉器官就是专门用来感知信息的。信息不仅可以被感知，而且可以被传递、被处理和被利用。本书后面各个章节将具体探讨这些问题，这里不再详述。应当指出的是，正是因为信息具有第四和第五特征，它对于人类才具有如此巨大的意义。

第六特征：信息可以被复制，可以被共享。

由于信息可以脱离源事物而相对独立地存在并负载于其他载体，因此可以被无限制地进行复制、传播或分配给众多用户共享。正因为信息具有这个特征，一个信息持有者把他的信息传递给另一个用户的时候，他自己所拥有的信息才不会丧失。正像教师把知识传授给学生以后，学生掌握了知识，但教师并不会因此而成为"白痴"。信息的这种特征使它对人类具有特别重要的意义。物质与能量不具有相对独立性，物质和能量不能被共享：如果甲有一个苹果，乙也有一个苹果，那么，甲乙互相交换之后，甲还是只有一个苹果，乙也还只有一个苹果；但是如果甲有一个信息，乙也有一个信息，那么，甲乙互相交换以后，甲就有了两个信息,乙也有了两个信息。

第七特征:语法信息在传递和处理过程中永不增值。

信息具有相对独立性,可以无限地进行复制,为众多用户所共享,但是在复制、传递或做其他处理的过程中,语法信息量本身永远不会增加。不是说把一份信息复制一次信息量就增加了一倍。实际的情况是,不管复制多少份,也没有增加新的信息量。相反,由于噪声干扰的影响,由于复制、传递和处理过程中不可避免地存在误差或非线性操作,结果所得到的语法信息量只会减少。只有在理想复制(没有误差)、理想传递(没有干扰和失真)、理想处理(没有非线性的或不可逆的操作)的条件下,才可能做到语法信息无损失。有人举出计算机解题的例子,认为经过计算机计算之后,语法信息量增加了,所以可以得出答案。这是一种误解,任何计算机都不可能凭空创造信息。经过计算机的处理并不能增加信息量,计算机输出的全部信息都已包含在它的输入之中;只不过经过处理之后这个信息更适合于用户使用罢了。"更适合于使用"和"更多的语法信息量"是两个不同的概念。

第八特征:在封闭系统中,语法信息的最大值不变。

在给定的封闭系统中,事物可能呈现的运动方式和运动状态的最大可能数值是一个恒量,等于这个封闭系统的最大熵值。只要系统不与外界交换物质、能量和信息,这个最大熵的数值就不会改变。虽然绝对的封闭系统在实际上不存在,但这个特征仍然具有理论上的意义。这就是封闭系统中语法信息的守恒性。但是在非封闭系统,这种守恒性便不再成立。

2. 信息的性质

根据以上这些特征和信息的基本定义,可以导出信息的一些重要的性质。

性质一 普遍性:信息是普遍存在的。

信息是"事物呈现的运动状态和状态变化的方式",因此,只要有事物存在,只要事物在不断地运动,就会不断呈现它们的运动状态和状态变化的方式,也就存在信息。无论在自然界、人类社会还是在人类的思维领域,绝对的"真空"和绝对"静止"的事物是没有的,因此,信息普遍地存在。

性质二 无限性:在整个宇宙时空中,信息是无限的,即使是在有限空间,信息也是无限的。

一切事物呈现的运动状态及其变化方式都是信息,而宇宙时空中的事物是无限丰富的,因而它们产生的信息必然是无限的。即使是在有限空间(如在地球),事物也是无限多样的;而在无限的时间长河中,事物的发展变化更是无限的,因而信息也是无限的。

性质三 相对性:对于同一个事物,不同的观察者所获得的信息量可能不同。

由于不同的观察者有着不同的观察能力、不同的理解能力和不同的目的性,因此,他们从同一个事物所获得的语法信息量和语义信息量当然也各不相同,甚至他们会得到相反的语用信息(如果他们所持有的目的相反)。

性质四 传递性:信息可以在时空中从一点传递到另一点。

由于信息具有脱离母体而相对独立的能力,因而就可以通过一定的方法使之在时间上或者在空间上进行传递。在时间上的传递称为存储;在空间中的传递称为通信。其实,存储也是一种通信:现在与未来的"通信"或过去与现在的"通信"。当然,信息在空间中的传递必然也伴有时间上的传递,因为它在空间中传递的速度是有限值。信息可以在时间上和在空间中传递,这是一个十分有用的性质,它使人类的信息和知识能够积累和传播,使人与人之间能够进行信息的交流,使人与环境之间能够保持信息的联系,从而能够更好地认识环境和改造环境。

性质五　变换性：信息是可变换的,可以由不同载体用不同方法来载荷。

既然信息是事物呈现的运动状态和状态变化的方式,而不是事物本身,它就可以负载在其他一切可能的物质载体上。例如,投掷硬币这一实验的结果是一种信息,可以用数字0和1来表示,可以用电流极性的"正"和"负"来表示,也可以用机械位置的"高"和"低"来表示,甚至以表情上的"哭"与"笑"来表示,等等。实际上,只要能够保持"运动状态及其变化的方式"的不变性,那么它不仅可以在各种物质和能量形式之间进行变换,而且可以经受一切不会破坏"信息不变性"的数学变换。信息的这一性质很有用,它使人们对信息施行的各种各样的处理和加工成为可能。

性质六　有序性：信息可以用来消除系统的不确定性,增加系统的有序性。

本体论层次的信息是事物呈现的运动状态和状态变化方式,认识论层次的信息是认识主体所感知和表述的事物运动的状态和状态变化方式(包括形式、内容和价值)。获得信息,就可以消除认识主体对于事物运动状态和状态变化方式的不确定性。后面还会看到,概率语法信息量就是负熵,它是混乱程度的对立面。一个系统要想从无序状态转变为有序状态,就要从外界获得信息(负熵)。

性质七　动态性：信息具有动态性质,一切活的信息都随时间而变化。因此,信息也是有时效、有"寿命"的。

信息是事物呈现的运动状态和状态变化的方式,事物本身在不断发展变化,因此它所产生的信息也会随之变化。脱离了母体的信息因为不再能够反映母体新的运动状态和状态变化方式,它的效用就会逐渐降低,以至完全失去效用。这就是信息的时效性。信息脱离母体的时间长短并不能完全反映信息的寿命,衡量信息的寿命必须同时考虑母体随时间而变化的速度。一旦信息已经不能反映母体实际的运动状态和方式,这个信息的寿命就到了尽头。这时,它至多只能作为母体运动状态和方式的一种历史记录。所以,人们获得信息之后不能就此满足,更不能一劳永逸。信息要及时发挥效用,知识要不断补充更新。

性质八　转化性：从潜在的意义上讲,信息可以转化。在一定的条件下,可以转化为物质、能量、时间及其他。

信息可以转化,转化当然需要条件,其中最主要的条件就是必须被人们有效地利用。没有这个条件,信息是不可能发生转化的。同样,"知识就是力量"也需要条件。显然,正确而有效地利用信息,就可能在同样的条件下创造更多的物质财富,开发或节约更多的能量,节省更多的时间。

3. 信息的功能

信息具有许多功能。它是一切生物进化的导向资源。生物生存于环境之中,而环境经常发生变化,如果生物不能得到这些变化的信息,就不能及时采取必要的措施来适应环境的变化,就可能被变化了的环境所淘汰。信息是知识的来源。信息又是决策的依据,因为信息可以被提炼成为知识,而知识与决策目标结合在一起才可能形成合理的策略。信息是控制的灵魂,因为控制是依据策略信息来干预和调节被控对象的运动状态和状态变化的方式;没有策略信息,控制系统便会不知所措。信息是思维的材料,因为思维的材料只能是"事物呈现的运动状态及其变化方式",而不可能是事物的本身。信息是管理的基础,也是一切系统实现自组织的保证,这些都是不言自明的道理。

在所有这些功能之中,信息的最重要的功能是:信息可以通过一定的算法被加工成知识,并针对给定的目标被激活成为求解问题的智能策略,进而按照策略求解实际的问题。这是信息最为核心最为本质的功能。信息—知识—智能(策略),这是人类智慧的生长链,或称为智慧链。人类认识世界和优化世界的一切活动都是在这个智慧链的支配下展开的。因此,只要能够充分地发挥信息的这一项功能,人类就可以从信息科学技术的研究成果中受益无穷。虽然人类在漫长的进化过程中一直都没有离开信息,但是只有到了信息时代的今天,人类对信息资源的认识、开发和利用才可以达到高度发展的水平。

总之,信息与物质和能量一起,构成人类可以利用的三类基本的战略资源:物质资源可以被加工成材料,为一切工具提供"实体";能量资源可以被加工成动力,为各种工具提供"活力";信息资源则可以被加工成知识和智能策略,为各种工具注入"智能和灵魂"。物质、能量、信息,这是人类可以利用的战略资源的三位一体;实体、活力、智能,则是一切智能工具要素的三位一体。

2.2 信息科学概说

第 1 章所阐明的"科学技术拟人律"指出,现代(大体从 20 世纪中叶算起)人类所利用的表征性资源是信息资源,与此相应,表征性的科学技术是信息科学技术,表征性的社会生产工具则是基于现代信息技术的智能工具。这是信息科学必然要在这个时代问世的根本原因。

那么,什么是信息科学?怎样准确地定义信息科学?

2.2.1 信息科学

就像定义其他科学一样,可以把信息科学定义为"研究信息现象及其运动规律的科学"。这是完全正确的。不过,这样的定义过于原则。更为精确的定义可以表述为:

信息科学是以信息为主要研究对象、以信息运动过程的规律为主要研究内容、以信息科学方法论为主要研究方法、以扩展人的信息功能(全部信息功能形成的有机整体就是智力功能)为主要研究目标的一门科学。

下面将对定义中的各个要点作一些必要的说明。

1. 信息科学的研究对象

以信息作为自己的主要研究对象,这是信息科学区别于其他科学的最根本的特点之一,也是信息科学之所以能够成为一门独立学科的最根本的前提。

前已指出,信息是一种独立的研究对象。从本体论的意义上说,它是事物所呈现的运动的状态和状态改变的方式;从认识论的意义上说,它是主体从本体论信息所感知的"事物运动状态和状态改变的方式",包括这些运动状态及其变化方式的形式、含义和效用。认识论意义的信息也称为"全信息",因为它同时具备了事物所呈现的运动状态及其变化方式的形式(语法信息)、含义(语义信息)和效用(语用信息),是三者的统一体。

从前面关于信息概念的介绍,可以得到下面的几个重要结论。

——既然信息对于人们认识事物(世界)和变革事物(世界)是十分必要的,那么为了能够更好地完成认识世界和改造世界的使命,就有必要深入地研究信息问题。

——既然信息是无处不在的研究对象,那么人们对于信息现象及其运动规律的研究就具有普遍的意义。

——既然信息不同于物质,也不同于能量,那么对于信息现象及其运动规律的研究就自然成为一门独立的学科。

这里还有两个问题值得思考。

第一,关于信息科学的重要性问题。

既然上述结论表明信息现象及其运动规律的研究对人类认识世界和改造世界具有十分重要的意义,那么为什么在人类进入20世纪中叶以前,信息科学一直没有放到人们的"议事日程"上来?关于这一点,第1章已经作出了明确的解释。总的原因是:人类的认识只能由直观而至抽象、由简单而至复杂,而作为人类认识对象的三类资源之中,物质资源相对而言最为直观,信息资源最为抽象,能量资源介于其间。由此便导致了这样的序(规律):古代人类就开始了对物质资源的认识和利用(材料科学技术);到了近代,人类才开始对能量资源的深入认识和利用(能量科学技术);直到现代,人类才有足够的知识和能力来认识和利用信息资源(信息科学技术)。

第二,关于信息科学的独立性问题。

本书强调"信息科学是一门独立的科学",最重要的根据之一便是它具有新的独立的研究对象——信息。可以这样认为:传统自然科学(包括物理学、化学、天文学、地学、生物学等)的基本研究对象是各种层次、各种形态的物质和能量,它们的主要研究内容是天体物质、地球物质和生命物质的物质结构以及其间所包含的机械的、化学的、生物的等各种形式的能量转换规律。尽管物理学、化学、天文学、地学和生物学领域的各种具体研究对象中都伴随有不同程度的信息问题,然而传统自然科学所关心的却只是其中的物质结构和能量转换问题。在这方面,最典型的例子是对生命遗传及思维的研究:虽然我们现在已经明白遗传和思维的关键机制都是信息过程,但是传统自然科学却只用物质结构和能量转换的观点去研究它们,只求助于生物解剖的经典方法,因而总是很难揭露问题的实质。现在,信息科学把信息(而不是物质或能量)作为新的研究对象推上了科学的舞台,而信息本身又确实是既不同于物质也有别于能量的独立对象,于是信息科学的研究必然会成为一门与传统科学有重大区别的新科学。

2. 信息科学的研究内容

信息科学所特有的研究对象(信息)决定了信息科学必然具有自己特有的研究内容——信息的性质及运动规律。那么,信息科学要研究信息的哪些运动规律呢?这就涉及信息科学的研究内容问题。

图2.2给出了一种最抽象也是最一般的信息问题模型,给出了由对象和认识主体以及把它们联系在一起的信息所构成的一种抽象系统;对象所呈现的运动的状态和状态变

化方式是一种本体论意义的信息;主体从本体论信息所感知的对象运动状态及其变化方式(包括运动状态及其变化方式的形式、内容和效用)是一种认识论意义的信息,为了便于区分,我们称之为第一类认识论意义的信息;由主体思维系统(也是一种事物)所产生的运动状态及其变化方式(代表主体与对象打交道的策略信息)也是一种认识论意义的信息,称为第二类认识论意义的信息。显然,这些信息的运动规律应当是信息科学的研究内容。

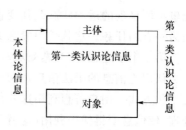

图 2.2　信息科学研究的内容模型

比图 2.2 更深入且更有典型意义的是图 2.3 所示的典型信息过程模型。

典型信息过程模型的含义是:当主体要与外部世界的对象打交道的时候,主体通过获取信息和传递信息来把对象的本体论信息转变为第一类认识论信息,通过处理和认知信息来深入理解对象的运动状态和方式,形成知识;然后在此基础上"再生"第二类认识论意义的信息(策略信息),后者就是指明如何把对象由初始状态转变到目的状态的控制策略;控制的作用则是执行策略信息,产生控制行为,引导对象达到预定的目的状态,完成主体对对象施行的变革。

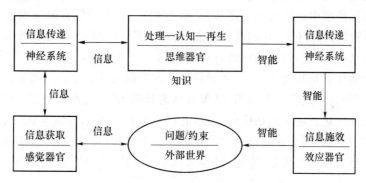

图 2.3　典型信息全过程

发人深省的是,图 2.3 所示的典型信息全过程(信息科学研究内容)模型正好也是人类通过自己的信息器官(感觉器官、神经系统、思维器官、效应器官)来认识世界和改造世界这一活动的信息模型。因此,这一模型具有特别重要的意义,它把信息科学的研究和人类自身的信息过程自然地联系起来,使人类自身的信息过程和信息科学研究的信息过程两者交相辉映、相得益彰。本书将着重使用图 2.3 的典型信息全过程模型。

模型显示,信息过程的第一个子过程是"**信息获取**"。一般来说,信息获取的任务包括信息的感知、信息的识别和信息的选择。其中,信息感知是指对事物呈现的运动状态及其变化方式的敏感和知觉,这是获取信息的必要前提。但是仅仅感受到事物呈现的运动状态及其变化方式还不够,还必须有能力把所感受到的事物运动状态及其变化方式识别出来。不仅如此,由于外部事物的多样性,它们所呈现的信息也必然复杂多样,这样就产生一个问题:哪些信息必须加以关注?哪些信息可以不必理会?这就是信息选择问题。如果没有选择能力,什么信息都要关注,那就将会淹没在信息的汪洋大海之中。

第二个子过程是"**信息传递**",它的任务包括信息发送、传输和接收等环节,最终完成把事物所呈现的运动状态及其变化方式从空间（或时间）上的一点快速、可靠、安全地传送到另一点的任务。这就是一般意义上的通信（或存储）过程。

第三个子过程是"信息处理与认知"。信息获取和信息传递子过程所提供的信息是第一类认识论信息的语法信息，它是对本体论信息的直接摹写，反映外部客体的运动状态及其变化方式。用户若想利用这些信息来解决问题，就必须对这些信息进行适当的加工和处理，使信息变得便于利用（这就是信息处理），并进而从中提取与之相关的知识，后者就是"认知"过程。

第四个子过程是"信息再生"。一般而言，获得信息和提炼知识都不是最终的目的，人们需要知识的目的在于利用它们来解决实际问题。为此，就需要求解问题的策略。怎样利用信息和相关的知识来制定符合特定目的的求解策略？这是"信息再生"要研究的内容。

信息再生是在目的的引导下利用已有的信息和知识来产生新信息（策略信息）的过程。它是一个由客观信息转变为主观信息的过程，是一个由外在信息经过主体的"加工"转变为内在信息的过程。它是人们认识外部事物的一个升华和深化，在此基础上形成（称为再生）的关于变革外部事物的规划，即策略信息——第二类认识论信息。实际上，信息再生的过程就是制定决策的过程。

信息全过程模型中的最末一个环节是"**信息施效**"。它是信息最终发挥效用的过程，是整个信息过程的最终环节：人们获取信息、传递信息、处理信息以至再生新的信息，目的就在于发挥信息的效用。信息的施效有很多不同的表现形式，其中最重要的形式是通过调节对象的运动状态及其变化方式，使对象处于预期的运动状态。这就是控制。

然而，模型的真正最后环节应当是"**策略信息的优化**"。它涉及上述的信息全过程，即整个信息系统的优化。优化是系统的要害，它的重要标志是系统由非优（或低序）状态转化为优化（有序）状态，这是系统自组织的标志。没有优化（序化）的系统集成不但无益，往往反而有害。但是系统的优化（序化）过程又离不开利用系统的信息—知识—智能策略转换过程。

需要特别指出的是：在上述全部信息过程中，"信息认知"和"信息再生"两者共同构成了全部信息过程的核心，通常称为"思维过程"，也被称为"狭义智能"，因为，知识和智能策略都是在这里产生的。然而，一个"完整智能"，或者称为"全义智能"，却应当包括全部的信息过程："信息认知"和"信息再生"（狭义智能）是核心；"信息获取"和"信息施效"是核心与外部世界之间的两端接口；"信息传递"和"策略信息优化"是把内部核心和对外部的接口组织成有机智能体的纽带和灵魂。

总之，信息运动基本子过程的原理和规律如下。

- 本体论信息产生：外部世界的问题与环境——产生本体论信息。
- 信息的获取原理：感知、识别与选择——产生第一类认识论信息。
- 信息的传递原理：通信与存储——传递第一类认识论信息的语法信息。
- 信息的加工原理：处理与计算——对第一类认识论信息进行（浅层）加工。
- 信息的认知原理：归纳和提炼——把第一类认识论信息转换为知识。
- 信息的再生原理：综合决策——把知识激活为第二类认识论信息（智能策略）。
- 信息的施效原理：控制与显示——把智能策略转化为智能行为。

- 信息的优化原理:实施系统全过程的优化。

可见,信息科学的研究已经远远超出了通信的领域,深入到了感知科学、计算科学、控制科学、系统科学、智能科学、认知科学、思维科学等众多相关领域,形成了有机的、完整的信息科学体系。

事实上,一方面,由于信息概念的深刻性,触及哲学的基本范畴(信息是物质还是精神?机器有智能吗?机器智能和人的智能是什么关系?);另一方面,由于信息现象的普遍性,由于信息科学理论的巨大渗透性,由于信息科学方法论的广泛适用性,它的研究范围已经越出自然科学的边界,深入到了社会科学领域。于是,信息科学的学科体系或层次可以包括:

- 信息科学的哲学研究,或称为信息哲学;
- 信息科学的基础理论研究,或称为信息科学原理;
- 信息科学的技术应用研究,或称为信息技术学;
- 信息科学的经济学研究,或称为信息经济学;
- 信息科学的社会学研究,或称为信息社会学。

它们构成了一个和谐的学科体系。本书主要定位于信息科学的基础理论层次。

3. 信息科学的研究方法

特别值得指出的是,正因为信息科学具有独特的研究对象(信息)和全新的研究内容(信息的全程运动规律),因而必然要求与这种新对象和新内容相适应的新的研究方法。事实上,在信息科学的研究实践中,已经形成了相当完善的一套科学方法论体系,称为信息科学方法论。当然,这并不意味着原有的自然科学方法论已经完全不能用来研究信息科学问题,而是表明,原有的基于物质和能量观念的传统自然科学方法论已经不能完全满足信息科学研究的要求,需要新的方法加以补充。

在信息科学的研究范围内,传统自然科学方法论不能充分发挥效力的原因(或者说信息科学方法论必然要问世的理由)是显而易见的。众所周知,信息科学研究的具体对象都是信息现象占主导地位的事物,这一类事物的普遍特征是:它们一般都属于高级的运动形式和复杂的工作系统,如生物、人类、人类智力活动、人类社会以及模拟它们的行为的高级机器系统等。对于这些复杂系统,信息是它们的生命线。传统上用来处理复杂系统的"分而治之,各个击破"的方法不再有效,因为"分而治之"的结果必然割断系统中各个子系统之间的信息联系,割断了系统的生命线!因此,在"各个击破"之后无法恢复原有系统的性质。

信息科学方法论体系主要包括三个方法和两个准则,即**信息系统分析方法、信息系统综合方法、信息系统进化方法、功能准则和整体准则**。其中三个方法是整个方法论体系的灵魂,两个准则是保证信息科学方法能够正确实施的法则。方法和准则一起,构成一个完整的方法论体系。

简略地说,信息科学方法论的基本要点是:在研究高级复杂的事物的时候,应当首先从信息(而不是物质或能量)的观点出发,通过分析该事物所包含的信息过程来揭示它的复杂工作机制的奥秘,通过建立适当的信息模型和合理的技术手段来模拟或实现高级事物的复杂行为。因此信息科学方法论有三层含义:信息系统分析、信息系统综合和信息系统进化。信息系统分析方法主要解决高级复杂事物的工作机制的认识问题,信息系统综合方法解决高级复杂事物的工作机制的实现问题,信息系统进化方法解决高级复杂系统的优化与发展问题。从认识到实现到发展,信息贯穿始终。

方法和准则是一个统一的整体。不过,处于核心地位的是方法。因为正是信息方法为现代科学的探索打开了一扇新的大门,使人们得以从二元(物质和能量)的传统方法论观念中得到升华,从而使许多用传统方法无法突破的难关豁然洞开,使许多高级复杂的问题有了解决的希望。也可以认为,功能准则和整体准则实际上是实施信息方法必然要引出的结果。

总之,方法论是科学观的体现。传统自然科学方法论所体现的科学观主要包括物质的观念和能量的观念;而信息科学方法论所体现的科学观则主要包括信息的观念、系统的观念、生态过程的观念、主体与客体之间相互作用的观念。不难看出,这样两种科学观和方法论存在原则的区别。

4. 信息科学的研究目标

信息科学的研究目标是扩展人类的信息功能,这些信息功能的有机整体便是智力功能。这是人类全部能力(体质能力、体力能力和智力能力)中最为高级也最为精彩的篇章。

根据图2.2和图2.3所示的模型以及信息科学的研究内容,可以清晰地看出,随着信息科学研究的不断深入,主体(人和生物)在信息获取、信息传递、信息认知、信息再生、信息施效等各种功能的内在机制将逐步被阐明,这就为揭开包括遗传和思维等在内的各种高级复杂信息过程的奥秘开辟越来越光明的前景;此外,人们还将逐渐找到越来越有效的方法在机器上模拟或复现主体那些信息功能的机制,甚至在某些方面改进这些机制的工作性能。这就必然导致大量高级智能信息系统的问世,以它们的优异性能来补充、增强和扩展人的各种天然信息功能,即获取信息的功能、传递信息的功能、认知信息的功能、再生信息的功能、施用信息的功能,特别是这些功能的综合——智力功能。

这种前途是必然的。只要信息科学确定了以信息作为它的主要研究对象,只要信息科学紧紧地抓住信息运动规律并进行深入研究,那么扩展人类的信息功能特别是扩展它们的有机整体——智力功能——这个目标就势在必达。信息科学发展的前景就是科学技术的"辅人律""拟人律"和"共生律"所揭示的图景:人类体质、体力、智力能力被充分扩展,人类认识世界和改造世界的能力得到充分的增强,人类从一般体力和脑力劳动中得到充分的解放,人类终于可以把自己的主要精力充分集中在研究世间事物的复杂性以应对未来更加巨大和更加复杂的挑战,从而使人类与自然界可以充分和谐相处,使人类的生存和发展条件可以得到充分的改善。

以上就是关于信息科学定义的"研究对象、研究内容、研究方法、研究目标"的分析和解释。通过这些说明,读者对于信息科学本身的总体概念应当有了初步的然而也是比较清晰的了解。当然,更深入的理解有待后续各个章节以及各门相应的后续课程的展开。

总之,和以往一切传统科学不同,信息科学破天荒地把信息推上了科学的舞台,使它与物质和能量鼎足而立,并以崭新的观念、方法和成果大大丰富了科学的宝库。信息科学的崛起使以物质和能量二者为中心的传统自然科学观念让位于以信息、能量和物质三者为中心的现代科学观,使力量型的科学发展成为智慧与力量相结合的科学,使以解放人类体力劳动为目标的传统科学转变为以解放体力和智力劳动为目标的现代科学。总之,信息科学的兴起大大地完善了现代自然科学的结构,极大地优化了整个科学的内容和方向,改变了科学发展的图景和科学的思维方式。

由于信息科学理论的深刻性,它的问世不仅大大改变了自然科学的面貌,同时也对社会科学和哲学产生了巨大的影响。有关这方面的内容,有兴趣的读者可参看本章参考文献。

2.2.2 信息技术概述

什么是信息技术?

与"人们对信息科学存在多种不同认识"的情况类似,目前,人们对信息技术的理解也是众说纷纭。但是,有了信息科学的确切概念之后,按照科学与技术之间的内在联系,信息技术就可以合理地定义为"实现和扩展人的信息功能"的手段和方法。

既然信息技术是实现和扩展人的信息功能的技术,那么按照信息功能的天然流程,信息技术主要就包括传感技术、识别技术、通信技术、存储技术、计算机技术、人工智能技术、控制技术和信息系统的优化技术等。传感技术和识别技术的任务是实现和扩展人的感觉器官获取信息的功能;通信技术的任务是实现和扩展人的神经系统传递信息的功能;存储技术的任务是实现和扩展人的记忆器官存储信息的功能;计算机技术的任务是实现和扩展人的思维器官处理信息的功能;人工智能技术的任务是实现和扩展人的思维器官认知和决策的功能;控制技术的任务是实现和扩展人的行动器官执行策略信息的功能。当然,这种划分是相对的、大致的,没有截然的界限。如传感系统里也有某种信息处理和存储功能,计算机系统里也有信息传递和获取的功能等。

信息技术的实现手段多种多样,根据问题的需要可以是机械的,也可以是电子的;可以是光波的,也可以是生物的,或者是它们之间的某种组合,比如机械电子、光电子、生物电子、微机械微电子等。

于是,按照实现手段的不同,信息技术就有"机械信息技术""电子信息技术""光波信息技术""生物信息技术""机械电子信息技术""光电子信息技术""生物电子信息技术"等分类。更进一步,按照实现手段和所实现的功能,信息技术还可以产生更细的分类。比如,在电子信息技术内部,又可以有电子传感技术、电子通信技术、电子存储技术、电子计算机技术、基于电子的人工智能技术、基于电子的控制技术等。同样,在光波信息技术范畴,也可以有"光传感技术""光通信技术""光存储技术""激光计算技术""激光控制技术"等。

但是,不管利用了何种具体的实现手段,它们共有的本质特征都是"实现和扩展人的信息功能"。凡是具备这个功能的技术就是信息技术,否则,就不是信息技术。

信息科学的研究成果对于信息技术的进步发挥了关键的指导作用。正如科学理论层次的情形一样,信息技术的各个功能分支——传感与测量、通信与存储、计算与处理、认知与决策(人工智能)、控制与调节(自动化)、表示与显示、系统与优化——它们之间原先也都是互相独立发展起来的,很少互相交流,也很少互相借鉴。基于全信息理论的信息科学对于信息技术最重要的启示,就在于开始使人们认识到:这些表面看来似乎互相无关的技术实质上都是信息技术体系中一系列互相联系、互相补充和互相支持的技术分支:传感与测量是信息获取技术,通信与存储是信息传递技术,计算是"非认知的"信息处理技术,认知与决策是人工智能技术,控制和显示是信息执行(信息施效)技术,信息系统是信息全局优化技术等。

一旦揭示了信息技术各个分支之间的本质联系,一个具有更加重大意义的新的信息技术领域便登上了技术舞台,而且对经济的发展和社会进步发挥出更为巨大的推进作用,这就是"信息网络技术",更准确地说是"大规模智能化信息网络技术"。它是信息时代最先进、最强大的通用社会生产工具,是当代信息技术发展的集中体现。

智能信息网络技术的重要性在于:既然人类认识世界和改造世界的全部活动可以归结为一种有目的的信息获取、信息传递、信息认知、信息决策、信息施效的过程,那么由于信息网络也在相当程度上具备信息获取、信息传递、信息认知、信息决策、信息施效的全部功能,它就可以在很大程度上帮助甚至在很大程度上部分地代替人类劳动者从事各种体力和脑力的劳动。而由于现代信息技术的突飞猛进,智能信息网络的工作速度、工作精度、工作力度、工作的规范程度等都大大优于人类自身的能力,因此智能信息网络对人类劳动者的帮助和某些方面的替代,将给经济发展和社会进步带来多么巨大的意义,就不言而喻了!

不难明白,除了智能信息网络之外,任何单项信息技术都不可能起到这种"在很大程度上帮助甚至部分地代替人类劳动者"的作用;其他非信息技术更不可能起到这种作用。当然,正如本书后续章节所表明的那样,信息认知技术、信息决策技术以及它们的综合——人工智能技术——在创造性思维能力方面不可能达到(更不要说超过)人类的水平,因此智能信息网络只能执行常规的体力和智力劳动任务,而把创造性劳动的功能留给人类劳动者自己。这就是早已为人们熟知的"人机共生,人主机辅"的未来社会生产方式的图景。

需要强调指出的是,基于现代信息技术的大规模智能化信息网络的作用绝对不等于(而必然是远远大于)信息技术各个分支技术作用的简单相加!这就是著名的系统学原理:整体大于部分的简单相加。因此,对于大规模智能化信息网络的研究要比任何一个信息技术分支的研究都重要得多;智能信息网络的应用比任何一个信息技术分支的应用都重要得多。

当然,信息技术各个分支的发展是智能信息网络技术发展的基础,如果没有信息技术各个分支的发展和进步,就不会有智能信息网络技术整体的发展和进步。这很容易理解。但是,如果某种信息技术分支的进步不能直接在整个智能信息网络技术进步中发挥作用,那么这种信息技术分支的进步就可以认为没有什么重要意义。信息技术发展的意义在于对智能信息网络技术的进步有所贡献,因为各门信息技术分支对经济和社会的贡献都是局部的,只有智能信息网络(作为信息技术的整体)才能对经济发展和社会进步产生全局性的巨大作用。

近几十年来,信息技术各个分支都获得了迅速的发展。例如,光通信的容量不断翻番;移动通信的技术不断升级;计算机技术的速度不断提高,等等。但是,这一时期最引人注目的进步却是信息网络整体技术的发展。这里所说的信息网络,不是单纯的电信网络,因为后者只具备信息传递一项功能,而信息网络则具备信息获取、信息传递、信息认知、信息决策、信息施效等全部信息功能;同样的道理,信息网络也不是单纯的计算机网络(互联网)或有线电视网络,甚至也不等于电信网络、计算机网络、有线电视网络的融合,因为三网融合之后也基本上还是一类通信网络,一类宽带化、多媒体化、数字化的通信网络,但还不是智能信息网络。一旦大规模智能信息网络成为基本的社会生产工具,人人都利用大规模智能信息网络直接从事生产劳动(包括工业和农业生产劳动,包括体力和脑力的劳动)、交流交往、管理活动、学习和社会服务以至家务劳作,那么 21 世纪意义上的现代化——在高度信息化和智能化水平上的现代化——就大体上奠定了坚实的技术基础。

2.2.3 信息科学与信息论的联系与区别

目前流行的信息理论称为"Shannon 信息论",或者简称为"信息论"。它是由美国学者 Claude E. Shannon 于 1948 年在《贝尔系统技术杂志(Bell System Technical Journal,BSTJ)》发表的论文"A Mathematical Theory of Communication(通信的数学理论)"奠基的。

由于通信系统的本质是"在接收端尽可能准确地复制发送端通过有噪声的信道传送的信号波形",它只关心波形本身,不关心波形的内容和价值,因此是一种纯形式的信号波形传输与复制。用信息科学的术语来说,通信系统的信息理论是一种"语法信息",排除了"语义信息"和"语用信息"。换言之,Shannon 信息论是"全信息理论"在不考虑语义信息和语用信息情况下的一种简化特例。

信息科学之所以要综合考虑语法信息、语义信息和语用信息,原因在于信息科学的任务是"扩展人类智力能力",而不考虑语义信息(信息的内容)和语用信息(信息的价值)就难以作出有智能水平的决策;通信的任务是"扩展人类传递信息的能力",不需要利用信息作出智能决策,因此不需要语义信息和语用信息。

信息传递是人类信息活动过程中的一个环节;信息科学则要涉及人类信息活动过程的全部环节(特别是其中的核心:智能环节)。由此可知,虽然信息科学和信息论都是以信息为研究对象的科学理论,但它们之间却存在原则的差别:信息科学面向以智能为核心的全部信息过程,目的是扩展人类"通过信息及其知识产物来认识世界并进而通过信息及其智能产物来改造世界"的能力;信息论则面向信息过程中的通信环节,目的是扩展人类信息传递的能力。

所以,信息论与信息科学的关系乃是局部与全局的关系。作为信息科学与技术的学习者和研究者,仅仅了解"信息论"和通信技术是远远不够的,应当了解对于人类更有意义的"全信息/语义信息"和信息科学技术的全局。

本 章 小 结

本章是全书的概念基础,包括信息的基本概念、信息科学和信息技术的概述。

2.1 节系统地研究了全信息的基本概念。首先阐述了信息概念层次体系中最重要的两个层次的信息——本体论信息和认识论信息(全信息)——的定义,阐明了语法信息、语义信息、语用信息和全信息的基本内涵,接着讨论了信息的特征、性质和功能。准确理解和把握这些概念对于准确理解和把握整个信息科学技术至为重要。

2.2 节首先阐述了信息科学的基本定义,分析了信息科学的研究对象、研究内容、研究方法和研究目标,在此基础上解析了信息技术的基本概念,进而也阐明了信息论与信息科学之间的关系。

读者应当注意,信息(全信息)、信息科学、信息技术这些概念之间不仅是基本的、重要的,而且是新颖的、和谐的,是一个有机的概念体系。掌握这些基本概念,是学好信息科学技术的首要基础。

思 考 题

2.1 什么是信息?试对书中所列举的一些流行信息"定义"给出你的评述,从这些定义中理出一个比较清晰的信息概念。你认为应当怎样定义信息才是科学合理的?

2.2 你认为信息概念存在层次结构吗?为什么?如果存在,什么是本体论信息?什么是认识论信息?两者的关系是什么?你有什么不同的看法?

2.3 有人说"信息先于人的存在",你同意这种说法吗?为什么?也有人说"有了人才可能有信息",这种说法正确吗?为什么?从上面两种截然不同的观点的分析中,你得出的结论是什么?你能统一上面两种截然不同的说法吗?怎样统一?

2.4 谈谈你对不同层次信息定义的理解。你认为书中的本体论信息定义和你的理解一致吗?如果不一致,给出你的定义。

2.5 你认为信息的特征是什么?你同意书中的分析吗?为什么?信息与物质和能量之间的关系是什么?你认为信息有哪些与众不同的重要功能?怎样理解信息的重要性?为什么要研究信息问题?

2.6 怎样理解全信息?它与 Shannon 信息论的信息概念区别在哪里?

2.7 你同意书中对信息科学的定义吗?在你看来,什么是信息科学?

2.8 有人说信息技术就是计算机技术,对吗?为什么?

进一步阅读的建议

参考文献

[1] Wiener N. Cybernetics. 2nd ed. New York:MIT Press,John Whey & Sons Inc.,1961.

[2] Shannon C E. The Mathematical Theory of Communication. BSTJ,1948,47:379,632.

[3] Brillouin L. Science and Information Theory. New York:Academic Press Inc.,1956.

[4] Tribes M,et al.. Energy and Information. Scientific American,1971,224(3):102-106.

[5] Ashby W R. Introduction to Cybernetics. New York:Wiley,1956.

[6] Longo G. Information Theory:New Trends and Open Problems. Springer-Verlag, CISM,1975.

[7] 钟义信.信息科学原理.5版.北京:北京邮电大学出版社,2013.

[8] 傅祖芸.信息论——基础理论与应用.北京:电子工业出版社,2001.

第 3 章 信息获取

> 信息获取是信息过程的第一环节,因而是信息科学技术研究的重要对象。那么,什么是信息获取的科学原理?利用什么信息技术来扩展人类获取信息的能力?本章将对信息获取的基本概念进行引导性的阐述。
>
> 由于存在"通信信息(语法信息)"和"全信息/语义信息"这样两个层次的信息概念,因此,信息获取也将包括"通信信息(语法信息)"的获取和"全信息/语义信息"的获取。

3.1 简 述

听说过"千里眼顺风耳"的传说吗?"眼观六路,耳听八方""目穷千里,耳察蚁言",这是千百年来人们对于扩展自身信息获取能力的想象和渴望。但是,怎样才能实现人类关于千里眼、顺风耳的理想呢?这就是本章要介绍的信息获取技术和第 4 章要介绍的信息传递技术。

人类(包括其他生物)为什么必须具备和不断强化自己的信息获取能力呢?这是因为,生物如不能从外部世界获取信息,就不可能适当地调整自己的状态,改善与外部世界的关系来适应其变化,就不可避免地会遭到被淘汰的厄运。生物越高级,获取和利用信息的本领就应当越高超。

人类作为自然界最高级的生物,更必须不停地获取信息。事实上人类的感觉器官(眼、耳、鼻、舌、皮肤等)都是为获取外界信息而存在和发展起来的,它们无时无刻不在获取外部世界的信息,并通过其后的其他信息器官加以分析、归纳和处理,得到规律性的认识,用来强化自己。为了不断改善生存发展的条件,人类还在长期的实践中创造了许多方法,发明了许多技术来拓展和增强自己感觉器官的能力,如利用望远镜能够使我们看得更远,利用电子显微镜能够观察到肉眼看不到的微小物体等。

对于一般信息系统来说,信息获取是第一步的工作,只有充分获得了各种必要的信息,系统才能根据需要进行有效的工作,以达到设定的目标。如同打仗一样,只有"知己知彼",才能"百战不殆"。

信息作为"事物呈现的运动状态及其变化方式"存在于一切事物之中。但是,对于这样纷繁复杂、包罗万象的"信息",如何才能有效地获取呢?

信息获取的第一步就是信息的"感知",也就是"感受"到事物所呈现的运动状态及其变化方式的形式,感觉到这种形式的存在。

研究结果表明,信息感知的基本机制在于要有某种组织或器官(对人工系统则是某种器件或系统)能够灵敏地感受到事物所呈现的运动状态及其变化的方式,也就是能够在事物所呈现的运动状态及其变化方式的刺激下产生相应的反应。当然,这种刺激与反应关系应当满足一定的条件,例如:

- 具有一定的敏感域(感受域);
- 具有一定的敏感度(灵敏度);
- 具有一定的保真度(可信度)。

可是,人类感觉器官存在着一些天然的缺陷,如人眼仅能感受到波长为 380～780 nm 的可见光,对波长小于 380 nm 的紫外和大于 780 nm 的红外光谱就无法感知;人耳也只能对 20 Hz～20 kHz 范围的音频具有反应能力,而对次声和超声信息就无能为力。即使在敏感域之内,人类对于微弱刺激或过强刺激的分辨率及响应的线性度也是不能满足要求的。因此,人们需要根据信息感知的原理去研制具有更优异性能的人工感知系统,扩展和完善人类感知信息的能力,使人能够看得更远(人工视觉),听得更清(人工听觉),嗅得更真(人工嗅觉),尝得更准(人工味觉),摸得更精(人工触觉)。

信息感知系统不仅需要"敏感单元"对外部世界进行"感知"并产生实际响应,而且还需要"表示单元"将敏感单元的响应通过适当的方式表示出来以便于观测、处理和利用。

研究表明,人类视觉、听觉、嗅觉、味觉、触觉等感知的响应是以神经生理电信号表示的。那么机器感知系统的敏感单元响应能否也用电信号来进行表示呢?答案是肯定的。当然这不是唯一的,例如也可以用光信号或其他信号形式来进行表示,但用电信号却有其无与伦比的优势,其原因如下:第一,电信号表示和测量的范围极宽,从基本粒子的电量单位至千万伏安级均可进行测量,且测量精度很高;第二,电信号的处理技术较为成熟,如微弱信号的放大、滤波,信号的提取、采样、变换、调制、解调、数字化等;第三,电信号适于长距离传输,从有线到无线或通过电/光变换后通过光纤传输都非常方便;第四,电信号经数字化后特别适合于用计算机进行自动处理,可以大大减轻人的负担。

3.2 信息的直接获取

鉴于"事物呈现的运动状态及其变化方式"的无限多样性,需要针对不同的情况研制出与之相对应的敏感单元,它们对某一种或几种物理量、化学量、生物量或其他表现形式的"量"有高的敏感度、分辨率和保真度。通过这些敏感单元就可以直接获取相关的信息。

3.2.1 非电量电测

人们对各行各业中的很多"量"感兴趣,但这些量绝大多数都是非电量,如机械量(位移、尺寸、力、振动、速度等)、热工量(温度、压力、流量、物位等)、成分量(化学成分、浓度等)和状态量(颜色、透明度、磨损量、裂纹等)。需要将它们变换成电参量以便于测量,这就是非电量电测技术。

将被测的非电量变换成电量的装置称为传感器(也称为换能器、发送器、传送器、变送器、检测器、探头)。国家标准中关于传感器(Transducer/Sensor)的定义为:能够感受规定的被测量并按照一定规律转换成可用输出信号的器件或装置。该定义表达了四层含义。

(1) 传感器是测量装置,能完成检测任务。

(2) 输入量是某一被测量,可能是物理量,也可能是化学量、生物量等。

(3) 输出量是某种物理量,可以是气、光、电物理量,主要是电物理量,以便于传输、转换、处理、显示等。

(4) 输出输入有对应关系,且应有一定的精确程度。

因此,传感器的基本功用包括:感受被测信息,并把它表示出来。

传感器作为信息获取与信息转换的重要手段,是信息科学最前端的一个阵地,是实现信息化的基础技术之一。各种大的科学工程离开了传感器,就像人失去了视、听、嗅、触觉一样,生存难度会陡然增加,将难以正常工作。

在日常生活领域,常见的传感器有:电冰箱、电饭煲中的温度传感器,空调中的温度和湿度传感器,煤气灶中的煤气泄漏传感器,电视机和影碟机中的红外遥控器,照相机中的光传感器,汽车中的燃料计和速度计等,不胜枚举。传感器给人类的生活带来了太多的便利和帮助,因此传感器技术受到了人们的高度重视。

1. 传感器的分类

按工作机理分类:分为物理型传感器、化学型传感器、生物型传感器等。

按构成原理分类:分为结构型传感器与物性型传感器两大类。

根据能量转换情况分类:分为能量控制型传感器和能量转换型传感器。

按照物理原理分类:分为电参量式传感器、磁电式传感器、压电式传感器、光电式传感器、力电式传感器、热电式传感器、波式传感器、射线式传感器、半导体式传感器,以及其他原理的传感器等。有些传感器具有两种以上原理的复合形式,如不少半导体式传感器也可看成电参量式传感器。

按照传感器的用途分类:分为位移传感器、压力传感器、振动传感器、温度传感器等。

根据转换过程可逆与否分类:分为单向传感器和双向传感器。

根据传感器输出信号的形式分类:分为模拟信号传感器和数字信号传感器。

根据传感器使用电源与否分类:分为有源传感器和无源传感器。

对一个传感器而言,仅有敏感单元只能实现感知,但不能实现测量,有一些传感器不能直接将非电量转换成电量,还需要一个甚至几个中间环节的变换才能转为电量输出,因此可以将传感器细分为敏感元件、传感元件和变换元件,如图 3.1 所示。

图 3.1 传感器框图

(1) 敏感元件:对待测的非电量敏感。敏感元器件品种繁多,就其感知外界信息的原理来讲,可分为:

• 物理类,基于力、热、光、电、磁和声等物理效应。

- 化学类,基于化学反应的原理。
- 生物类,基于酶、抗体和激素等分子识别功能。

通常根据传感器的基本感知功能可分为热敏、光敏、气敏、力敏、磁敏、湿敏、声敏、色敏、味敏、放射线敏感元件等。

(2) 传感元件:将一种非电量变换为另一种非电量。

(3) 变换元件:将非电量变换为电量。

有些传感器可能不需要传感元件;有些传感器的转换元件不止一个,要经过若干次转换;还有一些传感器,上述三单元是一体的,即一个元件就可直接将被测非电量转换为电量。大多数传感器是开环系统,也有些是带反馈的闭环系统。另外,并不一定所有的传感器都是将非电量变为电量,只要能够对待测量进行感知、表示、传输、转换、处理、显示就行。

2. 几种常见的物理效应和传感原理

(1) 磁电传感

一般要利用磁场作为媒介或利用磁体的某些现象进行传感,可以用来测量磁场、位移、流量、速度、厚度等物理量。其主要原理为电磁感应定理、磁阻效应、霍尔效应等。

- **电磁感应定理**:当穿过导电回路所包围的面积的磁通量发生变化时,回路中就有感应电动势产生,感应电动势与磁通量对时间的变化率的负值成正比。
- **磁阻效应**:若给通以电流的金属或半导体材料的薄片施加与电流垂直或平行的外磁场,其电阻值就增加,这种现象称为磁致电阻变化效应,简称为磁阻效应。
- **霍尔效应**:通电的导体或半导体在垂直于电流和磁场的方向上将产生电动势的现象。
- **电涡流效应**:当导体置于交变磁场或在磁场中运动时,根据电磁感应定理,导体上会产生感生电流,此电流在导体内闭合,称为涡流。涡流大小与导体电阻率、磁导率、产生交变磁场的线圈与被测体之间的距离以及线圈激励电流的频率有关。可以利用该效应制成临近传感器、材质传感器等。

(2) 光电传感

在光的作用下,光敏物质中的电子直接吸收光子的能量足以克服原子核的束缚时,电子就会从基态被激发到高能态,脱离原子核的束缚,在外电场作用下参与导电,因而产生了光电效应。根据这些原理,可以制成多种光电传感器,如电荷耦合器件摄像机、数码相机、自动冲水机、路灯控制器、光电计数器、烟雾报警器等都是利用了光电传感的原理。

光与物质的作用实质是光子与电子的作用,电子吸收光子的能量后,改变了运动规律。由于物质的结构和物理性能不同,以及光和物质的作用条件不同,在光子作用下产生的载流子就有不同的规律,因而导致了不同的光电效应。

- **外光电效应**:是指物质受光照时,具有能量 $h\nu$ 的光子被物质吸收后激发出自由电子,当自由电子的能量足以克服物质表面势垒并逸出物质的表面时,就会产生光电子发射,逸出电子在外电场作用下形成光电子流。这种效应多发生于金属和金属氧化物。这就是物质的光电发射现象,又叫作外光电效应。
- **内光电效应**:是指受光照而激发的电子在物质内部参与导电,电子并不逸出光敏物质表面。这种效应多发生于半导体内。
- **光电导效应**：半导体材料受光照时，对光子的吸收引起载流子浓度的增大，因而导致材料电导率增大（电阻减小），这种现象称为光电导效应。
- **光生伏特效应**：是指光照使不均匀半导体或均匀半导体中产生光生电子和空穴，并在空间分开而产生电位差的现象，也就是说将光能转化成电能。

将多个光敏元件组成阵列，当光照射到阵列上，各元件会因受光照强度不同产生对应的电荷，然后再将这些电荷按一定的顺序不断地向外转移输出，就构成了光固态图像传感器（电荷耦合器件（Charge Coupled Device,CCD））。CCD 自 1970 年问世以来，由于它的低噪声等特点，被广泛应用于电视摄像、信息存储和信息处理等方面。

(3) 力—电传感

力—电传感器主要是利用敏感元件和变阻器把力学信号（位移、速度、加速度等）转化为电学信号（电压、电流等）的仪器。其广泛地应用于社会生产、现代科技中，如安装在导弹、飞机、潜艇和宇宙飞船上的惯性导航系统及 ABS 防抱死制动系统等。

- **应变效应**：当金属丝在外力作用下发生机械变形时，其电阻值将发生变化，这种现象称为金属的电阻应变效应。其原理是，金属丝变形时，其长度和横截面积会发生变化，阻值会发生变化。
- **压阻效应**：单晶硅材料在受到应力作用后，其电阻率发生明显变化，这种现象被称为压阻效应。其原理是，应变引起的变形使半导体能带谷中载流子数发生相对变化，导致电阻率变化。
- **压电效应**：一些离子型晶体的电介质如石英、酒石酸钾钠、钛酸钡等，当沿着一定方向对其施力而使它变形时，内部就会产生极化现象，同时在它的两个表面上产生符号相反的电荷；当外力去掉后，又重新恢复到不带电状态；当作用力方向改变时，电荷极性也随着改变，这种现象称为（正）压电效应。
- **电致伸缩效应**：当在电介质的极化方向施加电场时，这些电介质就在一定方向上产生机械变形或机械压力；当外加电场撤去时，这些变形或应力也随之消失的现象，称为电致伸缩效应，也称为逆压电效应。

压电效应的原因是在这些电介质的一定方向上施加机械力而使其产生变形时，就会引起它内部正负电荷中心相对转移而产生电的极化，从而导致其两个相对表面（极化面）上出现符号相反的束缚电荷。

压电传感元件是力敏感元件，它能测量最终能变换为力的那些物理量，如力、压力、加速度等。

(4) 热电传感

热电传感器是利用热敏电阻的阻值会随温度的变化而变化的原理制成的，如各种家用电器（空调、冰箱、热水器、饮水机、电饭煲等）的温度控制、火警报警器、工业过程控制等。

- **热电效应**：两种不同的导体或半导体 A 和 B 组合成闭合回路，若导体 A 和 B 的连接处温度不同（设 $T>T_0$），则在此闭合回路中就有电流产生，也就是说回路中有电动势存在，这种现象叫作热电效应。这种现象早在 1821 年首先由西拜克（Seeback）发现，所以又称西拜克效应。

回路中所产生的电动势,叫热电势。热电势由两部分组成,即温差电动势和接触电动势。

- **接触电动势**:又称波尔电动势。当自由电子密度不同的导体接触成闭合回路时,由于电子的扩散会使失去电子的导体带正电荷,得到电子的导体带负电荷,形成电场,当电场作用与扩散作用动态平衡时,就形成了接触电动势(当两个接触端温度相同时,回路总接触电动势为零)。
- **温差电动势**:同一电极,若两端温度不同,则热端的电子因为受热具有更大动能向冷端扩散,从而产生电场,当电场作用与扩散作用动态平衡时,就形成了温差电动势,此时热端失去电子带正电,冷端带负电。根据上述原理可以制成热电偶传感器,测量温度范围为-200~1 600 ℃,短期测量可达1 800 ℃。
- **热电阻**:有铂、铜、镍电阻等,主要原理是:温度升高时会使导体中的分子运动加剧,载流子流动过程中会遇到更多和更剧烈的碰撞,从而使载流子运动阻力增大,导体的阻值增加。铂金属因其具有易于提纯,在氧化介质和高温下的物理性能极其稳定,工艺性好,可拉成极细的丝等优点,在国际实用温标中,作为-259.34~630.74 ℃温度范围内的温度基准。
- **热敏电阻**:利用某种半导体材料的电阻率随温度变化而变化的性质制成。

有正、负温度系数和在某一特定温度区域内阻值突变的三种热敏电阻元件。电阻温度系数的绝对值比金属大10~100倍。

(5) 电容传感

用两块金属平板作电极可构成电容器,当忽略边缘效应时,其电容为

$$C = \rho \frac{\varepsilon_r \varepsilon_0 S}{d} \tag{3.1}$$

式中,S 为极板相对覆盖面积;d 为极板间距离;ε_r 为相对介电常数;ε_0 为真空介电常数,$\varepsilon_0 = 8.85$ pF/m。

d、S 和 ε_r 中的某一项或几项有变化时,就改变了电容 C;d 或 S 的变化可以反映线位移或角位移的变化,也可以间接反映压力、加速度等的变化;ε_r 的变化则可反映液面高度、材料厚度等的变化。

(6) 电感式传感

这是一种利用线圈自感和互感的变化实现非电量电测的装置,见式(3.2)。

$$L = \frac{N^2}{R_n} \tag{3.2}$$

式中,N 为线圈的匝数;R_n 为磁路总磁阻,磁阻与磁路的长度、衔铁、铁心、气隙磁通的截面积、磁导率有关。通过改变这些参数就可测量位移、振动、压力、应变、流量、比重等。

以上主要介绍的是物理传感器,还有化学传感器,它是检测由于物质的化学反应而产生的量的变化,如解决"有什么样的离子"之类的问题。有些气敏传感器就是利用这些原理制成的。

另外,还有生物传感器,它是利用某些作为生物基础成分的蛋白质分子仅与某种特定物质才能起作用,例如酶就是作为一种催化剂选择某种特定物质(蛋白质)起反应的。

3.2.2 信号规整

很多敏感单元经常是将非电量的变化转变成常见的电子元件(如电阻、电容、电感等)的变化,而且这些变化一般都很小,也就是说,传感器虽然已将非电量转换为电量,但常常信号是微弱的,不便于信息的传输和利用,还需要相应的电路进行放大、去噪等处理;还有一些传感器需要施以一定的激励才能正常工作,一般也需要通过电子线路来形成激励源。因此,需要了解和掌握有关电子线路方面的知识和相关技术。

一种传感器通常可以应用于多种场合,各种应用场合对接入信号的要求可能不一样,这很容易造成混乱。为了使用的方便,人们制定了标准,对传感器的输出做了统一的规定,如电流型的起始输出电流为 4 mA,满量程输出为 20 mA;电压型的起始输出电压为 0 V,满量程输出为 5 V。采用这种标准输出,就可以很方便地与各种应用系统进行接口。

为了测量的准确性,人们希望待测量与最后的输出成线性关系,即在整个测量量程范围内,输出与输入之间成一种恒定的比例关系。但很多敏感器件的线性测量范围很小,因此,需要通过电子线路来对信号进行规整,例如,进行线性校正、温度校正、湿度校正、器件老化误差校正等。

当然,信号规整还包括很多其他方面。如传感过程中会遭遇到各种形式的干扰,因此有必要加入滤波器对信号进行滤波,去除干扰。还有,传感信号的输出要与后续电路连接,可能存在驱动能力不足的问题(不能给后级电路提供足够的输入能量以使其正常工作),这就需要增加能量放大模块以增加驱动能力。简言之,信号规整就是将传感器输出的信号变换成具体接入系统所需要的接口形式。

人的视觉、听觉、感觉、嗅觉等所感知的是一个模拟世界(真实世界),通过传感器从这个真实世界中获取的信息也是以模拟信号的形式所呈现。上面所述的规整均为模拟信号处理的范畴。所谓模拟信号指的是信号波形在定义域内呈连续函数的形式出现,即函数曲线是由无限稠密的点所组成的。

信息技术的迅猛发展使人们进入了数字时代。人们不能将模拟信号直接送入计算机进行存储和处理,因为"无限稠密的点"会要求无限大的存储量和无限大的处理能力,这显然是无法实现的。因此,人们需要在模拟系统和数字系统之间架设一座桥梁,使二者能够有机地联系在一起,这就是模拟/数字转换(ADC)和数字/模拟转换(DAC)。

图 3.2 是一个信号链系统框图,传感器探测来自模拟世界的电压、电流、温度、压力等信号,然后将这些传感器探测到的信号量送到放大器中进行放大,再通过 A/D 转换把模拟信号转化为数字信号,经过处理器,再经由 D/A 转换还原为模拟信号。A/D 和 D/A 在信号链的框架中起着桥梁的作用,即模拟系统与数字系统的工作接口。

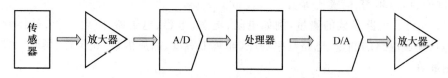

图 3.2 信号链系统框图

关于 A/D 转换的基本过程原理将有后续课程介绍。

3.2.3 测 量

测量是为确定被测对象的量值而进行的处理过程。在这个过程中常需借助专门的设备,把被测对象直接或间接地与同类已知单位量进行比较,取得用数值和单位共同表示的测量结果。这样,所获取的信息就被量化了。

测量是用数字语言描述周围世界的重要手段。一般而言,任何科学的结论都离不开测量,测量技术的进步会大大促进科学技术的发展;反过来,科学技术的进步又会给测量理论的提高和测量技术的完善创造良好的条件。著名科学家门捷列夫用一句话概括了测量对科学的作用:"没有测量,就没有科学。"实际上,科学研究工作经常需要通过对一些事物进行实验、探测,对实验数据进行统计、推断和证明,这本身就是一系列的测量实验工作。很难想象,没有适当的测量方法和测量仪器,怎么能够进行复杂的科研和生产实践。

说到测量,不能不提到计量概念,它和测量既有联系又有区别。可以说计量是为了保证量值的统一和准确一致的一种手段。随着生产的发展,商品的交换和国际、国内的广泛交往,客观上要求对同一量在不同的地方、用不同的测量手段测量时所得的结果一致。因而需要设定大家公认的统一的单位并统一这些单位的基准、标准和用这些基准、标准来校准测量器具,还得用法律的形式固定下来,这就是计量。它具有统一性、准确性和法制性三个特征。

凡能用以直接或间接测出被测对象量值的量具、计量仪器和计量装置统称为计量器具。计量器具按用途可分为计量基准、计量标准和工作用计量器具三类。

计量基准又分为国际(国家)基准、副基准和工作基准。国际(国家)基准又称主基准,是用来复现和保存计量单位,具有现代科学技术所能达到的最高准确度;副基准主要是代替国际(国家)基准的日常使用,也可用于验证国际(国家)基准的变化;工作基准主要用于一般量值传递,以防止国家基准或副基准由于使用频繁而丧失其应有的准确度或遭到破坏。

可见,没有测量就谈不上计量;但测量数据的准确可靠要求计量予以保证,没有计量,测量也将失去价值。

当今信息时代,电测技术已日臻成熟,微电子与计算机技术的进步为电测技术提供了十分先进的手段,为自动检测和控制开辟了新的途径。人们可以通过传感器将各种非电量转换为电量进行测量。狭义来说,电测量是在电子学中测量有关电的量,通常包含下面几个方面。

(1) 电能量的测量,即测量电流、电压、电功率等。

(2) 信号的特性及所受干扰的测量,例如信号的波形和失真度、频率、相位、脉冲参数、调制度、信号频谱、信噪比等。

(3) 元件和电路参数的测量,例如电阻、电感、电容、电子器件(电子管、晶体管、场效应管等)、集成电路的测量,电路频率响应、通频带宽度、品质因数、相位移、延时、衰减和增益的测量等。

如前所述,测量是为了确定被测对象的量值而进行的实验过程。一个量本身所具有的真实大小称为真值。在不同的时间和空间,被测量的真值往往是不同的。但在确定的时空条件下,它是一个客观存在的确定数值。而人们通过实验的方法来测量时,由于对客观规律认识的局限性,测量器具不准确、测量手段不完善、测量条件发生变化及测量工作中的疏忽甚至错误等原因,都会造成测量结果与真值不同,这个差别就是测量误差。毫无疑问,人们希望测量误差越小越好。可以说,测量工作的价值完全取决于测量的准确程度,当误差超过一定的程度,测量就会变得毫无意义甚至会带来危害。因此,对测量误差的控制就成为衡量测量技术水平,以至科学技术水平的重要标志之一。因此,需要掌握一定的误差理论和数据处理知识,这是科技工作者必备的基本素质之一。

根据测量误差的性质和特点,可以将它们分为系统误差、随机误差和粗大误差三大类。人们需要研究这些误差的形成原因、分布规律,减少误差的处理方法,系统中误差的合成和分配技术以及测量数据的处理技术等,所有这些都离不开数学知识。实际上,理工科的各门课程都与数学紧密相关。高等数学及工程数学是理工科专业必不可少的重要基础课程。

3.3 信息的间接获取

前述的信息是直接从自然界、工农业生产或社会实践中获取的,称为本体论信息。通过传感器来直接获取信息是人类认识世界必不可少的重要环节,但并不是说所有的信息都必须以这种方式获取。事实上,有很多信息可能是被别人已经通过一定的手段获取且已进行处理将其上升到语法信息或全信息的层次,并表示和存储于一定的介质和场所,那就不必做重复的工作,而可以通过一定的方法去获取这些已经存储起来的信息,这就是间接获取。

获取的信息通常要送入计算机进行存储、处理与识别,这就提出了一个问题,在计算机中如何来表示这些信息?这些信息具有什么样的特征?如何来识别这些信息?另外,前人通过各种实践所获得的信息能否被后人用简单的方法迅速获取?人们如何能从浩瀚的信息海洋中快速找到自己所需要的信息?本节将对这些问题进行引导性的说明。

3.3.1 信息表示

下面介绍信息的表示方法。

(1) 信号表示

根据前面的介绍,对各种需要测量的"量"可以通过传感器转换为电量,并以信号的形式进行表示。信号是信息在物理层面的表达,有离散和连续两种形式。信号的特点是"具体""有形",可以通过示波器等仪器设备观察和记录信号波形的变化情况。

(2) 符号表示

信息的信号表示很直观,但它是针对具体事物的,一般不同的事物要用不同的信号进行表达,这样描述起来就不太方便。因此,科学家就对事物进行形式化抽象,抽取出一类事物共同的特征(这是从特殊到一般的过程),并以符号的方式进行表达,这就是信息的符号表示。符号是信息在数学层面的表达。符号表示的特点是"抽象""一般",可以根据具体事物赋予符号不同的内容。符号表示可以很方便地以文字或语言进行描述。

(3) 机器表示

为了可以使用计算机来存储和处理信息,可以将符号表示的信息通过编码的方式变成一种计算机"可读"的"数据",这就是信息的机器表示。实际上信息在计算机中是以电子器件的稳定物理状态来表示的,可以用两种不同的状态(如低电平和高电平,或有电流和无电流)来表示,这在电路上较容易实现。也就是说,可以用两个数字符号 0 和 1 来表示信息,这就是二进制计数。在计算机中是用数据来表示信息的,各类信息如数据、文本、图像、语音,以及多媒体信息等都要经过数字化处理后才可以送到计算机中进行处理。下面仅以语音信号和图形信号的表示为例进行简要的说明,更详细的情形可以在计算机相关课程中讲解。

(4) 语音信息表示

语音信号由声波转换而来,转换为电信号后可以用交流电压或交流电流信号表示,要输入到计算机中进行处理,也必须将其数字化进行编码。语音信号的数字化处理主要包括三个基本环节:抽样、量化、编码。

抽样就是按照一定时间周期对音频信号抽取样本值,计算机中语音信息数字化的标准抽样频率通常是 11.025 kHz、22.05 kHz、44.1 kHz、64 kHz,频率越高保真度越好,但得到的数据量越大,需要的存储空间也越大。

量化是将抽样后的信号按幅度分成有限个电平级别,幅度落在同一个级别范围的用同一个电平级别表示。量化过的信号就成为数字信号,记为 PCM(Pulse-Coded Modulation)。因为 PCM 的幅度为有限个,所以可以用二进制编码表示,通常采用 16 bit 分段编码的方式进行编码,即 PCM 编码。在计算机内部和存储器设备(如光盘等)常常采用 PCM 格式记录音频信息。

(5) 图形图像数据表示

图形图像在计算机中有两种表示方式,即位图表示和矢量表示。

① 位图

位图(Bitmap)使用像素阵列来表示图像,用于表示计算机中的静态图片。位图文件有很多种格式,如扩展名为.BMP、.JPG、.GIF、.PIC 的文件都属于位图。在位图中图像将由每一个像素点的位置和色彩值来决定。计算机中图像根据颜色可分为黑白图像、灰度图像和真彩色图像,黑白图像只有两种颜色,只需 1 bit 描述一个像素。灰度图像常用 2~10 bit 描述一个像素的灰度层次。真彩色需要用 16/24/32 bit 描述一个像素色彩信息,像素点的颜色由 RGB(Red,Green,Blue)组合表示,这种图像颜色层次丰富,如 24 位真彩图像 RGB 每个分量占用 8 bit,共有 256×256×256 种颜色组合。

② 矢量图

计算机中矢量图(Vector)使用直线和曲线来描述图形。矢量图由一系列的点、线段、圆、多边形和曲线等图形元素组成,而这些图形又可以用数学表达式的方式来描述,因此矢量图可以用数学计算的方法来存储和显示。例如一个圆,如果用矢量方式来描述,只需要存储它的圆心坐标和半径大小即可,显示时只要知道圆心位置和半径大小,计算机就可以通过计算确定要显示的每一个像素点。

由于矢量图形可通过公式计算获得,所以矢量图形文件体积一般较小,存储量较少。矢量图形最大的优点是无论放大、缩小或旋转等都不会失真。即矢量图质量与分辨率无关。

3.3.2 信息特征获取

自然界和人类社会无时无刻不在运动和变化,作为"事物呈现的运动状态及其变化形式"的信息时时处处不断产生,数量大且形式多样。前述信息获取主要解决"是否有信息存在"的问题,但这是不够的,还需要对所感知的信息作出判断,解决"存在的信息属于哪一类"的问题,这就是信息识别(也叫模式识别或模式分类)的问题。

信息的接收者可以是人,也可以是机器。显然,机器理解问题的能力远没有人那么"灵"。就目前的科学技术水平而言,要让机器完全取代人来进行自动识别还有一段相当长的路要走。因为现在的信息感知还只能将事物的本体论信息转换为第一类认识论信息,即语法信息,而不是全信息。全信息应该同时包含事物运动状态及其变化的形式(语法信息)、含义(语义信息)和价值(语用信息),是上述三者的统一体。因此,目前所讨论的信息识别只能是基于语法信息的识别,也就是采用形式类比方式进行的识别,将所感知的事物运动状态及其变化方式的形式与特定形式的"模板"进行比较、匹配,确定二者是否相同。

即使是这种基于形式比较的信息识别,也不是将事物的语法信息和"模板"全面进行比较。因为对一种事物描述的细致程度是无止境的,会造成表征"信息"的数据量、存储量和计算量大得无法接受,甚至无法进行这种比较。因此,常规的做法是提取那些能代表事物主体的特征,一组形式化的参量,即用很少的数据量来表征某一事物的状态和状态变化方式。例如,关于人的识别,主要的特征有身高、胖瘦、脸形,特别的特征如五官等,而不需要给出很多细节,如头发的根数,眼睛的间距,耳朵的面积,鼻子、嘴的尺寸,胳膊的粗细等。这就是去粗取精,抓住主要矛盾。这样做的好处是可以大量节省计算、传输和存储的数据量,使问题的处理变得简单快捷,能使机器代替人来进行识别工作。因此,需要关注信息的特征获取问题。

信息广泛存在于自然界、生物界和人类社会。信息是多种多样、多方面、多层次的,因而信息特征也可根据不同的角度来确定,很难用一种方法解决所有信息特征提取的问题。

所谓特征,就是反映事物本质属性的、区别于其他事物的特别显著的征象和标志。特征获取就是在大量的数据中找出最能代表某一事物本质的一个子集,用以表征该事物。它起到了信息压缩的作用。

选取特征的目的是为了后续的处理和识别,因此就要求选取的这些特征具有稳健性,例如,具有平移、旋转、尺寸缩放不变性等,还要能经得起噪声、压缩等影响。

从信息技术的角度来看,信息的存在形式可以分为时间域(语音)信息、空间域(图像信息、文本信息)和变换域信息。不过,具体讨论各种信息的特征提取的问题已经超出本书的范围,它们将在"模式识别"等专业课程中得到介绍。

需要指出的是,对于复杂对象的信息,它的特征往往包含很多方面。为了准确识别这些对象,就需要获取它的多个方面的特征。例如,识别人脸,既需要它的光学信息的特征,也需要它的几何信息特征。那么,怎样把这些不同方面的特征有效集成起来获得更全面的认识,是一个需要重点研究的问题。这便是"(特征)信息融合"问题。

一般而言,融合(Fusion)是指采集并集成各种信息源、多媒体和多格式信息,从而生成完整、准确、及时和有效的综合信息过程。例如,用雷达和红外图像传感器同时观测一架飞机,普通雷达能精确判断飞机的距离,但是不能确定它的方向角。而红外成像传感器能精确判断飞机的方位角和俯仰角信息,却不能测量距离,有效地结合这两种传感器数据就能得到比从单个传感器更精确的定位。这就是信息融合技术所研究的问题。

按照融合过程中信息抽象的层次,可以将信息融合过程分为三个层次,即数据层(Data Level)融合、特征层(Feature Level)融合和决策层(Decision Level)融合。以下仅介绍前两种融合的概念。

(1) 数据层融合

数据层融合也称为原始层融合。它是直接在采集到的原始数据上进行的融合,在各种传感器的原始测报预处理之前就进行数据的综合分析。原始层融合一般采用集中式融合体系进行融合处理。例如,成像传感器中通过对包含若干像素的模糊图像进行图像处理和模式识别来确认目标属性的过程就属于原始层融合。原始层融合通常用于多源图像复合、图像分析与理解、同类雷达波形的直接合成等。多源图像复合是将由不同传感器获得的同一景物的图像经配准、重采样和合成等处理后,获得一幅合成图像的技术,以克服各单一传感器图像在几何光谱和空间分辨率等方面存在的局限性和差异性,提高图像的质量,应用实例有美国陆地资源卫星、F-16战斗机上的"LANTIAN"吊舱等。

原始层融合的主要优点是能保持尽可能多的现场数据,提供其他融合层次所不能提供的细微信息。

(2) 特征层融合

特征层融合属于中间层次的融合,它先对来自传感器的原始信息进行特征提取,然后对特征信息进行综合分析和处理。图3.3是特征融合的基本结构。从图中可以看出,特征层的融合是把从各个信息源提取得到的特征向量进行融合。

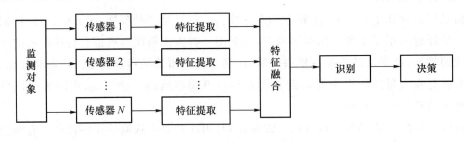

图3.3 特征融合框图

3.3.3 机器学习

机器学习(Machine Learning)是人工智能的核心问题,也是信息获取的一种高级形式。其应用遍及工业过程控制、信息安全、机器人、生物学、金融学等各个领域,对科学研究的整个过程起到越来越大的支持作用。虽然机器学习是最精彩的信息获取方法,但鉴于本书的"导论"性质,这里只进行概念性的介绍,更深入的理论可以在后续的专业课程中获得。

1. 机器学习的概念

（1）机器学习的定义

学习是人类获取知识和技能的过程，也是发现事物发展规律、上升形成理论的过程。学习是人类具有的一种重要智能行为，没有学习，人类就不会进步。

机器能否像人类一样具有学习能力呢？1959年美国的塞缪尔（Samuel）设计了一个具有学习能力的跳棋程序，它可以在不断的对奕中改善自己的棋艺。4年后，这个程序战胜了设计者本人。又过了3年，这个程序战胜了美国一个保持8年之久不败的冠军。这个程序向人们展示了机器学习的魅力。

什么是机器学习？人工智能大师H. Simon认为：能够让系统在执行同一任务或同类的另一任务时，比前一次执行得更好的任何改变都可称之为学习。具体来说，机器学习主要研究机器如何模拟或实现人类的学习行为，以获取新的知识和能力，重新组织已有的知识结构，使之不断增强自身性能。

机器学习的研究是根据生理学、认知科学等对人类学习机制的了解，建立人类学习的机器模型，发展各种学习理论和学习方法，建立面向任务的具有特定应用的学习系统。

（2）机器学习的意义

一个没有学习能力的系统很难被认为是一个真正的智能系统。机器通过学习获取新的知识或技能，重新组织已有的知识结构使之不断改善自身的性能，是实现智能系统的根本途径。

2. 机器学习系统结构

机器学习系统结构如图3.4所示。知识库里存放的是指导执行模块的相关知识，环境向系统的学习模块提供某些信息，学习模块利用这些信息修改知识库的知识，以增进系统执行模块执行任务的效能，执行模块根据知识库的知识执行任务，同时把执行的效果信息反馈给学习模块。

图3.4　机器学习系统基本结构

环境提供的信息水平与执行环节所需的信息水平之间往往有差距，学习模块就要通过分析、综合、类比、归纳等过程，从这些差距中获取相关对象的知识，并将这些知识补充到知识库中。当然，如果环境向学习系统提供的是杂乱无章的信息，则学习系统需要在获得足够数量的信息之后，删除无用或次要的部分，然后进行分析归纳和推理，形成指导动作的有用知识，放入知识库。另外，由于学习系统获得的信息往往是不完全的，所以推理并不是完全可靠的，它总结出来的规则可能正确，也可能不正确，这要通过执行效果加以检验。正确的规则能使系统的效能提高，应予保留；不正确的规则应予修改或删除。

执行环节用于处理系统面临的实际问题，即应用知识库中所学到的知识求解问题，并对执行的效果进行评价，评价的结果反馈回学习环节，以便系统进一步地学习。

需要指出,图 3.4 中的"学习""执行"和"效果"模块都蕴涵着一个共同的要求和目标:针对明确的目标而学习,而执行;针对明确的目标来判断效果。没有明确的目标,就不可能构造具体的机器学习系统。因此,目标非常重要。

3. 机器学习策略

机器学习策略是指学习过程中系统所采用的推理策略。一个学习系统至少由学习和环境两部分组成,由环境提供信息,学习部分则实现信息转换,用能够理解的形式记忆下来,并从中获取有用的知识。学习策略的一种分类标准是根据学习系统实现信息转换所需的推理多少和难易程度来分类的,按照从简单到复杂和推理过程从少到多的次序分为:机械学习(Rote Learning)、示教学习(Learning from Instruction)、演绎学习(Learning by Deduction)、类比学习(Learning by Analogy)、基于解释的学习(Explanation-Based Learning,EBL)和归纳学习(Learning from Induction)等。

(1) 机械学习

机械学习直接记忆环境提供的新知识,并在以后通过对知识库的检索来直接使用这些知识,而不需要进行任何的计算和推导。

(2) 示教学习

学生从环境(教师或教科书等)获取信息,把知识转换成内部可使用的表示形式,并将新的知识和原有的知识有机地结合为一体。所以要求学生有一定程度的推理能力,但环境仍要做大量的工作。教师以某种形式提出和组织知识,以使学生拥有的知识可以不断地增加。

(3) 演绎学习

演绎推理从公理出发,经过逻辑变换推导出结论。这种推理是"保真"变换和特化(Specialization)的过程,使学生在推理过程中可以获取有用的知识。演绎推理的逆过程是归纳推理。

(4) 类比学习

利用两个不同领域(源域、目标域)中的知识相似性,可以通过类比,从源域的知识(包括相似的特征和其他性质)推导出目标域的相应知识,从而实现学习。

(5) 解释学习

学生根据教师提供的目标概念、该概念的一个例子、领域理论及可操作准则,首先构造一个解释来说明为什该例子满足目标概念,然后将解释推广为目标概念的一个满足可操作准则的充分条件。解释学习一般包括下列 3 个步骤。

① 利用基于解释的方法对训练例子进行分析与解释。

② 对例子的结构进行概括性解释。

③ 从解释结构中识别出训练例子的特性,获取一般控制知识。

(6) 归纳学习

归纳是从个别到一般、从部分到整体的一类推论方法。归纳学习是由教师或环境提供某概念的一些实例或反例,让学生通过归纳推理得出该概念的一般描述。由于在进行归纳时,多数情况下不可能考察全部有关的事例,因而不能绝对保证结论的正确性,只能以某种程度相信它为真,这是归纳推理的一个重要特征。人们通过大量的实践总结出了枚举归纳、联想归纳、类比归纳、逆推理归纳、消除归纳等多种归纳方法。

① 示例学习

示例学习(Learning from Examples)又称为实例学习,它是通过环境中若干与某概念有关的例子,经归纳得出一般性概念的一种学习方法。

② 观察发现学习

观察发现学习又称为描述性概括,其目标是确定一个定律或理论的一般性描述,刻画观察集,指定某类对象的性质。观察发现学习可分为观察学习与机器发现两种。前者用于对事例进行聚类,形成概念描述;后者用于发现规律,产生定律或规则。

(7) 强化学习

强化学习(Reinforcement Learning)把学习看作试探评价过程,系统选择一个动作用于环境,环境接受该动作后状态发生变化,同时产生一个效果信息(奖励或惩罚)反馈给系统,于是系统选择能够使受到奖励的动作概率增大的新动作,强化了受奖动作。

4. 机器学习面临的挑战

目前,机器学习虽然取得了较大进展,但由于机器学习的复杂性,目前的进展与实际需要之间还有很大距离。机器学习还有许多关键问题有待进一步解决,例如,提高学习的泛化能力,加快训练速度和测试速度,提供学习系统的可理解性,如何利用未标记的数据,降低学习的错误率,在达到较低的总错误率的基础上如何"趋利"、如何"避害"等。

3.3.4 信息检索

信息作为"事物呈现的运动状态及其变化形式",其数量如同海洋中的水分子一样不可计数,人们所面对或所感兴趣的仅是其中的极小一部分。另外,很多信息已从本体论信息转变为认识论意义的信息,后人可以直接利用这些"精华"而不必重新去直接获取。这就提出了以下问题:如何有序组织这些已获得的信息并能快速地检索到感兴趣的信息?

什么是信息检索(Information Retrieval)?

从广义上讲,信息检索是指将信息按一定方式组织和存储起来,然后在用户需要(发出信息提问)时找出相关信息的过程。

从狭义上讲,信息检索是指从汇集的文献信息中选出特定用户在特定时间所需信息的操作过程。

信息检索包括信息的存储和信息的检索两个部分,如图 3.5 所示。

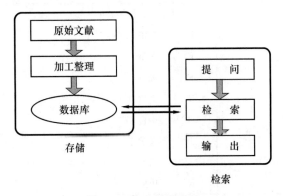

图 3.5 信息检索流程

1. 信息的组织

信息的组织是指对大量的信息(主要指文献信息)进行收集、整理、分类、排序和编制索引,使之有序化的过程。信息组织是信息检索的前期准备,主要包括:信息的筛选、信息的描述、信息的存储三个步骤。

(1) 信息的筛选

信息的筛选是指按照一定的准则对大量收集的信息进行挑选和鉴别的过程。

(2) 信息的描述

信息的描述是指根据一定的规则和技术标准,对信息的外表特征和内容特征进行一定的描述,并给予记录的过程。信息的描述又称为信息的著录与标引。

① 外表特征的描述与标识

信息的外表特征是指信息的名称、来源、加工者、类型及表现形式等。例如:

- 期刊论文:文献的题目、作者、作者的单位、文献的出处(刊名、年卷期、起止页码)、语种、参考文献及图表的数量等。
- 图书:书名、著者、出版项(出版社、地点、时间)、稽核项(价格、页数、参考文献)、书号等。

② 内容特征的描述与标识

信息内容特征的描述是指在对信息内容进行分析的基础上,根据一定的规则对信息的内容赋予标识的过程。具体项目有:分类号、主题词、文摘。

- 分类描述及分类法

分类是依据事物的属性或特征加以区分和类聚,并将区分的结果按照一定的次序进行组织的过程。分类通常按知识门类的学科体系的逻辑次序进行。目前主要有以下几种分类法:中国图书馆分类法、美国国会图书馆分类法、杜威十进位分类法、各种搜索引擎和网站、国际专利分类法(IPC)。

例如,中国图书馆分类法的体系结构,部类5个,一级类目22个,如表3.1所示。

表3.1 中国图书馆分类法的体系结构

部 类		一级类目
马克思主义、列宁主义、毛泽东思想	A	马克思主义、列宁主义、毛泽东思想、邓小平理论
哲学	B	哲学、宗教
社会科学	C	社会科学总论
	D	政治、法律
	E	军事
	F	经济
	G	文化、科学、教育、体育
	H	语言、文字
	I	文学
	J	艺术
	K	历史、地理

续 表

部 类	一级类目	
自然科学	N	自然科学总论
	O	数理科学和化学
	P	天文学、地球科学
	Q	生物科学
	R	医药、卫生
	S	农业科学
	T	工业技术
	U	交通运输
	V	航空、航天
	X	环境科学、劳动保护科学
综合性图书	Z	综合性图书

• 主题描述

主题描述是指通过对信息内容的分析,以能够表达主题的词语作为标识来组织及检索信息的一种方法。主题语言包括标题词语言、元词语言、叙词语言和关键词语言。

(3) 信息的存储

信息的存储是指将经过加工、处理的信息资源(包括文件、图像、数据等),按照一定的方式记录在相应的信息载体上,组织成系统化的检索系统。

① 数据库

数据库(Database)是由文档组成的,能满足特定需要的一种数据集合。

② 记录及其组成

记录(Record)是数据库的基本组成单位。一条文献记录是由若干项目组成的,每个项目称为一个字段(Field),如图 3.6 所示。

记录的组成如下:

• 检索系统存取号;

• 基本索引字段,如篇名、文摘、主题词(叙词、关键词等)字段等;

• 辅助字段,如著者、著者工作单位、文献信息类型、出版者、出版时间等字段。

2. 信息的检索

(1) 信息检索的类型

① 按检索对象内容划分

• 文献检索

以文献为检索对象,查找含有用户所需信息的文献,如目录型、文摘型数据库。例如,查找有关"现代企业制度的建立"的文献等。

• 数据检索

以数值信息为检索对象,通过检索,用户可获得所需要的数值型数据。例如,查找某

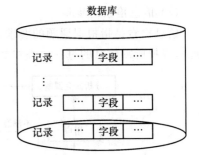

图 3.6 信息的存储示意图

一企业的年销售额、某一国家的人口数、物质的属性数据等。
- 事实检索

以事实作为检索对象,用户通过检索可获得有关事物、事件的发生与发展情况及相关资料。例如,查找某一企业的名称、地址、业务经营范围,查找某一人物的生平等。
- 文本检索

查找含有特定信息的文本文献的检索,其结果是以文本形式反映特定信息的文献。这是一种传统的信息检索类型。
- 多媒体检索

查找含有特定信息的多媒体文献的检索,其结果是以多媒体形式反映特定信息的文献,如图像、声音、动画、影片等。多媒体检索是在网络环境下发展起来的全新的检索类型。例如,用户可能需要查找包含某种颜色或色彩组合的图像,或者是含有特定图案的动画等。

② 按检索手段划分
- 手工信息检索;
- 机器信息检索。

利用检索系统进行信息检索主要是指计算机信息检索。其优点是检索速度快、能够多元检索、检索的全面性较高。

(2) 信息检索的方法

① 引文追溯法

利用文献所附的参考文献进行追溯查找。

② 工具法
- 顺查法:以研究课题的起始年代为起点,由远及近,逐年查找,直至最近期为止。
- 倒查法:针对研究课题,从最近期向早期回溯,直至查获适量切题文献信息为止。

③ 循环法

循环法是工具法与引文追溯法相结合的一种检索方法。

(3) 信息检索的步骤

信息检索是指根据课题的要求,选择相应的信息检索工具或系统,采用适当的途径和方法,查找所需信息的过程。查找文献可分几个步骤,如图3.7所示。

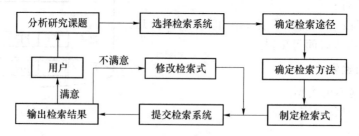

图3.7 信息检索的步骤

① 分析与研究课题
- 目的:科研立题、科研阶段性研究、科研成果鉴定、申请专利、撰写论文、撰写综述和述评等。

- 检索课题的主题内容和研究要点：文献类型、时间范围、语种、机构、作者。

② 选择检索系统或数据库

根据检索内容的需要选择有优势的检索系统，如国内的百度、国外的 Google 等。

③ 确定检索途径

- 以文献的外部特征为检索途径。
- 以文献信息的内容特征为检索途径。
- 以文献的相互引证关系为检索途径。

④ 编制检索提问式

- 单元词检索（概念检索）

检索标识是具体的检索词或词组，每个检索词表达一个概念。

- 布尔逻辑算符组配检索

将多个检索词进行逻辑组配形成一种复合性检索要求。

- 位置逻辑算符检索

用位置逻辑算符表示词与词之间的相互位置关系和前后次序。

- 截词和屏蔽（模糊检索）

截词主要是利用检索词的词干或不完整的词形进行检索，包括后方截断、前方截断、两边截断、有限截断、屏蔽。

- 字段限定检索

限定全文、语种、时间（年代）等。

图 3.8 是一个在中国期刊全文数据库中进行文献检索的实例。

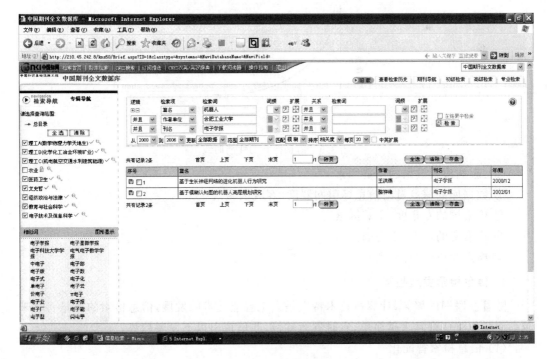

图 3.8　信息检索实例

3. 信息检索效果的评价

信息检索效果是指用户利用信息检索系统进行检索的准确性和全面性。

(1) 信息检索效果的评价指标

以一个检索提问去检索任何一个数据库都会出现 4 个相关量:检出的相关信息量、未被检出的相关信息量、检出的非相关信息量、未检出的非相关信息量(如表 3.2 所示)。

表 3.2 信息检索结果

	相关信息量	非相关信息量
检出信息量	a	b
未检出信息量	c	d

$$查全率 = \frac{a}{a+c} \times 100\%$$

$$查准率 = \frac{a}{a+b} \times 100\%$$

$$漏查率 = \frac{c}{a+c} \times 100\%$$

$$误查率 = \frac{b}{a+b} \times 100\%$$

理想的检索结果是查全率与查准率都趋近于 1。但在实际检索中,查全率与查准率之间存在互逆相关性,如图 3.9 所示。如果追求过高的查全率,查准率就会降低。

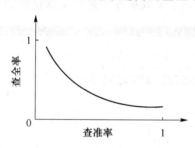

图 3.9 信息检索的性能曲线

(2) 影响检索效果的主要因素

① 数据库的信息量与信息标引网罗度(客观因素)。
② 检索词的专指度(主观因素)。
③ 检索者的水平(主观因素)。
④ 检索策略(主观因素)。

4. 信息检索发展趋势

随着互联网的繁荣,计算机技术特别是人工智能技术的发展,信息检索的质量将越来越高而操作将变得越来越简单,省时省力省钱,并呈现出以下发展趋势。

(1) 信息检索智能化

在信息检索中,用户期望用简单的检索步骤就能获得高效准确的检索结果。智能信息检索顺应了这一要求,可以在一定程度上模拟人脑的思维方式,分析用户以自然语言表达的检索请求,自动形成检索策略进行智能、快速、高效的信息检索。智能信息检索系统具有理解能力和学习能力,能在理解信息内容(利用语义信息)的基础上获取知识,能直接向文本学习,并在实践中实现自我完善。21 世纪初出现的"语义网"(Semantic Web)就向智能信息检索迈进了一步。

近年来已有被称为智能搜索引擎的网络检索工具出现,如智能网络蜘蛛,它可以在互联网中导引用户进行搜索、浏览,而且能够提供具有独立搜索功能的智能体的幕后支持。它还可以预期用户的需求,并有效地抑制关键词的多义性,从而在网络资源中检索出对用户最有价值的信息。

(2) 信息检索可视化

信息检索的可视化是指将数据库中的内容用图像形式可视化显示给用户的过程。可视化检索有许多优点,主要表现在:可以为用户提供更丰富和更直观的信息;使用户可以进行交互式输入,允许在信息空间进行动态移动,允许用户修改数据的显示方式,使他们理解数据的个人偏好;减少理解检索结果的时间,可以对相关信息进行聚类分析,从而帮助人们发现新的学科点;检索结果可以模仿网络环境形成拓扑结构图,在拓扑结构图中所有相关文献或其他类型资源将被归为同类;一个透明的检索过程使检索更容易更有效。目前,可视化已应用在气象、地理、企业、经济、文献检索方面,如 Google 公司提供的 Google Earth 软件可以为用户提供全球地理信息,包括卫星图片、地图、地区的 3D 图像等;"地球在线"(http://www.cemsg.com/map)提供"城市搜索"功能,用户可以快速进入想查看的城市,也可以通过输入经纬度来到达世界上的任何地点,如图 3.10 所示。随着计算机技术以及计算机语言的进步,可视化信息检索技术将得到进一步发展。

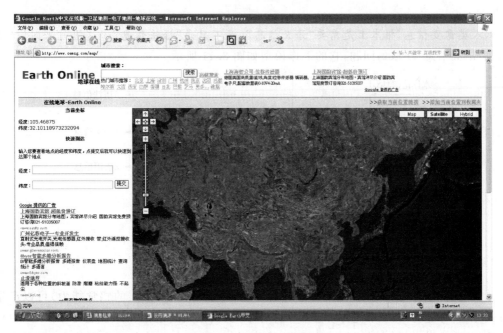

图 3.10 "地球在线"网页

(3) 信息检索个性化

信息检索的个性化是指检索系统提供内容的特色化、服务的个性化。例如,Google

提供的"使用偏好"功能允许用户在界面语言、搜索语言、结果显示等方面设置其习惯的模式,而且可以存储使用偏好。例如,当用户要查用意大利文写成的网页时,可以将界面语言选择为意大利文,这样检索结果里就只会出现意大利文网页,不会出现其他语言的网页。这里就要充分利用"语用信息"。

随着检索工具个性化功能的不断强化,用户可以用自己喜欢的方式来检索信息,预先选择自己的信息源,向自己感兴趣的、值得自己信赖的信息源提问,而且能对检索结果进行阶段限定,提高检索质量。当然,个性化信息检索的水平最终也取决于智能化的水平。

随着科学技术的不断发展,信息检索向着智能化、可视化、个性化方向发展,检索界面越来越简单友好,越来越适用于普通用户。用户可以很容易地进行自动标引、自动文摘、自动跟踪、自动漫游、机器翻译、多媒体检索欣赏、动态连接、数据挖掘等操作,方便、及时、准确地获得所需信息。

信息检索的发展永远滞后于用户的需求,这是个客观规律,正是用户的需求推动着信息检索技术的不断完善。未来人类信息需求究竟能被满足到何种程度,将取决于人们的努力,特别是在智能科学技术方面的努力。

21世纪是终生学习的世纪,需要不断地更新知识,一方面要掌握数理知识、专业基础知识,打好进一步学习的基础;另一方面要学会学习、提高自我更新知识的能力,能熟练地检索自己所需要的信息将使我们事半功倍。

3.4 全信息/语义信息的获取

人类需要信息,根本上是需要"语义信息",而不只是"语法信息"。这里就来讨论"全信息/语义信息"获取的问题,它的工作模型如图3.11所示。

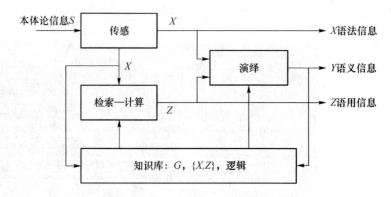

图3.11 全信息/语义信息获取原理

图中的"**本体论信息**"就是外部输入的信息,传感单元(模拟人的感觉能力)可以产生形式分量,称之为"**语法信息X**";检索—计算单元(模拟人的记忆和体验能力)可以产生价值分量,称为"**语用信息Z**";在此基础上,演绎单元(模拟人的抽象和命名能力)可以产生内容分量,称为"**语义信息Y**"。这三个信息分量的三位一体,称为"**全信息**",也就是人类从本体论信息所获得的"**认识论信息**"。

模型中传感单元的功能很简单,它的作用就是获得语法信息 X,无须解释。

记忆单元的作用是获得语用信息:若知识库事先存储了大量"语法信息 X_k 及与之相对应的语用信息 Z_k 之间的对应关系,记为 $\{X_k,Z_k\mid k=1,2,\cdots,n\}$",那么,当收到某个语法信息 X_i 的时候,就只需要用 X_i 作为检索子对知识库进行检索,如果发现(比如):$X_i \sim X_j$,那么 Z_j 就可以认为是与这个语法信息 X_i 相对应的语用信息 Z_i。

计算单元的作用是,当检索单元不能在知识库检索到语用信息的时候,就启用计算单元来获得语用信息。语用信息就是"语法信息与目标之间的相关性",因此,它只需要执行"语法信息 X 和系统目标 G 之间的相关性"这种计算,即

$$Z=\mathrm{Cor}\{X,G\} \tag{3.3}$$

至于模型中的演绎单元,它的作用是:利用已经获得的语法信息和语用信息来演绎与它们相对应的语义信息。演绎的原理是

$$Y_k \in Y = \lambda(X_k \times Z_k) \in (X \times Z), \quad k=1,2,\cdots \tag{3.4}$$

式中,符号 Y 代表语义信息空间,Y_k 是它的第 k 元,λ 是映射符号。公式(3.4)的意思是:语法信息 X_k 与语用信息 Z_k 两者构成的"直积(同时满足)",就可以映射到语义信息空间中唯一确定的 Y_k。也就是说,语法信息 X_k 与语用信息 Z_k 的"直积(同时满足)"就在语义信息空间中唯一地定义了相应的语义信息 Y_k。为了便于后续应用,需要给所获得的语义信息一个具体的名称,即命名。

例如,如果某物具有"形似圆球,大小如拳,皮色鲜黄"的语法信息,而且同时又具有"肉质甜脆,果汁充沛,可以食用,有益健康"的语用信息,那么这个语法信息和语用信息的"直积"(同时满足)就定义了该物的语义信息,并把它命名为"黄苹果"。反过来说,"黄苹果"的语义信息就是上述语法信息和语用信息的"直积"(同时满足)。

可见,图 3.11 的模型完成了"**由本体论信息到认识论信息的转换**"。它体现了如下的理念:语法信息(形态)是可以直接感知的,语用信息(价值)是可以直接体验的,所以它们可以直接生成;而语义信息则是抽象的,不能直接生成,只能在语法信息和语用信息的基础上通过抽象的演绎(感悟)才能生成。

不难看出,图 3.11 的模型在技术上完全可以实现,其中的关键部分是"知识库"。

如前所述,人们最为关注的信息是"语义信息"。然而,在此之前,对于究竟什么是"语义信息"学术文献中从来没有给出过任何具体的定义,因此人们对于"语义信息"的理解一直是相当模糊和随意的。

有了图 3.11 的模型和公式(3.4)之后,语义信息的定义和生成方法就都十分明确了,从此语义信息就可以成为直接进行逻辑运算和处理的对象,而语法信息和语用信息则作为语义信息的内涵和生成元而隐居幕后,只在那些有必要的场合(特别是在生成语义信息的场合)才会直接表现。这就是计算机科学和人工智能等学科所采用的处理方式,也是人类处理信息的基本方式。

按照公式(3.4),语义信息由语法信息和语用信息生成,而语义信息一旦被生成,它就成为相关语法信息和语用信息的综合代表:有什么语法信息和语用信息,就会有什么语义信息;反之,有什么语义信息,也就意味着会有什么语法信息和语用信息与之关联。在这个意义上可以认为,"语义信息"就不再仅仅是"全信息"的一个分量,而成为"全信息"纲举目张的代表性概念。

于是,"语义信息""全信息""认识论信息"这三个术语从不同的角度上表述了同一个概念。但是,"全信息"和"认识论信息"都只强调了"信息必须是语法信息、语义信息、语用信息的三位一体",没有阐明三者之间的相互关系;然而"语义信息"则通过公式(3.4)准确地阐明和表示了三者之间的相互关系。因此,今后可以把"语义信息"看作是"全信息"和"认识论信息"的代表。

本 章 小 结

信息获取是信息过程的第一环节。本章简要介绍了信息获取的知识和获取信息的基本方法,包括直接获取信息和间接获取信息的方法。其中,传感、信息表示、信息特征、特征融合、信息识别、机器学习、信息检索是紧密与信息获取相关的基本概念。掌握这些基本概念不仅有助于加深对于信息获取的理解,而且也对学习后续课程有直接的帮助。考虑到,长期以来人们所研究的都是语法信息的获取和传递,而事实上人类最为关心的却是"语义信息",因此关于"语义信息的定义、表示和获取(生成)"的理论和方法,对信息科学技术下一步的发展将具有特别重要的意义。

思 考 题

3.1 根据你自己的理解,说出信息获取的定义:什么是信息获取?
3.2 怎样理解信息获取的重要性?举例说明。
3.3 什么是传感技术?说出你熟悉的若干传感技术的例子。
3.4 传感技术的关键环节是什么?为什么需要这样的环节?
3.5 信息识别的基础是什么?怎样才能识别信息的类别?
3.6 什么是信息的特征?怎样定义信息的特征?
3.7 为什么需要信息特征融合技术?怎样实现信息特征的融合?
3.8 什么叫机器学习?根据自己的理解,给出机器学习各部分的作用。
3.9 你能对现有的各种机器学习方法给出评价吗?
3.10 你用过信息检索系统吗?有什么感受?你认为应当如何改进?
3.11 怎样获取全信息?你同意图3.11的模型吗?
3.12 你怎样理解语义信息?你同意式(3.4)的原理吗?为什么?

进一步阅读的建议

A. 参考文献

[1] 陈雅芝,等.信息检索.北京:清华大学出版社,2006.
[2] 严钟豪.非电量电测技术.2版.北京:机械工业出版社,2002.
[3] 章毓晋.图像工程.2版.北京:清华大学出版社,2007.

[4] 胡广书.数字信号处理导论.北京:清华大学出版社,2005.
[5] (美)Tom M. Mitchell.机器学习.北京:机械工业出版社,2003.
[6] 蒋焕文,孙续.电子测量.2版.北京:中国计量出版社,1988.
[7] 钟义信.信息科学原理.5版.北京:北京邮电大学出版社,2013.
[8] 管会生.大学信息技术导论.北京:高等教育出版社,2004.
[9] Sarah E, Hutchinson Stacey C S. Computers, Communications, and Information. 7版.北京:高等教育出版社,2000.

B. 后续课程

信号与系统　测量技术基础　语音信号处理　多媒体技术　数字图像处理　信息检索等

第 4 章 信息传递

> 信息传递(通信)是信息过程的基本环节(参见图 2.3),它的本质是信息共享,因而是信息科学技术的重要组成部分。本章将简要介绍通信系统与通信网络技术的基本概念和发展状况。通信技术的基本性能指标是信息传递的有效性、可靠性和安全性,后者正在日益成为人们关注的焦点,因此,本章也将简要地讨论通信信息安全的基本问题。
>
> 需要注意,信息传递所需要关注的信息属于语法信息,因为,通信技术只需要保证信号波形的传输与复制。

4.1 通信网络

信息最宝贵的性质之一是可以实现共享;共享的范围越大,共享越是及时,共享的内容越是丰富,它所发挥的作用就越大。为此,就必须设法扩展人类远距离高速度的信息传递能力。这便是通信的任务。

为了实现远距离通信,我国早在商周时期就创造了烽火通信的方式:从边关到京城两两相望的各个山头上都修筑了烽火台,一旦发现敌人入侵,边关烽火台的士兵便点燃烽火;相邻烽火台的士兵看到以后,也立即点起本台的烽火。这样一站一站很快就把信息传递到了京城。这是一种二进制的光通信系统,它所传递的信息只有两种符号:有和无;信息的载体是可见光;传递的方式是逐站接力。它是现代微波接力和现代光通信的原始雏形。

今天,人类社会已经跨入信息时代,人们的生活和工作更是离不开信息的传递与交流,通信的社会需求与日俱增,必须建设和发展现代通信网络才能满足现代社会对信息传输和交换的要求。

4.1.1 通信系统

最直观的通信行为是发信者与收信者之间的直接通信,称为点对点通信。支持点对点通信的技术系统称为通信系统。通信网络则是由大量通信系统和连接它们的交换(转接)系统构成的。

人类对通信技术的基本要求是：信息传递速度快、效率高、质量好、安全。整个通信技术的发展就是围绕这些基本要求展开的。

1. 通信系统的组成

为了实现高速传输，现代通信利用以光速传播的电磁波（包括电波和光波）来载荷信息（因此称为电气通信和光通信）。通信的原发信息（声音、文字、符号、数据、图形、图像等）需要通过各种设备转换成为电信号和光信号，才能在相应的通信系统中传输。为了实现高效率和高质量的传输，还需要通过各种编码技术对载荷信息的信号进行相应的处理。图4.1表示了通信系统的模型。

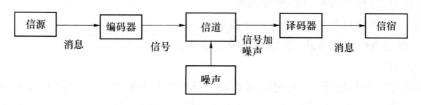

图 4.1　通信系统模型

图4.1表明，典型通信系统包括如下基本组成部分。

(1) 信源

信源是信息的生成源，是通信系统的始端。根据输出信息形式的不同，可把信息源划分为模拟信源和离散信源。

模拟信源输出时间连续的幅度信号，如话音、黑白或彩色图像信号等。离散信源输出时间离散的符号序列，如数据、电报等。模拟信号可以通过抽样和量化过程转换为离散信号（常常称为"码"）。随着计算机和数字通信技术的发展，离散信号得到了越来越充分的发展和利用。

信源种类不同，它所产生的信号速率也不相同。例如，电传打字机有26个英文字母和其他符号，总共产生32种离散符号，因此需要有5位二进制数字（5 bit）来表示。假设电传打字机产生符号的速率为10个符号/秒，则作为一个离散信源来说，它每秒能输出的二进制信息速率为50 bit/s（比特/秒）。

(2) 编码器

编码器介于信源与信道之间，它的功能是将信源输出转换成适合于信道传输的信号。编码器包括信源编码器、信道编码器、安全编码器（这部分的内容将在4.2节讨论）。有时，人们把调制器也看作是一种编码器，如图4.2所示。一般在模拟通信系统中的编码器仅包含调制器。当然，也可以把调制器（还有均衡器）看作信道的一部分（这种不同的处理，只表现分析的不同手段，并不改变问题的实质）。

图 4.2　编码器的组成

信源编码器也叫有效性编码器，它的功能是按照一定的规律将信源输出符号转换成编码输出符号，以提高通信系统的传输有效性。例如，电传打字机发出英文字母符号，若直接用二进制符号传送,每个字母需 5 bit;而利用信源编码技术则可以压缩到平均每个字母 3 bit(所以信源编码又称信源压缩编码),提高了每比特的信息含量效率。

信道编码器也叫可靠性编码器,它的作用是按照一定的规律给信源编码符号增加保护符号,以增加信号抵抗干扰的能力,使信道编码信号在接收端能够发现和纠正错误,提高通信系统的传输可靠性。

调制器的功能主要如下。

① 将信道编码输出信号转换为便于传送的形式。如无线传输时必须将消息加载在高频上(频谱迁移)才能在自由空间发射出去。又如在数字电话中将连续信号变换为脉冲编码调制信号,以便于在数字信道中传输。

② 选择适当的调制方式,提高抗干扰能力。

③ 选择适当的调制方式,有效利用频带资源。

(3) 信道

信道是信号的传输媒介,它把调制器输出信号传送到接收端。传输媒介可以是有线,也可以是无线。有线和无线又可以分为许多种类,例如有线中有电缆、光纤等;无线有短波、微波、毫米波等。

传输设备内部总是存在热噪声,设备外部也总会存在各种干扰和衰落,它们统称为信道噪声。信号在信道中传输时,不可避免地会受到信道噪声的影响。信道噪声在性质上主要有两种情形:与信号形成相加关系的加性噪声(如热噪声)和与信号形成相乘关系的噪声(如衰落)。在实际情形中,最普遍存在的是加性高斯白噪声,与此相应的信道称为加性高斯白噪声信道。

为了获得最好的传输效果,应当针对不同的信道噪声选取不同的传输信号形式,如通过电导体传播的有线信道和通过自由空间传播的无线信道,所选取的信号形式是不同的。

(4) 译码器

译码器的作用是从信道编码信号中恢复消息,实现与编码器相反的功能。不过,由于存在干扰的作用,译码器与编码器的具体实现并非简单的互逆关系,而是更为复杂的关系。

(5) 信宿

信宿与信源相对应,后者是通信信息的出发点,其功能是产生信息;前者是通信信息的归宿,其功能是接收信息。它们可以是人或设备。

信源和信宿在工程技术上也称为通信终端,如电话通信的电话机、移动通信的手机、电视传输的电视机、数据通信的数据设备、计算机通信的计算机等。

以上所述是单向通信系统的情形,在大多数场合下,通信的双方需要随时进行信息的交流,因而需要双向通信。以电话为例,通信双方都要同时具有发送设备和接收设备,双向都可独立进行发送和接收。为了使双向通信共享一条传输线路(称为双工),可采用频率或时间分割的方法来区分收发两个方向的信号,分别称频分双工(Frequency Division Duplexing,FDD)和时分双工(Time Division Duplexing,TDD)。

2. 通信系统的分类

按照不同分类准则,通信系统可以有不同的分类结果。

(1) 按消息的物理特征分类

根据消息的物理特征不同来划分,有电报系统、电话系统、数据通信系统、图像通信系统等各种通信系统。

(2) 按调制方式分类

根据是否采用调制来划分,可将通信系统分为基带传输系统和调制传输系统。基带传输是将未经调制的信号直接传送,如音频市内电话、数字信号基带传输等。调制传输是对各种信号进行调制以后再传输的总称。调制方式有很多种,在实际使用时常常采用复合的调制方式,即用不同调制方式进行多级调制。

(3) 按传输信号的特征分类

按照通信系统中所传输的是模拟信号还是数字信号,可以把通信系统分为模拟通信系统和数字通信系统。在模拟通信系统中传输的是模拟信号,发送信号的编码器只包含调制器,接收信号的解码器只包含解调器。数字通信系统传输的是离散的数字信号,发送信号的编码器包含信源编码器、信道编码器和调制器,对应的接收信号的解码器包含解调器、信道解码器和信源解码器。数字通信比模拟通信具有抗干扰能力强、便于进行快速数字信号处理、易于集成化、可方便地实现多路传输以及传输与交换的结合、易于多业务的综合等优点。

(4) 按传送信号的复用方式分类

传送多路信号有三种复用方式,即频分复用(Frequency Division Multiplexing,FDM)、时分复用(Time Division Multiplexing,TDM)、码分复用(Code Division Multiplexing,CDM)。频分复用是用频谱搬移的方法使不同信号占据不同的频率范围。通常将传输线的带宽分成多个频段,复用器利用调制的方法将各个频段分配给不同的信号,在接收端通过解复用(滤波)从组合信号中恢复出各个信号,如无线电广播、广播电视和有线电视等。时分复用是使不同信号占据不同的时间区间,将不同的信息流按照某种时间位置安排到高速数字信息流中进行传输。码分复用则是用一组互相正交的脉冲序列(正交码)分别携带不同的信息流。

传统的模拟通信中都采用频分复用。随着数字通信的发展,时分复用通信系统的应用越来越广泛。码分复用主要用于卫星通信和无线(或移动)通信的扩频通信系统中。

(5) 按传输媒介分类

按传输媒介的不同来划分,通信系统可分为有线和无线两大类。有线信道常用的是对称电缆、同轴电缆或光缆等。目前国际和长途通信系统中主要采用的是光纤通信系统,而电缆通信系统大都用在本地通信系统中。无线信道按照所使用的频段和通信手段的不同可分为短波通信系统、微波中继通信系统、移动通信系统和卫星通信系统等。

4.1.2 交换系统

在点对点通信的场合,不需要交换系统。许多点对点通信系统(连同它们的终端设备)两两连接构成的通信网络称为全连接网。在这里,两用户之间双向传输需要两个通信系统,因此 N 个用户的全连接网需要 $N(N-1)$ 个通信系统;在双向共享传输线路的情况时,需要铺设 $N(N-1)/2$ 条线路。显然这很不经济,投资大,信道利用率也低,因为当一用户与另外一个用户通信时,其他信道必然空闲。当用户数很多时,矛盾尤为突出。只有当各个用户都要与许多别的用户同时通信而且业务量都很大的场合,全连接才有必要。

为了避免上述缺点,可以在通信节点之间设置转接设备(交换机)。这样形成的一种

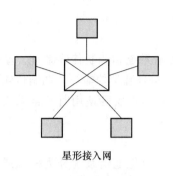

图 4.3 交换机在网络中的作用

通信网如图 4.3 所示。

可以看出,由于引入了交换机,为了使 N 个用户互连,可使所需线路数由 $N(N-1)$ 减少到 N 条;由于它将用户接入传输线汇于一个中心,从而使实现这种连接的网络设备明显减少,大大改善了经济性能。

现在普遍使用的交换技术有电路交换(Circuit Switching,CS)和分组交换(Packet Switching,PS)两种。其中,电路交换主要用在电话网中(包括公众电话网和蜂窝移动网),用以传输话音和数据。电路交换在用户发起通信请求时,就在它们之间立即建立起一条专用传输通路,并在通信过程中一直保持着,直到通信完毕后拆除链路。分组交换技术广泛用于数据通信网中,在这里,所传信息被分割成数据块(称为分组,也叫包),信息以包为单位由信源送往信宿。数据在分组交换网中的传送采用存储转发方式。

由于交换系统比较复杂,而且相关专业还有后续的专门课程,所以关于电路交换与分组交换的具体内容就不在这里展开了。

表 4.1 归纳了电话网和互联网两种网络的特点。

表 4.1 电话网和互联网的基本功能

功　能	电话网	互联网
基本业务	双向实时传送话音业务	计算机间的数据和信息流业务
交换方式	电路交换	分组交换
终端	电话、调制解调器	计算机
信息表示	模拟话音或 PCM 数字话音	任何二进制信息
传输系统	各种介质上的模拟与数字传输	各种介质上的数字传输
寻址方式	等级式编号制度	层次地址空间
寻径	呼叫建立期间选择路由	每个分组独立寻址
复用方式	同步时分复用	统计时分复用、共享介质访问网络

需要指出,不论是电路交换还是分组交换,通信网络都由传输链路连接众多具有交换结构的节点所组成。实际的通信业务必须经过当地的局域网接入到公用网,或者从一个局域网连接到另一个局域网,因此往往要横贯几个不同的网才能完成通信业务的全程。这就产生了不同类型通信网之间互联的问题。通常,这些不同类型的网可能容许的最高传输率各不相同,体系结构也不一定相同,分组处理功能也有区别。因此,不同网络的互联或者在一个网中综合不同的业务,会有许多理论和技术问题需要解决。

4.1.3 通信网络

通信的最基本形式是在点与点之间建立通信系统,但如果只是有了许多这样的通信系统,而这些通信系统之间并不互相连通,还是不能称为通信网络。网络的基本概念是一组节点和连接这些节点的连线(在通信网场合也称为链路)所构成的连通集合。因此,只有将众多的通信系统按一定拓扑结构组合在一起,实现某一区域范围内任意两个终端用户的相互连通,才构成了通信网络。

通信网络是通信系统的系统,由各种终端设备、交换设备、传输设备(包括复用器、连接器以及各种设备之间的传输线路)组成。除了这些硬件设备之外,为了保证网络能正确合理的运行,使用户间的通信达到一定的性能要求,还必须有控制和管理网络运行的软件(如标准、信令、协议)。

为了使通信网络既能灵活地支持当前的业务,又能适应未来业务发展的需要,必须建立一种恰当的网络体系结构或规则。在现代通信网络中,协议已成为必不可少的支撑条件。如同人与人之间相互交流是需要遵循一定的规矩一样,通信双方相互通信需要遵守一定的规则,包括网络中传递、管理信息的规则,这就是网络协议。

1. 通信网络发展概况

20 世纪 60 年代初,采用数字传输和交换的电话网投入使用,主要有两种数字体制:24 路 64 kbit/s 语音信道,总速率为 1.544 Mbit/s 的 T-1 传输系统;30 路 64 kbit/s 语音信道,总速率为 2.048 Mbit/s 的 E-1 传输系统。它们都是脉冲编码调制(Pulse Code Modulation,PCM)时分通信系统,先将模拟信号进行 8 000 Hz 的抽样,每抽样值量化编码成 8 bit,经数字传输后,接收端再复原成原来的模拟信号。

20 世纪 60 年代后期,随着工业自动控制的发展以及计算机的发展和应用,人们开始将计算机通过通信线路连接起来组成一个系统,对网络进行集中调度和资源共享。此后,由于业务项目增加,以及要求能够对信息进行存储、交换和处理,于是开始使用微处理机或小型计算机来完成这些复杂的功能。同时,由于计算机之间互相通信和共享资源的需要,计算机也成了通信终端,因此就形成了计算机通信网。

自从 20 世纪 80 年代开始建设第一代基于频分多址(Frequency Division Multiple Access,FDMA)技术的模拟蜂窝移动通信网以后,移动通信的发展异常迅速,成为现代通信最为活跃的通信方式。目前,移动通信系统正处于从第三代(3G)向第四代(4G)过渡的时期。CDMA 和分组传送是 3G 的核心技术。未来的移动通信网络发展方向是提供更高的数据速率,更好的业务质量,更大的网络容量,更广阔的覆盖范围以及更丰富和更加智能化的业务。

伴随着信息时代社会通信需求和信息技术的发展,现代通信呈现出如下的基本特征。

(1) 信源多样化:语音、传真、图像、电视、计算机数据以及各种多媒体信息出现在通信中,要求各种类型的消息能够融合在统一的通信网络中传输、交换和处理。

(2) 传输手段多样化:由于通信业务的多样化、呈现方式的便捷性、移动性和智能化,要求充分利用多种传输手段以及各种传输手段的综合应用。

(3) 计算机技术广泛应用:计算机技术的高度发展使其应用遍及各个方面。在通信、广播、信号处理、控制、管理等领域,计算机无处不在。信息的普遍数字化和传输速率的提高,能够进行存储、交换和处理,这些都要依靠计算机技术才能得以实现。

(4) 通信业务量激增,通信质量要求越来越高:人们生活水平的提高导致了用户对通信的频次和质量要求的提高。同时由于人类已从传统的工业时代逐渐过渡到了信息时代,越来越多的劳动者在办公室或高度自动化的场所工作,随时涉及信息的运用和处理,对通信的要求也与日俱增。

总之,通信网络的发展趋势是宽带化、智能化、个人化和综合化,能够支持各类窄带和宽带、实时和非实时、恒定速率和可变速率,尤其是多媒体业务。

目前具有一定规模的三大通信网络是公众电话网(PSTN,也称市话网)、有线电视网(CATV)、计算机网,它们各有优点和不足。

- 公众电话网虽可高质量地支持话音业务,但网络的效率不高,不能很好地支持高速数据和多媒体业务,难以满足快速发展的市场需求。目前,电信运营商已经开始考虑从单一电信运营商向综合信息服务商转型。
- 有线电视网虽然实时性和宽带能力较好,但是不支持双向通信,无统一的技术标准和网络管理体系。目前基于 IP 网络来传输电视(IPTV)成为电信运营商和广播电视部门普遍看好的新业务,通过广电网与公众电话网的结合实现 IPTV 业务已经成为一个新的研究热点。
- 计算机网络(即互联网)能很好地支持数据业务,符合通信技术数字化的要求,但目前在支持话音和图像等通信业务方面,还需要进一步解决实时性、业务质量、安全性和高效管理等问题。

当前,这三种网络都在逐步演进,使自己具备其他两网的优点,技术上取长补短,业务上也在相互渗透。从长远发展的角度看,各种网络在服务层次上融合形成智能信息网络是未来的发展方向。

2. 通信网的分类

由于现代通信网络是在长期的历史过程中逐步发展起来的纷繁复杂的巨大体系,具有众多方面的技术特征,因此对于它的分类也可以从多个角度进行。

(1) 按业务分类

按照网络中传输的信息或者是网络承载的业务来划分,可以将通信网划分为电话网、电报网、数据网、传真网、计算机网、广播电视网、蜂窝移动电话网、互联网(Internet)等。

语音传输是世界上最普遍的通信形式,为传送语音信息而发展起来的电话网已遍布全世界,覆盖了地球的每一个角落。对现有的电话网进行改造,主要是提高语音质量,降低成本,并增加新业务。预测表明,语音通信仍将是通信网中一种最繁忙的业务。

目前很多通信系统是为用户提供某种专门业务而存在的。未来的通信网络中,各种类型的消息应该能够融合在统一的通信网络中传输、交换和处理,为用户提供综合业务。

(2) 按传输手段分类

从组成网络的信道来划分,可以分为电缆网、光纤网、短波通信网、微波中继网、卫星通信网和移动通信网等。

(3) 按照传输信号的形式分类

从传输信号的形式来划分,可分为模拟通信网、数字通信网和模拟/数字混合通信网。现阶段纯模拟通信网已很少采用,较多采用的是模拟/数字混合通信网。

(4) 按使用范围分类

按照网络覆盖的物理范围来划分,通信网络可以分为本地网、国内网和国际网。本地网包括大城市本地网以及中等城市、小城市和区县本地网。国内网是负责本地网之间长途业务的网络。国际电话通信网由国际局、长话局、市话局以及各种类型的线路组成。每个国家都设有国际电话局。

(5) 按运营模式分类

通信网按运营方式不同可划分为公用网和专用网。公用网即公众网,是向全社会开放的通信网。专用通信网是相对而言的,它是军事国防或国民经济的某一专门部门,如铁道、石油、水利、电力等部门自建或向邮电部门租用电路,专供本部门内部业务使用的通信网。

(6) 按网络功能分类

通信网的功能层次由几部分完成:传送网(包括骨干传送网和接入网)、业务网、支撑网(包括信令网、同步网和网络管理网)等。电信骨干传送网是公共的数字传输平台或信息高速公路,实现模式可有 SDH、ATM、光波分复用网络等。在电信传送网之上不同业务网共享网络资源。业务网为用户提供各种业务,支撑网保证业务网正常运行并为其提供支撑服务。电信支撑网的功能主要是保障网络正常运行,提高网络的服务质量,增强网络功能。

3. 通信网络的发展趋势

随着通信技术的发展,特别是 20 世纪 90 年代中期以来,互联网快速发展,以互联网为代表的新技术革命正在深刻地改变着传统的电信概念和体系。随之而来的是数据通信业务迅速增长,在不少国家甚至超过了话音业务量。在这种市场需求下,新业务层出不穷,传统的基于 TDM 的话音网络已远远不能满足日益膨胀的数据业务发展的需求,而基于 IP 的分组交换的数据网络在市场驱动下日益发展壮大。因此,为了满足市场多样化的需求,基于 TDM 的话音网和基于 IP 的分组网的融合将形成可以传递话音和数据等综合业务的新一代网络。于是,下一代网络(NGN)的概念应运而生。目前,国际标准组织对 NGN 标准化工作展开了广泛的研究,重点在 NGN 的体系架构和网络演进等方面。

国际电信联盟(ITU)启动了 NGN 的标准研究。ITU 提出了 NGN 的概念性描述,认为 NGN 是一个分组网络,提供包括电信业务在内的多种业务,能够利用多种带宽和满足业务质量(QoS)要求的传送技术,实现业务功能与底层传送技术的分离;提供用户对不同业务提供商网络的自由接入,并支持通用移动性,实现用户对业务使用的一致性和统一性。

NGN 的基本特征如下。

- 分组传送。
- 控制功能从承载、呼叫/会话、应用/业务中分离出来。
- 业务的提供与网络分离,提供开放接口。
- 利用各基本的业务组成模块,提供广泛的业务和应用(包括实时、流、非实时和多媒体业务)。
- 具有端到端 QoS 和透明的传输能力。
- 通过开放接口与传统网络互通。
- 具有通用移动性。
- 允许用户自由地接入不同的业务提供商。
- 支持多样标识体系,并能将其解析为 IP 地址以用于 IP 网络路由。

- 同一业务具有统一的业务特性。
- 融合固定与移动业务。
- 业务功能独立于底层传送技术。
- 适应所有管理要求,如应急通信、安全性和私密性等要求。

简言之,NGN 的目标是满足新的通信需求,以促进公平竞争,鼓励个人投资,定义满足各种管理要求的通信体系结构以及提供开放的网络接入方式。

目前,关于 NGN 的体系结构,不同标准研究组织提出的建议也不尽相同,但对 NGN 通过分层、分面和开放式结合的方式,给业务提供者和运营者提供一个平台的认识是一致的(如图 4.4 所示)。

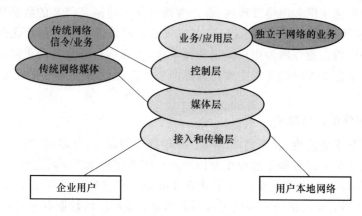

图 4.4 下一代网络的分层结构

从图 4.4 可以看出,NGN 从结构上分为四层,自下而上依次为接入和传输层、媒体层、控制层和业务/应用层;各层之间的接口和协议是标准的,开放式的;层间是分离的,满足接入与传输承载分离,传输承载与交换控制分离,交换控制与业务分离,这样各层可以各自发展,不影响层间的要求。

图 4.4 为 NGN 的分层结构示意图,各层的功能描述如下。

- 接入和传输层:将用户连接至网络,集中用户业务并将它们传递至目的地,包括各种接入手段。
- 媒体层:将信息格式转换为能够在网上传递的格式,例如将话音信号分割成 ATM 信元或 IP 包。此外,媒体层可以将信息路由至目的地。
- 控制层:包括呼叫智能。此层根据收到的业务,控制底层网络元素对业务流的处理。
- 业务/应用层:在呼叫建立的基础上提供额外的服务。

通信的容量、业务质量和安全仍是未来发展的基本技术指标,但是信息安全是目前发展中的薄弱环节与瓶颈,计算机病毒和黑客攻击威胁着网络安全,利用互联网传播有害信息的手段日益翻新。除普遍存在的利用论坛、留言板、电子邮件、手机短信、在线聊天工具、电子出版物传播有害信息外,还出现了利用声音及图像文件进行非法活动威胁人们的正常生活。互联网带给人们自由开放的同时,也带来不可忽视的安全风险,因此网络信息安全方面的问题在未来通信网络的发展中应予以重点关注,下一节将讨论这个问题。

概括起来,未来的通信网,数字化是基础,综合化、个人化是目标,宽带化、智能化是实现的主要手段。

(1) 数字化

数字化就是在通信网中全面使用数字技术,包括数字传输、数字交换和数字终端等。过去由于话音、数据、图像的信号类型各不相同,无法在同一网络中传输,所以分别形成了传话音的电信网、传数据的互联网,以及传图像的有线电视网。随着数字技术的发展,无论何种信号,均可用0和1表示,消除了信号类型的差别,未来的网络建设也必将向数字化演进。数字化是统一各种通信系统的前提。

(2) 综合化

综合化包括业务的综合、传输与交换的综合、业务网与支撑网的综合、硬件与软件的综合以及通信与计算机的综合。随着微电子技术、计算技术、数字信号处理技术、光纤技术等高科技领域的重大突破,未来的网络将是一种能够综合各种信息媒体功能的宽带综合业务数字网,可以连接各种传输方式的网络,如无线通信、卫星通信、微波通信、光纤通信等;可以容纳已知的各种信息服务,如模拟电视广播、模拟声音广播、数字电视广播、准自选影视 NVOD(每个节目固定间隔时间,用几个通道同时滚动加密广播)、真自选影视 TVOD(一个用户独享一个节目,用户可以随心所欲地控制播放)、电子图书馆、电子报刊、可视电话、社区服务、连接各种信息家电等;可以实现信息收集、传递、处理和控制一体化,提供传输速度更快、容量更大、质量更好的信息通道。

(3) 个人化

个人化也叫个人通信。个人通信是指人们能在任何时间、任何地点与任何地点的另一个人进行通信,不管通信双方处于静止状态还是移动状态,都能够利用分配给个人的号码完成各种通信。个人通信是21世纪通信发展的重要方向。

个人通信的一个主要特点是每一个用户有一个属于自己的唯一通信号码,取代了以设备为基础的传统通信号码(现在的电话号码、传真号码等是某一台电话机、传真机等的号码)。电信网随时跟踪用户,并提供所需的服务。不论被呼叫的用户是在汽车上、轮船上、飞机上,还是在办公室里、家里、公园里,电信网都能根据呼叫人所拨的个人号码找到他。用户通信完全不受地理位置的限制。

实现个人通信的"无缝网"必须要把各种技术的通信网组合到一起,把移动通信网和固定通信网结合在一起,把有线接入和无线接入结合到一起,才能综合成一个容量极大、无处不通的个人通信网,形成所谓万能个人通信网。这是21世纪电信技术发展的重要目标之一。

(4) 宽带化

未来的接入网、交换网、传送网都将是宽带网。各种电视会议、可视电话、宽带可视图文、高清晰度电视、多媒体通信业务、高速数据传输、高速文件传送都可以在宽带网络中传输。当前,为了开展上述数据业务,提高数据传输速率,各部门正在努力使自己的网络合理化。有线电视本身就是宽带网,电信网中骨干传送网部分的宽带化正在迅速展开,接入网的宽带化也正在逐渐进行,并将成为未来几年的重要任务。

(5) 智能化

用户对通信的需求与日俱增,希望从终端能得到更多的业务和服务。随着各网络相互融合,其业务功能将更加强大和完善,智能新业务将进一步拓宽。例如,网络可以自行对流量进行分类,自动将语音流量划分在传输过程中最高的优先级;应用流量则有可能获得第二位的传输优先级;反之,对于不像前两种流量那样对时间敏感的电子邮件流量将在最后才通过网络。最终,智能网将赋予商业用户更多的网络控制能力,实现网络经营者和业务提供者的自行编程,使网络经营公司、业务提供者和用户三者均可参与业务生成过程,从而更简单、更经济、更有效、更全面地为用户提供各种信息业务。

更进一步,未来通信网络的发展应该是面向更高的应用和服务层次的智能信息网络,可以支持各种智能应用,这将在本书第9章中详细阐述。

4.2 信息安全

信息网络的发展和广泛应用引起了工作方式、生活方式和思想观念的巨大变化,极大地推动了人类社会的发展和人类文明的进步,把人类社会带入了崭新的信息时代。然而,人们在享受信息网络所带来的巨大惠益的同时,也面临着信息安全的严峻考验。现在,网络的信息安全已经成为世界性的问题,它关系到国家的政治、经济、军事、文化、意识形态的安全,也关系到个人隐私的安全。

信息安全是一个广泛的概念。它包含几个不同层次的问题:第一个层次是指信息载体(信号)的安全,即保证通信的信号不被未授权方所截获,或者即使被截获了也不能被非法接收者理解,可以称为保密安全;第二个层次是指信息的网络安全,即保证网络不遭受破坏,从而保证通信所传送的信号(因而信号所携带的信息)不会受到破坏,可以称为网络安全;第三个层次是指信息内容的安全,即信号所表现的内容本身必须满足安全要求,可以称为内容安全。这三个层次的安全概念是互相关联的,核心的问题是信息内容的安全。

4.2.1 保密安全

密码技术是实现保密安全的核心技术。密码技术的发展大致可以分为三个阶段。1949年之前是古典密码阶段,密码大多都比较简单,可用手工和机械操作来实现加解密。1949年,信息论创始人Shannon发表了经典论文"保密通信的信息理论",从信息的观点给出了密码学的理论框架,使密码学走上了科学的轨道。1976年,Diffie和Hellman发表了《密码学的新方向》一文,提出了一种新的密码体制,冲破了长期以来一直沿用的单钥密码体制。新的双钥(公钥)密码体制可使通信双方无须事先交换密钥就可建立保密通信。自此,密码技术得到了迅速的发展。

最初人们认为信息安全就是通信保密,采用的保障措施就是加密和基于计算机规则的访问控制,这被称为"通信保密"(COMSEC)时代,其标志就是Shannon的《保密通信的信息理论》。它的理论框架可以抽象成图4.5所示的模型。

可见,通信保密系统是在通信系统中增加了加密和解密模块,其中明文就是需要秘密传送的符号,而密文是明文经过密码变换后得到的乱码,加密是由明文到密文的变换。设加密函数为 $E_K(*)$,其输入为密钥 K 和明文 M,输出为密文 C,则加密的过程表示为

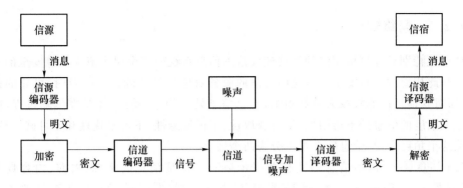

图 4.5 通信保密系统模型

$$C = E_K(M)$$

使用解密函数 $D_K(*)$ 和相应的密钥 K 对密文进行解密,从而显示原始的明文,即

$$M = D_K(C)$$

如果加密系统的加密密钥和解密密钥相同,该系统就是对称密码体制。如果加密和解密分别用两个不同的密钥实现,并且不可能由加密密钥推导出解密密钥(或者不可能由解密密钥推导出加密密钥),则该系统就是非对称密码体制。

密码学包含两方面内容:密码编码学和密码分析学。密码编码学是对信息编码以隐蔽信息的理论。密码分析学是研究分析破译密码的理论。破译是指从密文分析出明文的过程。

随着通信技术的迅速发展,对通信安全也提出了更高的要求。以移动通信为例,除了最初的语音通信外,移动通信带给人们越来越多的增值服务,但是移动通信的电波具有开放传播的特点,易于被截取、篡改和破坏,从而导致不可估量的损失。

安全威胁可以分为故意的和偶然的,故意的威胁如假冒、篡改等,偶然的威胁如信息被发往错误的地址、误操作等。故意的威胁又可以进一步分为主动攻击和被动攻击。被动攻击不会导致对系统中所含信息的任何改动,如搭线窃听、业务流分析等,而且系统的操作和状态也不会改变,因此被动攻击主要威胁信息的保密性。主动攻击则意在篡改系统中所含信息,或者改变系统的状态和操作,因此主动攻击主要威胁信息的完整性、可用性和真实性。

通信系统的安全问题还包括针对物理环境和针对通信链路的威胁。

(1) 物理安全威胁

物理安全威胁是指对系统所用设备的威胁,主要有自然灾害(地震、水灾、火灾等)造成的通信系统毁灭,电源故障造成的设备断电操作系统引导失败或数据库信息丢失,设备被盗被毁造成数据丢失或信息泄露,电磁辐射也可能造成数据信息被窃取或偷阅等。有时,也把它们称为通信的物理可靠性问题。

(2) 通信链路安全威胁

网络入侵者可能在传输线路上安装窃听装置,窃取网上传输的信号,再通过一些技术手段读出数据信息,造成信息泄露,或对通信链路进行干扰,破坏数据的完整性。

与此相应,对于通信系统的安全防范主要包括保护通信设备等硬件实体和通信链路免受自然灾害、人为破坏和搭线攻击等方面。

4.2.2 网络安全

计算机特别是计算机网络的发展使大范围信息系统的安全保密成为信息安全的主要内容。与此相应的信息安全宗旨是向合法的服务对象提供准确、正确、及时、可靠的信息服务;而对其他任何非授权人员和组织,不论信息处于静态、动态,还是在传输过程,都要保持最大限度的信息的不透明性、不可获取性、不可接触性、不可干扰性和不可破坏性。

从这个角度来说,信息安全可以分为两个层次。

(1) 消息层次,包括信息的完整性(Integrity),保证消息的来源、去向、内容真实无误;保密性(Confidentiality),保证消息不会被非法泄露扩散;不可否认性(Non-repudiation),也称为不可抵赖性,即保证消息的发送者和接收者无法否认自己所做过的操作行为等。

(2) 网络层次,包括可用性(Availability),即保证网络和信息系统随时可用,运行过程中不出现故障,尽量减少意外打击的损失并尽早恢复正常;可控性(Controllability),即对网络信息的传播及内容具有控制能力的特性。前者属于狭义信息安全范畴,后者属于网络安全范畴。

1. 网络安全威胁

下面是一些常见的安全威胁。

(1) 泄露信息:信息被泄露或透露给非授权的实体。

(2) 破坏信息的完整性:数据被非授权增删、修改或破坏。

(3) 拒绝服务:对信息或其他资源的合法访问被无条件地阻止。

(4) 非法使用(非授权访问):资源被非授权人以非授权方式使用。

(5) 窃听:窃取系统中的信息资源和敏感信息,如搭线监听,利用电磁泄露截取有用信息等。

(6) 业务流分析:通过对系统进行长期监听,利用统计分析方法对诸如通信频度、通信的信息流向、通信总量的变化等参数进行研究,从而发现有价值的信息和规律。

(7) 假冒:通过欺骗,非法用户冒充成为合法用户,或者特权小的用户冒充成为特权大的用户。黑客大多是采用假冒攻击。

(8) 旁路控制:攻击者利用系统的安全缺陷或安全性上的脆弱之处获得非授权的权利或特权。例如,攻击者通过各种手段发现系统的某些"特性",于是可以利用这些特性绕过防线守卫者侵入系统的内部。

(9) 授权侵犯:被授权以某一目的使用某一系统或资源的某个人,却将此权限用于其他非授权的目的,也称作"内部攻击"。

(10) 特洛伊木马:软件中含有一个察觉不出的或者无害的程序段,当它被执行时,会破坏用户的安全。这种应用程序称为特洛伊木马(Trojan Horse)。

(11) 陷阱门:在某个系统或某个部件中设置的"机关",使得在特定的数据输入时,允许违反安全策略。

(12) 抵赖:这是一种来自用户的攻击,例如,否认自己曾经发布过的某条消息、伪造一份对方来信等。

(13) 重放：出于非法目的，将所截获的某些合法的通信数据进行复制而重新发送。

(14) 计算机病毒：所谓计算机病毒，是一种在计算机系统运行过程中能够实现传染和侵害的功能程序。一种病毒通常含有两种功能：一种功能是使其他程序产生"感染"；另一种或者是引发损坏功能，或者是一种植入攻击的能力。从2000年开始，计算机病毒与木马技术相结合成为病毒新时尚，使病毒的危害更大，防范的难度也更大。

(15) 人员不慎：一个授权的人为了某种利益，或由于粗心，将信息泄露给一个非授权的人。

(16) 媒体废弃：从废弃的磁盘或打印过的存储介质中获得信息。

(17) 物理侵入：侵入者绕过物理控制而获得对系统的访问。

(18) 窃取：重要的安全物品，如令牌或身份卡被盗。

(19) 业务欺骗：某一伪系统或系统部件欺骗合法的用户或系统自愿地放弃敏感信息等。

要保证网络安全就必须想办法在一定程度上克服以上的种种威胁，加深对网络攻击技术发展趋势的了解，尽早采取相应的防护措施。需要指出的是，无论采取何种防范措施都不能保证网络的绝对安全。安全是相对的，不安全才是绝对的。在具体实用过程中，时间因素和经济因素是判别安全性的重要指标。换句话说，过时的"成功"和"赔本"的攻击都被认为是无效的。

2. 网络攻击

网络攻击是对网络安全威胁的具体体现。Internet目前已经成为全球信息基础设施的骨干网络，其本身所具有的开放性和共享性对信息的安全问题提出了严峻的挑战。由于系统脆弱性的客观存在，操作系统、应用软件、硬件设备不可避免地存在一些安全漏洞，网络协议本身的设计也存在一些安全隐患，这些都为攻击者入侵系统提供了可乘之机。十几年前，网络攻击还仅限于破解口令和利用操作系统已知漏洞等有限的几种方法，然而目前网络攻击发展了越来越多的技术。

网络攻击的过程和技术可分为以下阶段。

(1) 攻击身份和位置隐藏

隐藏网络攻击者的身份及主机位置。可以通过利用被入侵的主机作跳板，利用电话转接技术，盗用他人账号上网，通过免费网关代理，伪造IP地址，假冒用户账号等技术实现。

(2) 目标系统信息收集

确定攻击目标并收集目标系统的有关信息，包括系统的一般信息（软硬件平台、用户、服务、应用等），系统及服务的管理、配置情况，系统口令安全性，系统提供服务的安全性等信息。

(3) 弱点信息挖掘分析

从收集到的目标信息中提取可使用的漏洞信息，包括系统或应用服务软件漏洞、主机信任关系漏洞、目标网络使用者漏洞、通信协议漏洞、网络业务系统漏洞等。

(4) 目标使用权限获取

获取目标系统的普通或特权账户权限，包括获得系统管理员口令，利用系统管理上的漏洞获取控制权（如缓冲区溢出），令系统运行特洛伊木马，窃听账号口令输入等。

(5) 攻击行为隐藏

隐蔽在目标系统中的操作,防止攻击行为被发现。如连接隐藏,冒充其他用户、修改 logname 环境变量、修改 utmp 日志文件、IP SPOOF;隐藏进程,使用重定向技术 ps 给出的信息、利用木马代替 ps 程序;文件隐藏,利用字符串相似麻痹管理员;利用操作系统可加载模块特性,隐藏攻击时产生的信息等。

(6) 攻击实施

实施攻击或者以目标系统为跳板向其他系统发起新的攻击。如攻击其他网络和受信任的系统,修改或删除信息,窃听敏感数据,停止网络服务,下载敏感数据,删除用户账号,修改数据记录。

(7) 开辟后门

在目标系统中开辟后门,方便以后入侵。放宽文件许可权;重新开放不安全服务,如 TFTP 等;修改系统配置;替换系统共享库文件;修改系统源代码,安装木马;安装嗅探器;建立隐蔽通信信道等。

(8) 攻击痕迹清除

清除攻击痕迹,逃避攻击取证。篡改日志文件和审计信息;改变系统时间,造成日志混乱;删除或停止审计服务;干扰入侵检测系统的运行;修改完整性检测标签等。

近年来网络攻击技术和工具发展很快,使得一般的计算机爱好者要想成为一名准黑客非常容易,从而使得网络安全面临越来越大的风险。同时也应该看到,黑客技术是一把双刃剑,他们的存在促进了网络的自我完善,可以使厂商和用户们更清醒地认识到这个网络还有许多地方需要改善。

网络战已经成为现代战争的一种潮流,很早就有人提出了"信息战"的概念,并将信息武器列为继原子武器、生物武器、化学武器之后的第四大武器。在未来的信息战中,"黑客技术"将成为主要手段。对黑客技术的研究对于国家安全具有重要的战略意义。

3. 网络安全技术

网络安全技术种类繁多而且还相互交叉。虽然没有完整统一的理论基础,但是在不同的场合下,为了不同的目的,许多网络安全技术确实能够发挥出色的功效。

(1) 防火墙技术

防火墙技术是一种允许接入外部网络,但同时又能够识别和抵抗非授权访问的安全技术。防火墙扮演的是网络中"交通警察"的角色,指挥网上信息合理有序地安全流动,同时也处理网上的各类"交通事故"。防火墙可分为外部防火墙和内部防火墙。前者在内部网络和外部网络之间建立起一个保护层,从而防止"黑客"的侵袭,其方法是监听和限制所有进出通信,挡住外来非法信息并控制敏感信息被泄露;后者将内部网络分隔成多个局域网,从而限制外部攻击造成的损失。

(2) 入侵检测技术

入侵检测系统作为一种积极主动的安全防护手段,在保护计算机网络和信息安全方面发挥着重要的作用。入侵检测是监测计算机网络和系统以发现违反安全策略事件的过程。入侵检测系统工作在计算机网络系统中的关键节点上,通过实时地收集和分析计算机网络或系统中的信息,来检查是否出现违反安全策略的行为和遭到袭击的迹象,进而达到防止攻击、预防攻击的目的。

(3) 内网安全技术

商业间谍、黑客、不良员工对网络信息安全形成了巨大的威胁,而网络的普及和 USB 接口的大量使用在给各单位获取和交换信息带来巨大方便的同时,也给这些威胁大开方便之门。要保证计算机信息网络的安全,不能仅仅防范外部对计算机信息网络的入侵,还要防范计算机信息网络内部自身的安全。在内网的安全解决方案中,以数据安全为核心,以身份认证为基础,从信息的源头开始抓安全,对信息的交换通道进行全面保护,从而达到信息的全程安全。

(4) 安全协议

整个网络系统的安全强度实际上取决于所使用的安全协议的安全性。安全协议的设计和改进有两种方式:一是对现有网络协议(如 TCP/IP 协议)进行修改和补充;二是在网络应用层和传输层之间增加安全子层,如安全协议套接子层(SSL)、安全超文本传输协议(SHTTP)和专用通信协议(PCP)。安全协议实现身份鉴别、密钥分配、数据加密、防止信息重传和不可否认等安全机制。

(5) 业务填充

所谓的业务填充是指在业务闲时发送无用的随机数据,增加攻击者通过通信流量获得信息的困难。它是一种制造假的通信、产生欺骗性数据单元或在数据单元中填充假数据的安全机制。该机制可用于应对各种等级的保护,用来防止对业务进行分析,同时也增加了密码通信的破译难度。发送的随机数据应具有良好的模拟性能,能够以假乱真。该机制只有在业务填充受到保密性服务时才有效。

(6) 路由控制机制

路由控制机制可使信息发送者选择特殊的路由,以保证连接、传输的安全。其基本功能如下。

① 路由选择

路由可以动态选择,也可以预定义,选择物理上安全的子网、中继或链路进行连接和/或传输。

② 路由连接

在监测到持续的操作攻击时,端系统可能同意网络服务提供者另选路由,建立连接。

③ 安全策略

携带某些安全标签的数据可能被安全策略禁止通过某些子网、中继或链路。连接的发起者可以提出有关路由选择的警告,要求回避某些特定的子网、中继或链路进行连接和/或传输。

(7) 公证机制

公证机制是对两个或多个实体间进行通信的数据的性能,如完整性、来源、时间和目的地等,由公证机构加以保证,这种保证由第三方公证者提供。公证者能够得到通信实体的信任并掌握必要的信息,用可以证实的方式提供所需要的保证。通信实体可以采用数字签名、加密和完整性机制以适应公证者提供的服务。在用到这样一个公证机制时,数据便经由受保护的通信实体和公证者在各通信实体之间进行通信。公证机制主要支持抗抵赖服务。

4.2.3 信息内容安全

内容安全是指根据某种安全准则对网内流动信息的选择性阻断,以保证信息流动的安全性。

信息内容安全技术所面对的难题包括信息不可识别(因加密)、信息不可更改、信息不可阻断、信息不可替换、信息不可选择、系统不可控等。最本质的技术困难是:由于目前阶段人工智能自然语言理解技术发展水平的限制,机器系统还很难实现对信息"内容"的准确理解,因而难以准确判定其安全性。

当前,信息内容安全的问题主要表现在有害信息利用互联网所提供的自由流动的环境肆意扩散。

信息内容安全的宗旨在于防止非授权的信息内容进出网络,涉及政治性方面、健康性方面、保密性方面、隐私性方面、产权性方面、病毒垃圾等防护性方面等。

1. 信息内容安全面临的威胁

目前,信息内容安全主要包括信息破坏、信息传输威胁、系统安全威胁、信息内容的泄露和信息干扰等。

(1) 信息破坏

系统遭受病毒感染时,可能导致信息破坏和信息处理系统的异常。信息破坏的结果导致信息不可用、不能恢复或者因被篡改而被误用。

导致信息内容遭到破坏的因素有很多,如病毒破坏、蠕虫攻击、木马控制、信息非法扩散、垃圾邮件侵害以及其他具有黑客性质的入侵行为等。

(2) 信息传输威胁

大量耗费网络带宽的恶意数据如病毒、网络蠕虫、DDoS 攻击、垃圾邮件等往往会造成网络堵塞。入侵攻击事件可能从网络边界进入,然后通过网络进行扩散传播。因此,应该从网络边界和网络传输的不同层面分别进行控制。

(3) 系统安全威胁

操作系统、系统软件的安全是信息内容安全的基础。不幸的是,现在所使用的系统存在许多漏洞,往往形成拒绝服务攻击(DDoS),造成网络混乱。弥补系统漏洞最常用的方法就是及时打"补丁"。

(4) 信息内容的泄密

信息内容的泄密将带来严重的后果,因此,对信息资产的安全等级评定、标记和监控技术提出了更高的要求。对大容量信息的实时监控、治理等都是必须解决的问题。

(5) 信息干扰

无用信息对人们的工作和生活都会造成很大干扰。垃圾邮件的泛滥不但干扰人们的正常工作,还消耗网络和系统资源。此外,许多垃圾邮件还携带病毒,如果不加注意,很可能因此感染病毒。

2. 信息内容安全领域的主要技术

与信息内容安全相关的网络技术主要有:信息内容的获取技术、信息内容理解与识别技术、控制/阻断技术、信息内容审计技术、反病毒技术。

(1) 信息内容的获取技术

在大规模网络环境中快速获取各种协议的信息内容主要分为主动获取技术和被动获取技术。

主动获取技术通过向网络注入数据包后的反馈来获取信息,特点是接入方式简单,能够获取更广泛的信息内容,但会对网络造成额外负荷。其中的关键问题是如何在较短的时间内以较少的网络负荷获取更多的信息内容,如何选取测量点以及多个测量点之间如何合作等。

被动获取则在网络出入口上通过镜像或旁路侦听方式获取网络信息,特点是接入需要网络管理者的协作,获取的内容仅限于进出本地网络的数据流,但不会对网络造成额外流量。其中的关键问题是信息捕获的实时性问题:在多大的网络流量及流量构成下丢包率是多少,能够实现对哪些协议的内容还原,协议还原的实时性如何。

(2) 信息内容理解与识别技术

信息内容识别是指对获取的网络信息内容进行识别、判断、分类,确定其是否为所需要的目标内容,识别的准确度和速度是其中的重要指标。其主要分为文字、声音、图像、图形识别。文字识别的技术包括表层(关键字/特征词/属性词)识别、深层(语法/语义/语用,三者的统一体称为"全信息")理解、主题/立场/属性识判断。这是信息内容安全的核心技术。

(3) 控制/阻断技术

对于识别出的非法信息内容,阻止或中断用户对其访问,成功率和实时性是两个重要指标。从阻断依据上分为基于IP地址阻断和基于内容的阻断;从实现方式上分为软件阻断和硬件阻断;从阻断方法上分为数据包重定向和数据包丢弃。保证只有正确的信息内容才能通过,有害数据应阻挡,有效的控制措施是信息内容过滤。

(4) 信息内容审计技术

信息内容审计的目标是真实全面地将发生在网络上的所有事件记录下来,为事后的追查提供完整准确的资料。虽然审计措施相对网上的攻击和窃密行为而言是被动行为,但它对追查网上发生的犯罪行为起到十分重要的作用,也对内部人员犯罪起到了威慑作用。

(5) 反病毒技术

近几年传输媒质的改变和因特网的大面积普及,导致计算机病毒感染的对象开始由工作站(终端)向网络部件(代理、防护和服务器设置等)转变,病毒类型也由文件型向网络蠕虫型改变。目前防范病毒技术已引起广泛重视。针对网络蠕虫的防范应进行大规模多级分布式部署、集中管理全局预警。

信息内容安全技术的发展趋势正在从单一的对文本信息内容识别向多媒体信息内容识别发展,从百兆流量检测向千兆流量检测发展,从统计分析向智能理解发展,从单一功能产品向层级式的整体解决方案发展。

4.2.4 网络信息安全的综合防范

网络信息安全的任务是保护信息不受未授权者对网络信息的恶意泄露、修改和破坏,从而免致信息的不可靠或无法处理等。这样可以使人们在最大限度地利用信息的同时不招致损失或使损失最小。

1. 网络信息安全的原理和模型

网络信息安全防范分为积极防范和消极防范,下面介绍它们的原理。

目前理解的积极安全防范的原理是:建立正常网络行为模型,将所有通过安全设备的网络数据与保存在模型内的正常模式相比较,如果不在正常范围以内,就认为是攻击行为,对其做出处理。这样做的好处是可以阻挡未知攻击。

例如,包过滤路由器审查每个数据报以便确定其是否与某一条包过滤规则匹配。管理员可以配置基于网络地址、端口和协议的允许访问的规则,只要不是这些允许的访问,都禁止访问。但对正常网络行为建立模型是非常困难的,因而就会出现漏检和虚报。

消极安全防范的原理是:以已经发现的攻击方式,经过专家分析后给出其特征进而构建攻击特征集,然后在网络数据中寻找与之匹配的行为,从而起到发现或阻挡的作用。它的缺点是不能对未被发现的攻击方式做出反应。

为实现整体网络信息安全的目标,目前提出了两种流行的网络信息安全模型:P2DR模型和APPDRR模型。

图4.6 P2DR安全模型示意图

P2DR模型是动态安全模型(适应性网络安全模型)的代表性模型。在整体的安全策略控制和指导下,在综合运用防护工具(如防火墙、操作系统身份认证、加密等手段)的同时,利用检测工具(如漏洞评估、入侵检测等系统)了解和评估系统的安全状态,通过适当的反应将系统调整到"最安全"和"风险最低"的状态。模型如图4.6所示。

据P2DR模型的理论,安全策略是整个网络信息安全的依据。不同的网络需要不同的策略,在制定策略以前,需要全面考虑局域网络中如何在网络层实现安全性,如何控制远程用户访问的安全性,在广域网上的数据传输实现安全加密传输和用户的认证等问题。对这些问题做出详细回答,并确定相应的防护手段和实施办法,就成为针对企业网络的一份完整的安全策略。策略一旦制定,应当作为整个企业安全行为的准则。

而APPDRR模型则包括以下环节(参见图4.7):

网络安全=风险分析(A)+制定安全策略(P)+系统防护(P)+实时监测(D)+实时响应(R)+灾难恢复(R)

通过对以上APPDRR的6个元素的整合,形成一套整体的网络安全结构。

事实上,对于一个整体网络的安全问题,无论是P2DR还是APPDRR,都将如何定位网络中的安全问题放在最为关键的地方。这两种模型都提到了一个非常重要的环节——P2DR中的检测环节和APPDRR中的风险分析,在这两种安全模型中,这个环节并非仅仅指的是狭义的检测手段,而是一个复杂的分析与评估的过程。通过对网络中的安全漏洞及可能受到的威胁等内容进行评估,获取安全风险的客观数据,为信息安全方案制定提供依据。网络安全具有相对性,其防范策略是动态的,因而,网络安全防范模型是一个不断改进的过程。

攻击和防范的"智慧竞赛"是一对不断演变的矛盾。随着网络技术的发展,网络攻击技术也发展很快。安全产品只是一种防范手段,关键还是靠人的分析判断能力去解决,这就使得网络管理人员和网络安全人员要不断更新这方面的知识,在了解安全防范的同时也应该多了解一些网络攻击的方法,只有这样才能知彼知己,在网络攻防的博弈中占据有利地位。

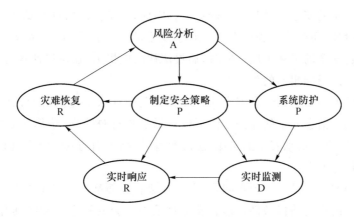

图 4.7　APPDRR 动态安全模型

2. 信息安全管理与法律

信息安全的实现并非局限于信息加密等技术问题,它至少还要涉及三类措施:技术方面的安全措施、管理方面的安全措施和相应的政策法律。信息安全的政策、法律、法规是安全的基石,它是建立安全管理的标准和方法。

(1) 信息安全管理

信息安全问题不是单靠安全技术就能解决的,而是"三分技术,七分管理"。所谓管理,就是在群体的活动中为了完成某一任务,实现既定的目标,针对特定的对象,遵循确定的原则,按照规定的程序,运用恰当的方法进行有计划、有组织、有指挥、协调和控制的活动。信息安全管理是信息安全中具有能动性的组成部分,大多数安全事件和安全隐患的发生并非完全是技术上的原因,而往往是由于管理不善而造成的。为实现安全管理,应有专门的安全管理机构,有专门的安全管理人员,有逐步完善的管理制度,有逐步提供的安全技术设施。

信息安全管理主要涉及以下几个方面:人事管理、设备管理、场地管理、存储媒体管理、软件管理、网络管理、密码和密钥管理。

信息安全管理应遵循的原则是:规范原则、预防原则、立足国内原则、选用成熟技术原则、重视实效原则、系统化原则、均衡防护原则、分权制衡原则、应急原则和灾难恢复原则。

信息安全管理贯穿于信息系统规划、设计、建设、运行、维护等各个阶段,内容十分广泛。信息系统的安全管理目标是管好信息资源安全,信息安全管理是信息系统安全的重要组成部分,是保障信息安全的重要环节。

(2) 信息安全与法律

在实施信息安全的过程中,一方面应用先进的安全技术及执行严格的管理制度建立的安全系统,不仅需要大量的资金,而且还会给使用带来不便。安全性和效率是一对矛盾,增加安全性,必然要损失一定的效率。因此,要正确评估所面临的安全风险,在安全性与经济性、安全性与方便性、安全性与工作效率之间选取适当的折中方案。另一方面没有绝对的安全,安全总是相对的。即使相当完善的安全机制也不可能完全杜绝非法攻击,由于破坏者的攻击手段在不断变化,而安全技术与安全管理又总是滞后于攻击手段的发展,信息系统存在一定的安全隐患是不可避免的。因此,为了保证信息的安全,除了运用技术手段和管理手段外,还要运用法律手段。对于发生的违法行为,应当依靠法律进行惩处,法律是保护信息安全的最终手段。同时,通过法律的威慑力,还可以使攻击者产生畏惧心理,达到惩一警百、遏制犯罪的效果。

法律可以使人们了解在信息安全的管理和应用中什么是违法行为,自觉遵守法律而不进行违法活动。信息安全的保护工作不仅包括加强行政管理、法律法规的制定和技术开发工作,还必须进行信息安全的法律、法规教育,提高人们的安全意识,创造一个良好的社会环境保护信息安全。

信息安全问题不仅是一个技术问题,它对社会各方面都可能产生重大影响,信息安全是社会稳定安全的必要前提条件。信息安全对维护社会的稳定与发展具有深远的意义,因此要学习安全知识,加强安全管理,确保国民经济的高速发展。

本 章 小 结

本章讨论了信息传递的相关技术,主要是通信技术与信息安全技术。首先通过介绍基本的通信系统模型讨论了通信的基本原理和分类,接着讨论了通信的核心技术——交换系统,然后介绍了通信网络的相关内容和未来通信网络的发展趋势。随着通信技术的发展,信息安全的问题日益突出,因此4.2节主要介绍了信息安全的基本概念和信息安全的主要技术、原理、模型、法律、管理等知识。

思 考 题

4.1 通信的本质任务是什么?通信系统的基本组成是什么?
4.2 人类对通信的基本要求是什么?通信技术是怎样满足这些要求的?
4.3 根据人类对通信的要求,你认为未来通信网络的发展趋势如何?
4.4 请阐述你对信息安全概念的理解。
4.5 请用自己的语言说明网络安全的主要威胁有哪些?针对这些威胁,主要的信息安全技术有哪些?
4.6 你如何看待黑客技术?
4.7 信息内容安全包括哪些方面?
4.8 你对信息安全的立法与管理有何思考?

进一步阅读的建议

A. 参考文献

[1] 乐正友,杨为理,译.通信网基本概念与主体结构.北京:清华大学出版社,2003.
[2] 李伟章.现代通信网概论.北京:人民邮电出版社,2003.
[3] 孟洛明,等.现代网络管理技术.北京:北京邮电大学出版社,1999.
[4] 夏海涛,詹志强.新一代网络管理技术.北京:北京邮电大学出版社,2003.
[5] 周炯槃.通信网理论基础.北京:北京邮电大学出版社,1991.
[6] 牛少彰.信息安全概论.北京:北京邮电大学出版社,2004.
[7] 牛少彰.网络的攻击与防范——理论与实践.北京:北京邮电大学出版社,2006.
[8] 方滨兴.信息安全四要素:诠释信息安全.(2005-07-05)[2005-12-13]. http://pact518.hit.edu.cn/viewpoint/annotation/ view.doc.

B. 后续课程

通信原理　移动通信原理　扩频通信　网络安全　信息内容安全

第 5 章 信息处理

> 信息要经过处理才便于应用,信息经过深层处理才可能提炼出有用的知识和形成解决问题的智能策略。因此,信息处理是信息过程的重要环节。信息处理的内容跨度很大,包括从简单的常规计算到复杂的认知和决策。作为导论,本章简要介绍常规信息处理和智能信息处理的基本概念、基本方法和应用示例。
>
> 需要注意,常规信息处理基本上只涉及语法信息,智能信息处理则涉及语义信息和语用信息,即全信息。

5.1 概 述

5.1.1 信号与信息

如前所说,信息是事物呈现的运动状态及其变化的方式。显然,作为事物呈现的运动状态和状态变化方式的信息,需要通过一定的形式来表现。信号就是用来表示信息的形式和用来携载信息的载体。信号和信息的关系是形式和内容的关系。正因为如此,对信息的处理往往需要通过对信号的处理来实现。

在各种信号形式之中,电信号容易产生、存储、处理、变换、传输、控制与显示,因此最常用来表示信息。

既然信号是信息的载体和表示形式,因此,对信息进行的处理就有两种不同的层次:一是通过对信号进行处理达到对信息本身进行处理的目的;二是仅仅对信号进行处理。前者是深层的处理,触及信息本身,是真正意义的"信息处理";后者则是浅层处理,只改变信号而(原则上)不会影响信息本身,因此称为"信号处理"。

5.1.2 信号处理的概念

信号是用来表示(或携载)信息的各种物理量,通常是时间变量 t 的函数。信号随时间变量 t 变化的曲线称为信号的波形。

信号的特性可以从两方面来描述,即时域特性与频域特性。信号的时域特性指的是信号随时间而变化的形式、出现时间的先后、持续时间的长短、随时间变化的快慢和大小、重复周期的大小等。信号时域特性的这些表现反映了它所包含的信息内容。信号包括自然的物理信号和人工产生的信号,前者包括语音、图像、地震信号、生理信号等;后者包括雷达信号、通信信号、医用超声信号、机械探伤信号等。

频域特性是指它的频率结构:频谱的宽度、各个频率成分的强度分布等。

信号处理可分为模拟信号处理(ASP)和数字信号处理(DSP)。由于数字技术的灵活性和高稳健性以及超大规模集成电路(VLSI)技术的飞速发展,DSP已成为信号处理的主要发展方向。

所谓信号处理就是指对信号的各种参数进行的各种调整,如滤波、提取、变换、分析和综合等运算或加工的过程,在时域中是基于信号/波形的处理,频域中是对频谱的处理。

根据信号处理目的的不同,常见的信号处理包括以下几个方面。

(1) 信号纯化:去除信号中冗余的和次要的成分,包括不仅没有任何意义反而会带来干扰的噪声,也就是提高信噪比。

(2) 特征抽取:把信号的表征性特征提取出来。

(3) 编码解码:把信号变成适于传输、交换与存储的形式(编码),或从编码信号中恢复出原始信号(解码)。

信号处理是信息技术的基础理论和技术之一。它建立在数学理论与分析基础之上,主要依靠器件、电路、系统分析、合成以及电子计算机技术加以实现。

5.1.3 信息处理的概念

信息处理的内容十分广泛,包括放大、去噪、去伪、滤波、排序、分类、聚类、检索、计算、转换、识别、判定、分析、融合、综合等(其中一些与信号处理相似或相同),涉及信息科学的多个领域,是现代信号处理、人工神经网络、模糊系统理论、进化计算等理论和方法的综合应用。

信息的处理都是根据一定的规则进行的,包括处理要求、标准、限制条件、数量关系等内容。信息处理可以由人进行,也可以由机器进行。在信息激增的现代,由人来进行信息处理是不可想象的。因此,现在经常使用的电子计算机就是一个高效率、多功能的信息处理工具。

根据对信息进行处理的深浅程度,由浅入深大致可以分为四类。

第一类是简单的数据处理。处理这类信息包括过滤掉信息中的干扰成分,找出信息中的主要成分,或挑选表示主题的重要的语句。对信息进行检测、排序与分类,这样容易检索,并且可以缩短检索信息的时间,将信息合并汇总,然后打印出报表等。

第二类是对信息进行分析、概括和综合,目的是可以产生能够辅助决策的有用信息。

第三类的处理方法是通过应用数学模型,经过复杂的计算和推理之后,产生决策信息。常用的数学模型有预测模型、决策模型和模拟模型。数学模型的处理一般都由计算机来完成,对于各种数学模型都有相应的计算机软件可供使用。由计算机通过数学模型的处理,一般可以得到有关问题的精确的定量分析结果或最优化的决策方案。

第四类处理信息的程度就更深了,需要使用智能理论和技术。这就是说,使系统处理信息的能力进一步提高,使它能像人的眼睛一样"看见"周围的事物,"看"懂文字和图像;使它能像人的耳朵一样,"听见"声音,"听"懂人的语言;使它能像人一样,用语言输出信息,表达信息,像人一样,会"讲话"。最终就是使信息处理系统能像人的大脑一样会思考问题,会进行创造性的脑力劳动,会学习新的知识,适应外界环境的变化等。总之,要让智能信息处理系统(如专家系统)具有模拟人类通过感觉器官接受外界信息,模拟人类通过大脑加工处理信息的能力。智能信息处理系统(人工智能系统)现在还处于研究和发展阶段。但是,现代科学技术的进步速度日新月异,人工智能技术正在快速成长,详见第 6 章。

5.1.4 常规信息处理与智能信息处理的区别与联系

上面介绍了传统的信号处理与信息处理的一般概念。广义地讲,也可以把上述信号与信息处理统称为(广义的)信息处理。从而,可以把(广义的)信息处理分为常规信息处理(主要指信号处理和浅层信息处理)与智能信息处理两大类。下面,分别看看它们之间的区别与联系。

1. 信号处理与信息处理的区别与联系

信号处理着重对作为信息载体的信号(而不是信息本身)在时间域和频率域等方面进行的加工过程,其主要目的是增强信号中的感兴趣部分或削弱信号中的其他部分。信息处理通常是指对获取的信息本身进行处理,使其更便于应用。信号处理主要触及信息的载体和外表——信号,信息处理则不仅触及信号,更重要的是要触及信息本身。

(1) 信号处理侧重于波形上采集、降噪、放大或降低、增强、分离等处理。

(2) 信息处理侧重于对内容的理解,如对音乐的理解与欣赏方面。

可见,信号处理与信息处理既有区别更有联系,如表 5.1 所示。

表 5.1　信号处理与信息处理的区别与联系

	操作对象	侧重	处理方式	目　的
信号处理	基于波形 对信号操作	形式 波形	常规处理	提高效率,提高信噪比等性能
信息处理	基于内容 对信息操作	内容 意义	智能处理 学习功能	获取知识,获得智能

2. 常规信息处理与智能信息处理的区别与联系

常规信息处理主要指前述的信号处理和浅层信息处理。智能信息处理则是深层信息处理,主要包括识别、分类、融合、推理、理解等,比较强调处理的目的是从信号中获取新的信息和知识。用信息科学的专门术语来说,浅层信息处理只涉及"语法信息"(形式),深层信息处理(智能信息处理)则还要涉及"语义信息"(内容)和"语用信息"(价值)。

还可以把常规信息处理与智能信息处理表示成表5.2的5种模式。

表5.2 信息处理的类型

模式	输入	输出	分类	举例
1	信号	信号	常规信息处理（信号处理）	滤波,放大
2	信号	信息		检测,分类,估计
3	信息	信息		编码,压缩
4	信息	知识	智能信息处理	识别,融合,神经网络,推理系统
5	知识	智能		智能决策,智能机

模式1和模式2的输入都是信号,输出可以是信号也可以是信息,这样的处理就是通常所称的信号处理。模式3的输入和输出均是信息,是常规的信息处理。模式4和模式5都涉及知识和智能的范畴,称之为智能信息处理。而把模式1～模式3统称为常规信息处理。

应该说明,信号与信息、信号处理与信息处理的概念在不断发展,其边界和区分越来越模糊,可以概括为如下的理解。

(1) 信号处理与信息处理分离的概念把信号处理与信息处理看成两种完全独立的过程,这种概念有片面性,信号是信息的外壳,信息是信号的内核,不可截然分割。

(2) 信息蕴涵在信号之中,对信号处理必然对其信息进行了处理。这种看法有些绝对,因为浅层的处理是对信号的处理,不一定会触及信息本身。

(3) 广义的信息处理概念把与信号和信息的处理划分为常规信息处理和智能信息处理两大类。

(4) 信号与信息融合一体的概念、"信号与信息处理"的概念则是把信号与信息看成整体,不予区分。即处理是对信号与信息同时进行的,不予分离。这种处理过于笼统。

在本章中,一般采用广义信息处理的概念。

5.1.5 信息处理无处不在

当我们享受手机通信带来的便捷、欣赏高清晰电视节目的舒畅、体验汽车自动行驶的潇洒、观看神州载人飞船遨游太空的神秘画面时,应当知道信息处理在默默地工作。在雷达系统、导弹、潜水艇、月球车、全球定位系统(GPS)、计算机断层成像(CT)/核磁共振成像(MRI)等高科技应用中,也都离不开信息处理,如图5.1所示。

信息处理是很多信息技术革命的主角。信息处理无所不在,因此,类似于"Intel Inside",在每一个电子信息产品上打上"Information Processing Inside"(内置信息处理)的标记,并不过分。

目前,信号与信息处理技术的主要应用领域如图5.2所示。

(a) 歼10　　(b) 神六发射过程　　(c) 月球车
(d) GPS定位装置　　(e) 医用CT　　(f) 潜水艇
(g) 手机　　(h) 摄像机　　(i) 数码相机

图 5.1　内置信息处理

图 5.2　信号与信息处理的相关领域

5.2　常规信息处理

5.2.1　常规信息处理的概念

1. 常规信息处理的发展

常规信息处理经历了模拟信号处理、简单数字信号处理、可编程数字信号处理、VLSI与并行处理等发展历程，现在正在向综合智能信息处理方向发展。

2. 模拟信号处理

模拟信号处理的发展可追溯到 20 世纪 20 年代。模拟信号处理主要包括滤波、延时、存储、有源或无源网络运算。随着无线电广播、电视的发展,模拟信号处理得到很大发展。20 世纪 60—70 年代,模拟信号处理的发展达到了它的成熟期。今天,某些模拟信号处理仍然不可替代。

3. 数字信号处理

数字信号处理是将信号以数字方式表示并进行处理的理论和技术。

数字信号处理的算法需要利用计算机或专用处理设备如数字信号处理器(DSP)和专用集成电路(ASIC)等。数字信号处理技术及设备具有灵活、精确、抗干扰能力强、设备尺寸小、造价低、速度快等突出优点,这些都是模拟信号处理技术与设备所无法比拟的。

一般地讲,数字信号处理涉及三个步骤。

(1) 模/数转换(ADC):把模拟信号变成数字信号,是对自变量和幅值同时进行离散化的过程,基本的理论是采样定理。

(2) 数字信号处理(DSP):包括变换域分析、数字滤波、识别、合成等。

(3) 数/模转换(DAC):把经过处理的数字信号还原为模拟信号。

现代信号处理是以数字信号处理为中心而发展的。这是因为所有的常规信号几乎都可以用数字化形式来表示,而数字化的信号可以在电子计算机上通过软件来实现计算或处理,这样,无论多么复杂的运算或处理,只要数学上能够分析,可以得到最优的求解,就都可以在电子计算机上模拟完成。图 5.3 为一个由个人计算机控制的数字信号处理系统原理图。其中,(1)经过低通滤波器 LP1 后把高于 f_m 的频率分量滤除掉得到模拟信号 A;(2)采样器 SH 按 f_c(大于 2 倍 f_m)对 A 进行采样得到采样序列 B;(3)模/数转换器 ADC 把 B 转换成数字量;(4)数字量(二进制码)送数字信号处理器 DSP 按预先设置的算法完成处理;(5)DSP 的数字结果送数/模转换器 DAC 转换成新的模拟信号 C;(6) 最后把模拟输出中高于 f_m 的频率过滤掉,得到比较光滑的模拟输出 D。数字信号处理工作还可以用超大规模的专用数字处理芯片来实时完成,以满足实时处理的需要。广义地讲,数字信号处理是研究用数字方法对信号进行分析、变换、滤波、检测、调制、解调以及快速算法的一门技术学科。但很多人认为,数字信号处理主要是研究有关数字滤波技术、离散变换快速算法和谱分析方法。随着数字电路与系统技术以及计算机技术的发展,数字信号处理技术也相应地得到发展,其应用领域十分广泛。

5.2.2 常规信息处理的主要内容与方法

常规信息处理主要是基于对常规信号本身的处理。下面介绍几种常规信息处理方法。

1. 常规信号运算

信号运算包括:

(1) 常规运算:线性运算、乘除运算。

(2) 数学运算:微分运算、积分运算。

(3) 波形变换:反转运算、时移运算、压扩运算。

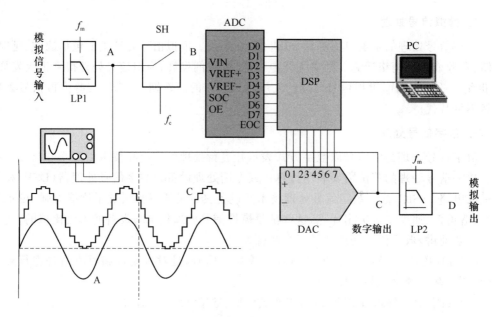

图 5.3　一个由个人计算机控制的数字信号处理系统原理图

（4）关联运算：卷积运算、相关运算。

2. 常规信号变换

常规信号的分析可以在时间或频率域等展开，它们构成了常规信号的时域或频域分析方法。使用的主要数学工具是傅里叶（Fourier）变换。近来，发展了时间—频率联合分析的方法，如小波变换。一般地，语音信号可以用时间分析、频率分析和时间—频率联合分析。对于动态图像，则可能存在空间分析、时间分析、频率分析、时间—空间分析、时间—频率分析、空间—频率分析，以及时间—空间—频率的联合分析。这种信号在空间域、时间域和频率域的耦合关系如图 5.4 所示。

3. 常规信号滤波

这里滤波的对象并非数据本身，而是混入的已知类型噪声。例如，待测信号中很容易混入 50 Hz 工频电源干扰，可采用特殊的电阻数字滤波器（陷波器）滤除它。又如，当信号中混入较多的高频噪声分量而又确知信号中没有高频成分时，可加低通滤波器去除。信号滤波除了常见的高通、低通和带通等之外，还有针对统计信号的匹配滤波、维纳滤波、卡尔曼滤波以及自适应滤波等。

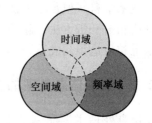

图 5.4　信号在时间域—空间域—频率域的耦合关系

4. 常规信号的谱分析

谱是指信号的某些特征随频率的分布，如幅度谱、相位谱、能量谱和功率谱。对谱的研究，有些是为了研究信号本身，例如通信中研究信号谱以便让信号更好地匹配信道特性；也有些只是借助谱去研究其他问题，例如通过谱去研究信源，通过输入、输出谱的对照去研究系统的传递函数，从而研究系统特征。不论出于什么目的，谱分析现在在工程领域中已成为不可缺少的技术手段。图 5.5 为一段语音信号的时域波形及其频谱。图 5.6 为土星多光谱图像及其二维频谱。

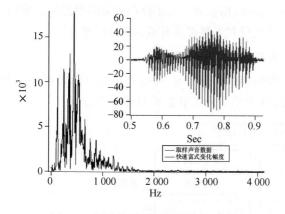

图 5.5　语音信号时域波形及其频谱

图 5.6　土星多光谱图像及其二维频谱

5. 特征提取

特征提取就是利用已有特征参数构造一个较低维数的特征空间,将原始特征中蕴涵的有用信息映射到少数几个特征上,忽略多余的不相干成分。从数学意义上讲,特征提取就是对一个向量进行降维,变换为低维向量,后者确实含有原高维向量的主要特性。以水声信号处理为例,进行目标识别的前提是要采集到高信噪比的水下目标噪声信号,为此,需要对所要采集的水下目标的特征具有一定的先验知识,如对水下航行器,就要对其功率谱和调制谱的频率分布范围有一定的了解,以便确定数据采集器的通频带。分析水下目标的特征,一般是利用数学变换的手段,从目标回波或目标辐射噪声中提取目标的特征,如能谱特征、频率特征、尺度特征、亮点特征等。

6. 信号检测与估值

信号检测的目的是要在噪声背景下发现是否有某种信息存在(回答"有或无"的问题);信号估计是在信号检测的基础上估计所发现的信息的参数类型(回答"属于何种类型"的问题)。

5.3　智能信息处理

5.3.1　智能信息处理的概念

智能信息处理就是模拟人或者自然界其他生物处理信息的机理而建立的处理复杂系统信息的理论和技术,因此也称为"人工智能"。智能信息处理主要面对的是不确定性系统和不确定性现象的复杂信息处理问题。智能信息处理是智能科学的重要内容,是应用导向的综合性学科,其目标是处理海量和复杂信息,研究新的、先进的理论和技术。智能信息处理研究涵盖基础研究、应用基础研究、关键技术研究与应用研究等多个层次。它涉及信息科学的多个领域,是现代信号处理、人工神经网络、模糊理论、专家系统等理论和方法的综合应用,同时也是一门不断发展的学科。智能信息处理在复杂系统建模、系统分析、系统决策、系统控制、系统优化和系统设计等领域具有广阔的应用前景。它不仅有很高的理论研究价值,而且对于信息产业的发展乃至整个社会经济建设和发展都具有极为重要的意义。

1. 基于神经网络和符号逻辑的两种基本智能信息处理途径

图 5.7 给出了目前实现智能信息处理的两种主要途径,一类为符号逻辑智能信息处理;另一类为人工神经网络智能信息处理,两者都是人工智能的具体实现方式。

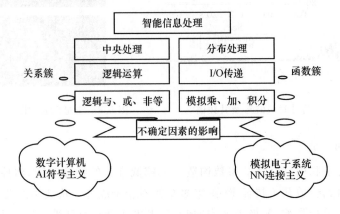

图 5.7 实现智能信息处理系统的两种主要途径

符号逻辑智能信息处理基于数字符号计算,基本运算单元是逻辑运算。在符号逻辑智能系统中,它们具有模仿人的逻辑思维的功能,通过逻辑符号处理系统的推理规则来实现自动诊断、问题求解以及专家系统的智能。这种智能实际上体现了人类的逻辑思维方式,主要应用串行工作程序按照一些推理规则一步一步地进行计算和操作,目前应用领域很广。虽然符号逻辑智能信息处理系统仍在继续发展,但不太适应社会信息数量增长速度的需求,因而促使人们注意到新型智能信息处理系统的研究。

人工神经网络智能信息处理是基于人工神经元的运算,变换函数是非线性的输入/输出(I/O)运转函数。基于神经网络的信息处理具有非线性、大规模、分布式和可学习等特点。

认知科学认为人工神经计算给人工智能带来一场革命,因此非常重视人工神经网络的研究。在理论上,人工神经网络模型学习算法与其结构是相关联的,由于脑系统(生物模型)十分复杂,人工神经网络并不是脑系统的逼真描写,而只是它的某种简化抽象和模拟。现在已有许多模型可作为人工神经计算的人工智能信息处理系统的应用,并已取得了许多引人注目的突破性成果。例如有报道称,已经研制出一种能辨认人的面孔的人工神经网络新型智能机器或人工神经计算机,只要让它看一下某人的照片,就能记住描述此人面貌的 256 个数字参数,在人群中就能认出这个人。这种人工神经计算机是由许多人工神经元组成的,可以记住达 500 个人的信息,思考辨认时间在数秒之内。美国 HNC 公司研制出的人工神经计算机,其性能远超过目前国际上巨型超级计算机,而且具有体积小、鲁棒性高等特点。

智能信息处理是在常规信息处理的基础上发展起来的,它们之间最大的区别是在信号获取和处理方法上的区别。常规的信息处理主要是对信号进行获取、传输及处理。它们处理的是信号和信息本身,是"就事论事"的处理。而智能信息处理是将获取的信息进行学习和理解(称为"认知"),最终转化为知识,再根据知识得到处理的智能策略,是"就事论理"的处理。

现阶段信息处理技术领域呈现出两种发展趋势:一种是基于计算机得到高速计算能力,面向大规模、多媒体的信息;另一种是与神经网络、符号逻辑智能进一步结合,使计算机系统更智能化地处理信息。可以确信,仅靠速度是不够的,必须要有智能。

2. 综合智能信息处理系统

人脑信息处理是通过中央神经系统和周围神经系统共同分工合作完成的。基于这样的事实,提出了综合智能信息处理系统。虽然对综合智能信息处理系统的研究还处在探索阶段,但原则上可用图5.8所示的框图表示。其各个部分简要说明如下。

(1) 多媒体信息传感系统(MMISS):系统的输入应该能直接接受图像、语音、文字、运动等信息,也就是应配有类似于人眼、耳、鼻、舌、皮肤等电子或光学的传感器。

(2) 信息表示与转换系统(IRCS):多媒体信息必须以合适的方式表示、存储、传递,可能采取的方式是数值信息、语言(符号)信息、模式信息和指针信息等。

(3) 中央处理系统与周围处理系统(CPS & SPS):中央处理系统与普通计算机的 CPU 应有显著的不同,它不但应该具有普通计算机处理结构,尤其应具有人工神经网络并行分布处理结构,但很有可能存在更高级的先进结构。中央处理系统及其他系统应具有常规数值计算、数理统计计算和模糊逻辑计算的能力,特别要具有认知能力。基本工作单元是神经元和符号(表示语言)元。中央处理系统的处理、运算机制涉及脑神经计算原理、符号逻辑推理(AI)原理、生物进化原理(遗传算法、进化原理)、混沌原理、信号处理原理(子波交换、频谱分析等)、信息融合原理、认知心理学原理、社会伦理与法学(如良心机理、竞争机制、奖惩机制)原理等。

(4) 输出系统(OS):输出系统是将中央处理系统的处理结果转换成与环境适应的形式,涉及图像合成(电视)、声音合成(翻译机)、运动合成(机器人)、味合成(人工香料与食品)等。目前来看,用途最广的是与视觉、听觉、触觉有关的信息合成与输出。

(5) 信息的转换、通信与控制系统(ICCCS):由于直接接收多媒体信息,必须进行合理的表示和转换。从目前的研究看,可以共同接收的很可能是数值信息(确定的和模糊的)和语义信息(模糊的与确定的)。对这样的系统,通信是一个复杂的问题,有串行、并行、串并行等复合的通信方式。信息控制也变得十分复杂,是程序控制、条件控制、分布控制等的组合。

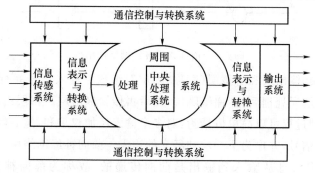

图 5.8 综合智能信息处理系统框图

3. 网络化智能信息处理

从古希腊人开始,对于知识的研究与探索一直是人类追求的目标。哲学家研究有关知识的一般特性与规律,而自然科学家孜孜不倦地追求具体的知识。20世纪中叶以后,这种研究格局发生了变化。由于知识在人类文明中所起的作用越来越大,不仅是哲学家、逻辑学家和心理学家,而且计算机科学家也在认真地研究知识的一般特性与规律。这是因为人类已经进入了信息化社会,而且正在向知识化社会前进。当前分布式计算网络与大型数据库的广泛使用,使决策者与经营者面临巨量的数据而无所适从,用智能信息处理方法解决这一问题是当今信息社会的重要手段。

人类对知识的掌握很大程度上体现为这些汪洋大海般的知识是能够通过智能化的信息网络操作和使用的。科学家的任务是要研究处理各种复杂知识的理论与方法。

5.3.2 智能信息处理的理论与方法

1. 人工神经网络

人工神经网络(Artificial Neural Networks,ANN)是由大量的简单处理单元(称为神经元)组成的高度复杂的大规模非线性自适应系统,是对人脑系统的一阶特性的一种近似描述。它可以用电子线路来实现,也可以用计算机程序来模拟。一个典型的三层前向人工神经网络的结构如图5.9所示。

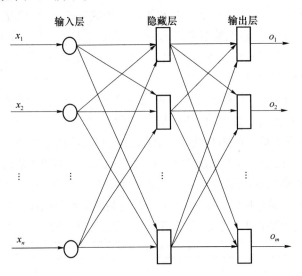

图5.9 前向人工神经网络的结构

网络由输入层、输出层和隐藏层(简称"隐层")组成。输入信号并行地加到网络的输入层,经输入层神经元处理后,传递给隐层,然后再传给输出层。每层由多个神经元组成。每个神经元的处理过程可以简单概括为:对多个输入经加权求和,然后经过非线性函数变换,给出一个输出信号,并作为下一层神经元的输入。前向神经网络由大量这样的神经元组成。这种网络中信息从输入到输出是前向传递的,故称为前向神经网络或前馈神经网络。

另外一种模型是 Hopfield 神经网络。与前向神经网络不同,它是一种具有反馈的网络系统,在满足一定条件的情况下,能够把问题的已知条件与系统的初始条件相联系,把问题的解与系统的稳定状态相联系。网络的信息处理体现在从初始状态到稳定状态的转换过程。在组合优化、联想计算等领域有非常重要的应用价值。

目前,人工神经网络已在模式识别、图像处理、组合优化、自动控制、信息处理、机器人等领域获得日益广泛的应用。

2. 符号逻辑智能

智能是有目的的行为、合理的思维,以及有效的适应环境的综合性能力。或者说,智能是认识客观事物和运用知识解决问题的能力。人类个体的智能是一种综合性能力,可以包括感知与认识客观事物、客观世界与自我的能力,通过学习取得经验、积累知识的能力,理解知识、运用知识和运用经验分析问题和解决问题的能力,联想、推理、判断、决策的能力,运用语言进行抽象、概括的能力,发现、发明、创造、创新的能力,实时地、迅速地、合理地应付复杂环境的能力,预测、洞察事物发展变化的能力等。

人工智能(Artificial Intelligence)是相对人的自然智能而言的,即用人工的方法和技术,模仿、延伸和扩展人的智能,实现某些"机器思维"。传统的人工智能是基于数字计算机符号逻辑推理发展起来的。更为精准的"智能"和"人工智能"的概念见第 6 章。

作为一门学科,人工智能研究智能的计算模型,研制具有感知、推理、学习、联想、决策等思维能力的计算系统,解决需要人类专家才能处理的复杂问题。

传统人工智能(符号逻辑智能)是一门知识工程学,以知识为对象,研究知识的表示方法、知识的运用和知识获取。它在问题求解(如战胜过世界棋王的"深蓝"计算机)、逻辑推理与定理证明、自然语言处理、智能信息检索技术以及专家系统等方面得到了广泛应用。

人工智能不单单需要逻辑思维与模仿,科学家们对人类大脑和神经系统的研究表明:情感是智能的一部分。因此人工智能领域的下一个突破可能不仅在于赋予计算机更多的逻辑推理能力,而且还要赋予它情感能力。

3. 模糊逻辑

1965 年美国学者 Lotfi Zadeh 为了利用计算机处理信息的模糊性,发明了模糊集合理论,后来又建立了模糊逻辑学。

传统计算机通常只能处理"是与否""对与错""0 与 1"这样的二元逻辑问题,而对冷、热、大、小这样的模糊概念无能为力。"模糊"通常更能反映人们大脑对事物的识别。在模糊语言里,"遥远"是多远,"便宜"是什么价,"太热"是多少摄氏度等,当人们在获取精确结论的时候,相当一部分是通过模糊的信息得到的。

模糊逻辑模仿人脑的模糊性概念判断、推理思维方式,对于模型未知或不能确定的描述系统,以及强非线性、大滞后的控制对象,应用模糊集合和模糊规则进行推理,表达过渡性界限或定性知识经验,模拟人脑方式,实行模糊综合判断,解决常规方法难以应付的规则型模糊信息问题。模糊逻辑善于表达界限不清晰的定性知识与经验,它借助于隶属度函数概念,区分模糊集合,处理模糊关系,模拟人脑实施规则型推理,解决因"排中律"的逻辑破缺产生的种种不确定问题。图 5.10(a)中,温度不是高温就是低温;而在图 5.10(b)

中,26℃属于低温的隶属度为0.33,属于中温的隶属度为0.67。显然,图5.10(b)的表示方法更加符合实际情况。

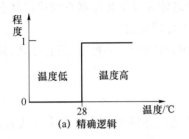 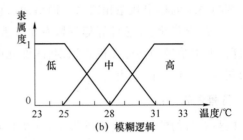

图 5.10　不同的温度判断逻辑

模糊逻辑理论着眼于可用语言和概念作为代表的脑的宏观功能,按照人为引入的隶属度函数,逻辑的处理包含有模糊性的语言信息。人脑综合处理直觉、近似、含糊和不确定信息的能力远远超过计算机,因此模糊逻辑又被认为是沟通人与机器对话的一条重要途径。

4. 计算智能与进化计算

20世纪60年代以来,如何模仿生物来建立功能强大的算法,进而将它们运用于复杂的优化问题,成为一个研究热点。进化计算(Evolutionary Computation)正是在这一背景下应运而生的。

遗传算法是模仿生物遗传学和自然选择机理,通过人工方式构造的一类优化搜索算法,是对生物进化过程进行的数学仿真,是进化计算的一种重要形式。

进化策略是一类模仿自然进化原理以求解参数优化问题的算法。

进化规划又称为进化编程(Evolutionary Programming),是由Fogel在1962年提出的一种模仿人类智能的方法。进化规划根据正确预测的符号数来度量适应值。通过变异,为父代群体中的每个机器状态产生一个子代。父代和子代中最好的部分被选择生存下来。

人工生命(Artificial Life,ALife)旨在用计算机和精密机械等人工媒体生成或构造出能够表现自然生命系统行为特征的仿真系统或模型系统。自然生命系统行为具有自组织、自复制、自修复等特征以及形成这些特征的混沌动力学、进化和环境适应。

神经网络与模糊系统和进化计算的结合、神经网络与模糊及混沌三者的结合、神经网络与近代信号处理方法子波、分形等的结合,这些"结合"形成了"计算智能"学科,目的是要更有效地模拟人脑的思维机制,使人工智能导向生物智能。

5. 知识发现与数据挖掘

知识发现是从大量数据中辨识出有效的、新颖的、潜在有用的,并可被理解的知识的高级处理过程。知识发现将从信息中提炼知识,从数据矿山中找到蕴藏的知识金块,将为知识创新和知识经济的发展作出贡献。

知识发现的主要任务有以下几个。

(1) 数据总结:对数据进行总结与概括。

(2) 分类:根据分类模型对数据集合分类,属于有导师学习。

(3) 聚类:根据数据的不同特征,将其划分为不同的类,属于无导师学习。

(4) 相关性分析:发现特征之间或数据之间的依赖关系,发现关联规则。

(5) 偏差分析:寻找观察结果与参照量之间有意义的差别,通过发现异常,引起人们对特殊情况的加倍注意。

(6) 建模:构造描述一种活动或状态的数学模型。

数据挖掘是通过综合运用统计学、粗糙集、模糊数学、机器学习和专家系统等多种学习手段和方法,从大量的数据中提炼出抽象的知识,从而揭示出蕴涵在这些数据背后的客观世界的内在联系和本质规律,实现知识的自动获取。

知识发现是指从数据中发现有用知识的整个过程,数据挖掘是知识发现过程中的一个关键步骤,它利用特定的数据挖掘算法从数据中抽取模式,不包括数据的预处理、领域知识结合及发现结果的评价等步骤。

5.4 信息处理的发展趋势

智能信息处理和相关科学技术的发展极大地丰富了信息处理的内容并拓宽了其应用领域。迄今,信号与信息处理技术发展经历了如下几个阶段。

(1) 模拟信号处理;

(2) 简单数字信号处理;

(3) 可编程信号处理;

(4) 小规模集成电路信号处理;

(5) 中规模集成电路信号处理;

(6) 大规模集成电路信号处理;

(7) 模拟/数字混合信号处理;

(8) 并行信号处理;

(9) 神经网络信息处理;

(10) 综合智能信息处理。

图 5.11 是在信号与信息处理发展过程中,处理部件、系统的物理尺度与复杂度的关系示意图。

信息处理的能力与设备和系统及其部件的能力密切相关。信息处理的具体目的有很多,但最主要的目的有两个方面。

(1) 在提高系统的效率和降低成本的同时提高性能。

(2) 从信号中提取有用的信息并在信息中获得知识和智能策略。

其总的目的是模仿人脑的信息处理功能,帮助人们更有效地认识世界和改造世界。

信息处理技术是近十年信息科学中发展最迅速的技术之一,其主要特点与发展趋势可以概括如下。

(1) 实时化:高速信号处理算法与结构,特别适合大数据技术的需要。

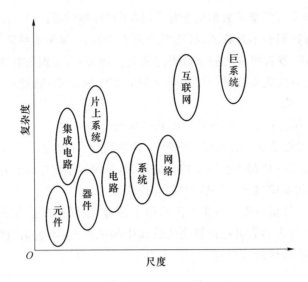

图 5.11　信号与信息处理技术的发展

（2）综合化：多种媒体信号综合处理的需求越来越大，雷达、通信等系统中采用模/数混合处理效率更高，多种技术与方法的综合。

（3）网络化：从三网分离的网络到三网融合的智能信息网络，从低速、中速发展到高速"信息公路"，使信息处理在资源、设备等方面得到共享。

（4）智能化：人脑在感知、推理、学习、理解、决策和操作等方面的智能化信息处理特点正在被广泛研究并用于各种复杂信息系统，这是一个潜力巨大且永无止境的发展方向。

21 世纪是信息化的社会，信息的来源渠道和信息产生的方式越来越多，要及时、高效、低耗地利用好信息资源，为国民经济、社会文明、科学技术以及国防建设和发展服务，就必须在信息的获取、加工处理、传输、存取、决策和利用方面寻求新的突破性的高新技术，以适应信息社会发展形势的需要。

随着对信号与信息处理的精确性、灵活性、实时性、规模性、智能性和效率要求的迅速提高，VLSI 线宽物理极限的接近，以及信号与信息处理技术自身的不断发展，信号与信息处理技术正面临新的挑战。应对这些挑战的途径包括：

（1）提高器件尤其是 DSP 器件的性能，研究新型器件（如量子器件）；

（2）探索新的信号与信息处理原理（尤其是智能信息处理机理）；

（3）研究新型的处理系统体系结构；

（4）高性能的系统设计方法与实现技术；

（5）信息处理新应用。

本 章 小 结

基于信号本身的处理称为信号处理，把基于内容并以获得信息和知识的处理称为信息处理。广义的信息处理包含了信号处理。

从信号到信号、信号到信息、信息到信息的处理可称为常规信息处理。从信息到知识、知识到知识和知识到智能策略的处理称为智能信息处理。信号处理属于常规信息处理范畴。

计算机信息处理主要是指利用计算机将搜集到的信息按一定的程序和方法进行鉴别、筛选、整序、研究，使之成为准确的信息资料以利于使用。

智能信息处理技术的基础理论主要来源于生物学、认知科学、智能科学、信息科学、数学、系统科学、社会科学等基础学科。智能信息处理作为一门工程技术，它是一门多学科的交叉技术。

机器学习是一门研究机器获取新知识和新技能，从而改善机器性能的学问。

计算智能一般包括人工神经网络、遗传算法、进化计算、进化规划、机器学习、数据挖掘、人工生命、混沌理论、模糊集理论与模糊工程等理论与方法。

智能信息处理对通信、计算机和控制等领域中智能化技术带来了深刻的影响以及发展。

以人工神经网络(ANN)为标志的联结主义、以狭义人工智能(AI)为标志的符号主义和以进化计算(EC)为标志的行为主义，是智能信息处理的三大主要发展方向。

值得注意的是，近年来结构主义、功能主义和行为主义正在融合，逐渐走向基于机制主义方法的高等智能。对信息的处理也由语法信息层次正在走向语义信息和语用信息的层次。

思 考 题

5.1 举例说明信号与信息的概念与区别。
5.2 信息处理与信号处理的概念及二者的联系与区别。
5.3 信息处理的模式有哪些？
5.4 试举出几种常规信息处理的方法。
5.5 智能信息处理与常规信息处理的主要区别是什么？
5.6 智能信息处理有哪些主要应用领域？
5.7 智能信息处理的常见处理方法有哪些？
5.8 举例说明智能信息处理在文字识别、图像检索等方面的用途。
5.9 "信息处理无处不在"的含义是什么？

进一步阅读的建议

A. 参考文献

[1] 郑君理,应启珩,杨为理.信号与系统.2版.北京:清华大学出版社,2003.
[2] 胡广书.数字信号处理导论.北京:清华大学出版社,2003.
[3] 钟义信,等.智能科学与技术导论.北京:北京邮电大学出版社,2006.

［4］ 钟义信. 机器知行学原理:信息-知识-智能转换与统一理论. 北京:科学出版社,2007.

［5］ 何华灿. 人工智能导论. 西安:西北工业大学出版社,1988.

［6］ 张立明. 人工神经网络的模型及其应用. 上海:复旦大学出版社,1997.

［7］ 何明一,保铮. 神经网络与信号处理系统. 西安:西北工业大学出版社,1998.

［8］ 何明一,等. 数字图像处理. 北京:科学出版社,2007.

［9］ Liu R. From the Editor—Signal processing inside. IEEE Signal Processing Magazine,2004,21(5):1.

B. 后续课程

信号与系统　数字信号处理　数字图像处理　神经网络原理与应用　信号检测与估计　人工智能　模式识别

第6章 人工智能

> 按照图2.3所示的典型信息过程模型,本章将聚焦于"信息的认知和再生"问题。认知就是把信息提炼成为知识,因此也称为知识生成;再生就是通过思维生成解决问题的智能策略,因此也称为策略创建。这是人类思维器官的核心功能,也是信息科学技术的核心能力。
>
> 需要注意的是,前面几章所研究的信息传递和常规信息处理所涉及的都只是信息的表层因素,即语法信息,而信息认知和再生的研究却必须涉及信息的深层因素,即语义信息和语用信息。

6.1 基本概念

从第2章给出的典型信息过程模型图2.3直接可以看出,人工智能是信息科学技术的核心、灵魂和制高点,是当代信息科学技术最活跃的创新领域,也是信息科学技术对人类和人类社会的发展最重要的领域。为了能够掌握人工智能的基本理论和技术,首先需要准确学习和理解它的基本概念。其中,最重要也是最基本的概念就包括信息、知识和智能等概念。

6.1.1 信息、知识、智能

1. 引言

虽然本书第2章已经对信息的基本概念做了初步的介绍,但是,这里需要特别强调的是:信息不是一种静止和孤立的研究对象。相反,它是一类既存在于外部世界、也存在于人类认识主体的内部、特别存在于人类主体与外界客体之间相互作用过程中的生态现象。

因此,人们对于信息的认识不能停留于外部世界所产生的"本体论信息"和认识主体所获得的"认识论信息"这样一些静态概念上,而应当深入了解:信息是怎样在主体与客体的相互作用过程中生长出更为重要的知识产物和智能产物?图6.1所表示的就是人类主体与外部世界相互作用过程中展开的信息生态过程。图中"外部世界"以外的部分所表示的是"认识主体"内部的信息过程。

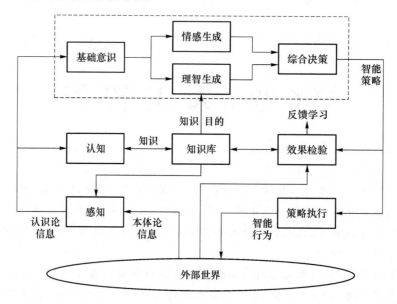

图 6.1 信息的生态过程模型

图 6.1 表明,外部世界所产生的"本体论信息"经过认识主体的感知作用就生成"认识论信息(也称为全信息,它的代表是语义信息)";后者再经过认识主体的认知作用,可以生成"知识";在知识的支持和目的的导控下,认识论信息又进一步生成"智能策略",然后经策略执行转换成"智能行为"反作用于外部世界,完成信息生态过程的第一个基本回合。不难理解,这也是人类认识世界和改造世界活动的第一个基本回合。

图 6.1 还示出,如果第一回合产生的效果没有完全实现目的,而是与目的之间存在误差,那么就要把误差信息反馈到感知环节,经过学习获取更完全的信息和知识,优化策略和行为,从而改进效果,直至达到预期目的为止。可见,这个过程就模拟了人类认识问题、分析问题和解决问题的信息过程。

当然,作为"导论"性质的课程,这里不准备完全按照图 6.1 的详细模型展开研究,而是把它简化为图 6.2 的信息生态过程模型来讨论。

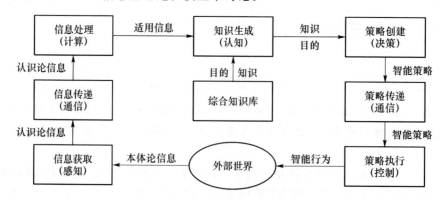

图 6.2 信息生态过程的简化模型

不难看出，图 6.2 的信息生态过程简化模型实际就是本书第 2 章所讨论的典型信息过程模型图 2.3。于是，有了前面讨论的信息概念，现在就可以开始讨论知识和智能的概念。

值得指出，图 6.1 和图 6.2 中都存在"感知"单元。我们注意到，不少人常常把"感知"单元误解为"传感"单元。读者需要注意"感知"与"传感"之间的区别。其实，"感知"中的"感"才确实是表示"传感"，即仅仅感受到有信息的存在，但不认识是何种信息；而其中的"知"则表示不仅感受到信息的存在而且"知道"了它是何种信息以及是应当接受它还是拒绝它。所以，"感知"单元的功能比"传感"单元的功能强大得多也复杂得多。

2. 知识与认知

知识，与认识论信息/语义信息一样，也是认识论范畴的概念。但知识又与认识论信息不同，认识论信息反映的是认识主体所获得的"事物运动的状态及其变化的方式，包括它的形式、内容和价值"，而知识反映的是认识主体所获得的"事物运动的状态及其变化的规律"，包括它的形式、内容和价值。"状态及其变化方式"是具体的；"状态及其变化规律"是抽象的。换句话说，信息所反映的是事物的现象，知识所反映的才是事物的本质。所以，对于人们认识事物来说，知识比信息更为深刻。当然，信息（现象）是知识（本质）的来源，没有信息也就没有知识。

正像认识论信息的情形那样，对于人类认识主体来说，作为"事物运动状态及其变化规律"的知识，也应当是形式（事物运动状态及其变化规律的形式）、内容（事物运动状态及其变化规律的内容）、价值（事物运动状态及其变化规律的价值）的三位一体。

因此，也像认识论信息的情形一样，可以把内容性知识 C 定义为：形式性知识 F 和价值性知识 V 的"直积（即两者的联合满足）"在内容知识空间的映射，即有如下关系：

$$C_k = \lambda(F_k \times V_k), k = 1, 2, \cdots, C_k \in C \tag{6.1}$$

式中，符号 C 代表内容知识空间；C_k 是知识空间中的第 k 个元；λ 代表由 F 和 V 联合满足的直积空间到内容知识空间的映射。

有了公式（6.1）的关系，我们就可以把"内容性知识 C"作为形式性知识和价值性知识的代表。

如果更仔细地考察，"知识"概念还可以进一步细分出经验知识、规范知识和常识知识的概念。它们都是认识论范畴的概念，都与认识论信息的概念相通，但它们的成熟程度各不相同。

经验知识是一种欠成熟的知识，需要进一步验证它的普遍性。

规范知识是一种成熟的知识，它的普遍性已经得到验证。

常识知识是一种超成熟的知识，是不言而喻无须证明的知识。

这些成熟程度不同的知识之间的关系恰好反映了知识内部的"生态过程"，如图 6.3 所示。

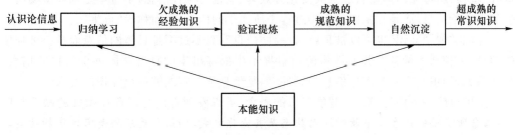

图 6.3 知识的内部生态系统

图 6.3 下部所示的"本能知识"是人类从遗传过程所获得的知识,是先天性的知识。图 6.3 上部表现的经验知识、规范知识、常识知识都是后天习得和积累的知识,它们都是在先天性的本能知识支持下由认识论信息经过总结、加工和提炼所形成的成熟程度逐段递进的知识:经验知识是"欠成熟的"知识,需要进一步提炼和验证;规范知识是"成熟的"知识;常识知识是"超成熟的"知识,是由经验知识和规范知识沉淀下来的众所周知的知识。

图 6.3 还表明,经验知识是在本能知识支持下由认识论信息/语义信息经过总结加工所得到的产物。可见,无论是经验知识、规范知识还是常识知识,它们共同的来源都是认识主体所获得的认识论信息,而后者的来源则是外部世界所产生的本体论信息。

不难理解,由信息生成知识的过程,实质上就是由现象上升为本质的过程。这在人类的认识活动过程中是一个重要的里程碑,称为"认知"过程。在这个意义上可以说,生成了知识就是"认知"活动成功的标志。或者说,认知就是指通过认识活动生成了相应的知识。

总而言之,一方面,信息所反映的是现象,知识所反映的是本质,因此,知识比信息更有意义;另一方面,信息是认识活动的源,知识是认识活动的流,信息比知识更基本。信息和知识构成了认识活动的一种生态关系,它们处在认识活动生态系统不同的生长阶段,互相联系,互相作用,相辅相成,缺一不可。

3. 知识与智能

同认识论信息、知识一样,智能也是认识论范畴的概念。但是,与信息和知识的概念又有原则的不同:信息所反映的是外部事物的现象,知识所反映的是外部事物的本质,而智能所表现的则是认识主体利用信息和知识生成的用来与外界事物成功交互(解决问题)的策略。在这里,所谓"成功交互"就是能够实现主体的目的,能够实现主体目的的策略才是有智能的策略。因此,在智能活动中,主体所具有的"目的"是非常重要的因素。

智能就是生成策略的能力。所以,智能程度的高低,在很大程度上就体现为它所生成的策略优劣程度的高低,即利用这个策略与事物打交道的时候所能取得成功程度的高低。由于这个缘故,人们往往就把策略看作是智能的主要体现,并把策略称为"智能策略"。

值得注意,在主体生成策略的过程中,一方面贯彻了主体的"目标",另一方面又遵循了与问题求解有关的"知识"。目标,体现了主体追求的利益;知识,体现了客观规律的约束。因此,这样的策略必须既能实现主体追求的目标又保证了客观规律的遵循,实现"主客双赢"。这是这种策略之所以被称为"智能策略"的道理。

顺便指出,认识主体这种利用信息与知识生成策略的过程,常被称为"信息再生"的过程。这是因为,策略所表现的是"主体与事物打交道的步骤与方式",也可以被理解为主体这种"事物"所遵循的运动状态及其变化方式,因而也是一种信息,不过不是外界事物所产生的本体论信息,而是在主体的思维过程中所产生的信息,故而称为"再生"。

与此类似,"知识"也可以被理解为一种"信息",只不过不是具体的信息而是一种抽象的信息,一种从大量具有共同性质的信息样本中提炼出来的具有共同抽象品格的信息。显而易见,知识一定能够满足信息的条件,但是信息不一定能够符合知识的要求。

如果对照一下信息、知识、智能三者的概念,可以发现它们之间存在微妙的联系与区别:信息所反映的是客体事物的运动状态及其变化方式,知识所反映的是客体事物的运动状态及其变化规律,智能所反映的是主体所应遵循的运动状态及其变化规则。从具体的

"方式"到抽象的"规律"再到应当遵循的"规则",经历了由"感性认识"到"理性认识"再到"行动指南"的提升过程。这正是人类认识活动中由实践到认识再到实践的过程,是人类认识世界和改造世界的基本过程,也是人类智力活动的基本过程。因为这个缘故,信息、知识、智能就成为研究人类智能和人工智能的基本概念,而且信息、知识、智能三者之间还构成了另一种重要的生态关系:知识的外部生态关系,如图 6.4 所示。

图 6.4 知识的外部生态关系

知识的"外部生态关系"表明,从知识的外部观察:一方面,知识是由信息通过"归纳学习"方法生成的;另一方面,知识又可在目标的导控下通过"演绎推理"方法生成智能。由此可见,"信息—知识—智能"的转换既可以理解为知识的外部生态系统,也可以理解为生成智能的基本机制。

所谓"人工智能",就是利用人工系统来模拟人类智能活动的一类研究。

通常可以这样来描述人工智能的内涵:针对人类给定的"问题、问题的求解目标以及问题求解所需的相关知识",人工智能的研究就表现在利用关于"问题和问题求解目标"的信息,生成求解问题所需要的专门知识和求解问题的策略,然后把策略转换为行为,作用于给定的问题,使问题按照策略的引导一步一步地转变为求解的目标,实现问题的成功求解。

可见,人工智能的研究具有十分重大的意义。一方面,通过人工智能的研究可以逐步深入探索人类智能的奥秘,并用人工智能的研究成果扩展和增强人类的智力能力;另一方面,人工智能是信息科学技术为社会进步和经济发展所提供的最有意义的贡献:认识问题和解决问题的能力,也是人类逐步实现"从自然力束缚下获得解放"的主要途径。

需要注意,这里还有一对概念需要区别,这就是"智能"与"智慧"的区别。详细情况见6.1.2 的讨论。

6.1.2 人工智能与人类智能

众所周知,人类是地球上迄今所知晓的生物进化的最高级物种。与其他生物物种相比,人类最大的特点是具有"**不断地改善自身生存与发展状况**"的固有追求,由此产生了人类的**动态目标**和为了实现这种目标而激发的**不竭动力**。同时,人类总在失败和成功的实践中不断学习和积累知识,成为"**既有知识**"。在这种不竭动力的推动和动态目标的牵引下,凭借自己的既有知识,人类就会在自己的现实环境中不断地**发现问题**,即发现"为了改善自身生存与发展状况而必须解决的实际问题",并且预设解决问题的具体目标,也就是**定义问题**,从而不断地去**解决问题**。

人类的"**智慧**"就是指:人类根据自身追求的**动态目标**和积累的**既有知识**在现实环境中不断地**发现问题、定义问题和解决问题,从而不断地改善自身生存与发展状况的能力**。

不难理解,人类的智慧不是一成不变的概念,人类所追求的"动态目标"本身就是"不断地改善自己生存与发展状况"。这显然不是一个固定的目标,而是一个永远前进永远提升而且永无止境的目标。随着目标的不断提升,随着解决的问题越来越复杂,人类所积累的既有知识也越来越丰富,发现问题、定义问题和解决问题的能力(智慧)必然越来越强。这是一个恒久的动态发展过程。

在人类的智慧能力结构中,在理想目标导引下根据既有知识发现问题和定义问题的能力是一种内隐的能力,被称为"**隐性智慧**",它为问题求解规定了明确的工作框架(包括需要解决的问题、问题求解的目标、问题求解所需要的相关知识),而在隐性智慧所给定的工作框架内解决问题的能力,则是一种外显的能力,因而也被称为"**显性智慧**"。

人类的隐性智慧包括由一定知识和目的支持的直觉能力、想象能力、灵感和顿悟能力等,不可能被机器模拟;显性智慧则主要包括归纳学习和逻辑演绎的能力,可以被机器模拟。其实,人类的隐性智慧不但不可能被人造的机器系统模拟(因为机器不会自主产生理想目的),甚至也很难被人类自身所理解。比如,隐性智慧中的"灵感"和"顿悟"这样一些智慧能力,至今都还被人类看作是高深莫测甚至是神秘的能力,没有被人类所破解。

"**人类智能**",是指可以被机器模拟的"**显性智慧**"。

"**人工智能**",就是利用人造系统来模拟"**人类智能**"的科学技术,也就是模拟人类的"**显性智慧**"的科学技术。

具体来说,可以把人工智能的工作流程描述如下。

(1)根据人类给定的工作框架,获取关于工作框架的**信息**。

(2)根据这些信息,生成与问题求解相关的**专门知识**。

(3)根据上述信息、专门知识和求解目标,生成求解问题的**智能策略**。

(4)把智能策略转换成**智能行为**并反作用于问题,求解问题。

(5)如果问题求解的结果存在**误差**,就需要把误差作为求解问题的新信息**反馈**回来,针对新信息**学习**新知识,**优化**原有策略,改善求解效果,直至满意解决问题,实现目标。

可以看出,流程(1)~(5)是人工智能工作流程的一个基本回合。它与前面图6.2的模型是相通的。一个实际问题得到解决之后,如果再接收到人类给定的新问题和新的工作框架,人工智能系统就开始新一轮的问题求解流程。

人工智能系统能够模拟人类的智能(显性智慧),这就使人工智能技术和人工智能系统具有了巨大的价值。人工智能与人类之间的关系就是"**人类提出工作框架(包括问题、求解目标、相关知识),人工智能就在这个框架内去解决问题**"。如果这种情况变成了现实,那么人类就会在越来越大的程度上从自然力的束缚下获得了解放。这样,人类就可以把自己越来越多的时间和精力用来从事学习和研究,提高自己的能力,迎接未来日益复杂、日益巨大的挑战,社会就将能获得越来越好的进步。

当然,由于人工智能所模拟的仅仅是人类智慧的显性智慧而不是人类智慧的全部,而在人类智慧的结构中,发现问题、定义问题、制定工作框架是人类创造能力的主要体现,因此,人工智能不可与人类智慧同日而语。人工智能只可以在人类智慧所给定的工作框架内活动,而不能越出这个框架。人工智能之所以不能自己制定工作框架,根本原因在于:人工智能系统没有生命,因而不可能产生自己的目的(人工智能系统的目的都是人类设计者赋予的,而不是它自身产生的),既然没有自己的目的,当然也就不可能发现和定义自己感兴趣的问题,更不要说去解决这些问题了。无论人工智能如何高明,都必然是人类实现自己目的的工具。

不仅如此,人工智能也不可能与人类智能(显性智慧)等量齐观,这主要是因为,在人类隐性智慧给定的工作框架中,"相关知识"不可能是人类的"全部知识"。通常,人类为人工智能系统提供的"相关知识"必然都是与所求解的实际问题有关的知识,而不可能是人类的全部知识。何况,"人类的全部知识"究竟有多少,什么是"人类全部知识"的边界,没有人能够说得清楚。进一步,什么是"与问题求解所需的相关知识",这种"相关知识"的准确边界在哪里,同样很难确定。这样,人工智能系统求解实际问题所依赖的"相关知识"的来源就受到制约,它求解问题的能力和质量也就受到了限制。

6.2 智能的模拟方法

人工智能技术的核心问题就是要回答:究竟怎样才能在人造机器系统上实现对人类智能(显性智慧)的模拟?由于人类智能高度复杂,因此,在人造系统上模拟这种能力显然也是一个非常复杂的问题,需要求助于科学研究的方法论。

近代以来,处理"复杂问题"的普遍而有效的方法论思想是:把复杂的原问题分解为若干相对简单的"子问题",从而可以分别对这些子问题进行求解,最后把这些子问题的解答合成起来,就可以得到原问题的解答。这就是著名的"分而治之,各个击破,合成还原"的方法,也就是人们熟悉的"还原论"。在近代数百年的科学发展中,"分而治之"的还原论方法发挥了极其重要的作用,使学科分解得越来越细致,问题研究得越来越深入,造成了今日如此繁荣的科学体系和日益深入的学科内容。

模拟人类智能的人工智能研究,显然属于"复杂问题"的研究。因此,人们很自然地想到"分而治之"的方法论。

当时学术界普遍存在的默契是:任何系统都存在一定的结构,也具备一定的功能,还会产生一定的行为;而且存在"结构决定论""功能主导论"和"行为表现论"的观念,即认为:系统的结构决定了系统的能力;系统的功能主导了系统的能力;系统的行为表现了系统的能力。同时,科学研究表明,人类的智能定位在大脑,于是为了模拟人脑的智能,就可以通过模拟人类大脑的结构、模拟大脑的功能或者模拟人类的行为来实现。基于这样的认识,人工智能的研究很自然就先后出现了结构模拟、功能模拟、行为模拟三种不同的研究方法。

6.2.1 智能的结构模拟:人工神经网络

基于结构模拟方法的智能模拟研究可以追溯到很早的年代,但是,真正在科学上有意义并为后续研究奠定基础的研究,是20世纪40年代McCulloch和Pitts等人开始的工作。

根据生物学、医学、脑科学、神经生理学、认知心理学等领域的研究,人们已经知道,人的智力功能主要由人的大脑、感觉器官、执行器官(也叫效应器官)和连接这些器官的神经系统构成,如图6.5所示。

大脑的认知功能承担者是大脑皮层,后者由大约10^{10}个神经元构成,其中每个神经元

又大约与 $10^{3\sim 4}$ 个其他神经元相连接,构成复杂的人脑神经网络,也叫生物神经网络。大脑皮层的另一类构成要素是所谓的胶质细胞,它们的主要作用是支持神经网络的工作,包括供给营养、清理废料等。

1943 年,McCulloch 和 Pitts 发表了用数理逻辑方法表达神经元工作原理的研究成果,人们把这种表达结果称为 M-P 模型。后来,这个模型经过改进,成为现在流行的神经元标准模型,如图 6.6 所示。

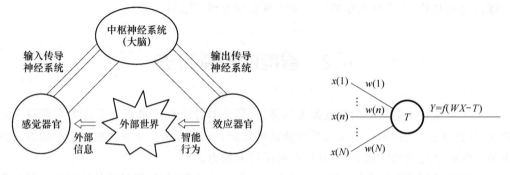

图 6.5 人的智力系统模型　　　　　图 6.6 神经元的模型

图中的圆圈代表神经元,它有 N 个输入和 1 个输出,每个输入 $x(i)$ 都有一个加权系数 $w(i) \in (0,1)$,$i=1,2,\cdots,N$,表示这个输入的强度:$w(i)=0$ 表示无连接,$w(i)=1$ 表示全连接,其他则为介于两者之间的连接状况。神经元有"兴奋"(输出为"+1")和"抑制"(输出为"-1"或为"0")两种工作状态。圆圈里的符号 T 称为神经元的阈值,表示使神经元由抑制状态转变为兴奋状态所需要的总和输入强度。输入 X 和输出 Y 的关系表示为

$$Y=f(WX-T) \tag{6.2}$$

式中,"f"是某种非线性函数。所以,人工神经元是一种非线性的处理单元。

从此,人们便在此基础上开始研究由神经元构成的各种神经网络的模型和它们的工作算法。在各种人工神经网络模型中,最有代表性的是前向人工神经网络模型和反馈型人工神经网络模型,分别如图 6.7(a) 和 (b) 所示。

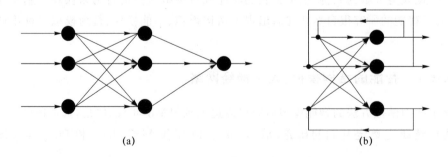

图 6.7 两种人工神经网络模型

图 6.7 中,(a) 称为前向人工神经网络模型,(b) 称为反馈型神经网络模型。模型中的每个黑圆点代表一个人工神经元,对照图 6.6 不难理解两种人工神经网络模型的结构。前者具有多层结构,信息由输入端传向输出端,所以称为前向人工神经网络,后者具有单

层结构,输出端的信息可以通过反馈通路传回到输入端,因此称为反馈型人工神经网络。以这两种基本模型为基础,人们陆续建立了多种新的人工神经网络模型和算法,开发了众多领域的应用。人工神经网络的层数和各层神经元的个数以及神经元之间的连接情况依问题的复杂程度而定。

可以看出,人工神经网络实际上是一种大规模(神经元数目很大)的非线性处理单元构成的并行工作的系统,具有很强的计算与处理能力,而且由于这种结构具有很高的冗余度,因而具有联想能力和自组织能力。

研究表明,前向人工神经网络和反馈型人工神经网络都能在一定程度上模拟人类的"形象思维"能力,其中,比较成功的是在模式识别(如手写邮政编码的自动识别、语音自动识别、文字—语音转换翻译等)、故障诊断、联想记忆和组合优化问题求解等领域的应用。

近几年来,在这一方向上出现了"深度学习(Deep Learning)"的新进展,在模式识别等机器学习方面表现了更好的性能。深度学习方法认为,模式特征的提取很难用一级人工神经网络完成,而应当通过多级接力来逐级优化。因此,它通常以图 6.7(a)的前向神经网络有监督或无监督的学习算法为基础,采取多个前向神经网络的级联结构(前一级的输出成为后一级的输入,逐级抽象)来改善特征提取的质量,从而实现优化模式识别性能的目的。

在这一方向上,欧盟实施了一项名为"蓝脑(Blue Brain)"的雄心勃勃的研究计划,通过建立一个神经元规模和网络结构复杂程度都与人脑神经网络相当的超级人工神经网络,希望能够在 2015 年实现类似人脑的人工智能系统。

不过,值得指出,虽然结构模拟方法是模拟人类智能的一种直观而可能的途径,但系统的结构并不是决定系统能力的唯一因素,影响系统能力的另外一个(或许更加重要的)因素是"这种结构的工作机制(学习算法)",即如何利用、调度和发挥系统结构的作用来完成系统任务的能力。给定同样的结构,如果工作的机制不同,所得到的系统能力就可能很不相同。相对而言,系统的结构比较容易被模拟出来,但是系统的工作机制(因为不可见)却不一定能够被准确地模拟。所以,这一计划能否取得预期的成功,值得期待,但令人存疑。

6.2.2 智能的功能模拟:物理符号系统

基于结构模拟方法的人工智能研究虽然不断取得进展,但是也面临一些明显的困难。主要的困难包括:人脑神经网络规模巨大,结构复杂,学习算法隐秘;如果人工神经网络的规模和复杂度要达到人脑神经网络的水平,在工业实现方面存在较大的难度;如果把人工神经网络的规模和结构复杂度降低到工业上容易实现的程度,那么,人脑的许多神奇能力便会消失。更有甚者,人脑神经网络的工作机制(学习算法)不仅复杂,而且难以准确把握。这些困难并不是轻而易举就可以克服的。因此,人们便想到了"功能模拟"的方法。

人类智能的功能模拟方法正式起始于 1956 年的暑期。McCarthy 等一批青年学者聚集在美国麻省的 Dartmouth,用了近两个月的时间探讨利用计算机来模拟人脑逻辑思维的可能性和实现途径。结果便是"人工智能(Artificial Intelligence,AI)"的诞生。

为了与"完整意义上的人工智能"相区别,我们把"用计算机模拟逻辑思维的人工智能"称为"经典人工智能"。后者的基本思想就是利用计算机作为硬件平台,凭借编制"聪明的"软件,使系统显示出"智能"水平。所以,经典人工智能被认为是"计算机科学的一个分支"。

经典人工智能编制"聪明软件"的基本思路是:把计算机的"计算性能"与求解问题的"目标"适当地联系起来,也就是把计算机执行程序所得到的结果与求解目标之间的"误差"反馈给计算机作为一种评价,使计算机了解自己的计算行为对于问题求解的效果,然后通过优化计算行为来改进求解的效果,直至达到目标。这就是 A. Newell 和 H. Simon 所提出的"目标—手段"方法,它可以避免计算机的盲目行为。

使这批青年学者对于"功能模拟方法"非常乐观的原因,主要是他们看到了计算机与人脑在处理信息方面存在许多相似之处。这就是所谓的"物理符号系统假设",即如果一个系统具备如下 6 个条件(即具备了如下 6 个功能):①能够输入符号,②能够输出符号,③能够存储符号,④能够复制符号,⑤能够建立符号结构,⑥能够实现条件性转移,那么,这个系统就是一个"物理符号系统"。

他们断定,计算机和人脑都具有这些功能,是一种"物理符号系统",因此两者能力互相等效。这就是他们认为可以用计算机来模拟人脑思维功能的根据。由此,计算机正式拥有了"电脑"的别名。他们相信,利用计算机作为系统的硬件平台,只要给计算机编制"聪明的"软件,就可以使计算机具有智能,而且他们坚信,在不太长的时间内,计算机的智能就可以达到人脑的水平。

于是,很快就出现了名为"通用问题求解程序(General Problem Solver,GPS)"和"逻辑理论家(Logic Theorist)"这样一类人工智能问题求解的"通用算法",并在"数学定理证明"和"机器的跳棋程序"方面取得了令人鼓舞的成功。

但是,随后就发现,想在"求解通用问题"的方向取得实质性的进展,几乎没有可能,因为"通用问题求解"必然需要"通用的知识",然而,什么是"通用知识","通用知识"究竟有多少,怎样才能获得"通用知识",这些都不存在标准答案,甚至很难找到满意的答案。于是,后来人工智能的研究便从雄心勃勃的"通用领域问题求解"转向了比较现实的"专门领域问题求解",并把面向专门领域问题求解的人工智能系统称为"专家系统"。

20 世纪 70 年代以来,专家系统的研究成为一个非常活跃的领域。模拟化学分析的 DENDRAL 系统、面向数学问题求解的 MACSYMA 系统、支持人机会话的 HEARSAY 系统、模拟医学诊断的 INTERNIST 系统以及用于地质矿藏分析的 PROSPCTOR 系统相继问世。特别是 Stanford 研制的专家系统 MYCIN,在血液病诊断的图灵测试中成绩超过了 9 名陪测的 Stanford 医学院医生,成功地通过了图灵测试。后来,IBM 推出的"深蓝"专家系统战胜了国际象棋世界冠军卡斯帕洛夫,Watson 专家系统在问题抢答竞赛中战胜了两位全美冠军。

然而,无论是通用领域问题求解还是专门领域问题求解,"知识"都成为设计经典人工智能系统难以回避的困难。实际上,在所有专家系统的设计中,系统所需要的"知识"都是根据设计者的理解自行确定的,这些知识的获取也都是由设计者以手工方式完成的(自行拟定访问提纲,自行采访若干专家,自行整理采访结果,自行把知识表示为某种形式然后自行输入知识库),既费时又费事,被人们称为专家系统设计的"知识瓶颈"。如所预料,这样设计成功的专家系统果然表现出了知识的"窄台阶"效应:当面临的求解问题严格属于所设定的知识范围内的时候,系统能够表现出处理问题的"专家水平",一旦面临的求解问题接近所设定的知识边界或超出边界,系统的表现就变得"不可理喻(Crazy)"!所以,知识问题成为专家系统研究的一道难以逾越的障碍。

不仅如此，经典人工智能理论赖以立足的"物理符号系统假设"也受到严重的质疑。人们认为，物理符号系统假设提出的"6项功能"并不能充分表达人类智能的功能。特别是，人类智能的根本条件是具有"目的"，正因为有了明确的目的和相应的既有知识，人类才能够在现实环境中"发现问题"和"定义问题"，并在求解问题的过程中判断求解方法的效用，生成自己发现问题解决问题不断改善自身生存发展水平的智能。"6项功能"没有反映"人类目的"这一根本性条件，因此，不能充分反映人类智能的本质。经典人工智能系统和计算机的目的和知识都是由系统设计人员设定，这就注定了系统的智能会受到设计者的知识和能力的限制，因此不能与人脑相提并论。而且，"6项功能"都是形式化的功能，但人脑的处理能力显然需要"内容"的支持，而不是完全的形式化过程。

6.2.3 智能的行为模拟：感知动作系统

如上所述，智能系统的结构模拟方法遭遇了"结构的复杂性和工作机制的神秘性"的困扰，而智能系统的功能模拟方法又面临着"知识瓶颈和物理符号系统假设漏洞"的困难。这样，一些人便开始探索第三条智能系统模拟的途径。这就导致了"行为模拟"方法在20世纪90年代初的问世。

研究者们认为，人们之所以对智能系统模拟感兴趣，其实并不是对智能系统的一切问题和一切过程都感兴趣，而是对智能系统能够为人类做什么感兴趣，特别是对智能系统产生的外部行为感兴趣。因此，没有必要关注智能系统的结构或功能状况，主要应当关注智能系统的外部行为能力。无论一个智能系统的内部思维过程多么复杂，如果能把它所表现的外部行为能力模拟出来，那就意味着成功模拟了它的智能。

这里所关注的智能系统外部行为，是指它在外部环境刺激的作用下系统产生行为响应的能力。比如，人类智能最简单的外在表现之一是对环境气温变化的适应能力：为了保持人类适当的体温，天热的时候就要减少衣服，天冷的时候就要增加衣服。在模拟人类的这种智能行为的时候，并不需要具体地去模拟人类的体温变化，也不需要模拟人们在"减少衣服"和"增加衣服"时所发生的内部思维过程，只要模拟"外部刺激（环境温度）—行为响应（增减衣服）"的外部关系就可以了。

当然，为了实现"智能系统的行为模拟"，首先需要明确所模拟的智能系统要面对多少种外部环境的刺激，系统要具有多少种相应的行为方式，以及系统的每一种行为方式与外部环境刺激之间的关系是什么。于是，智能系统的行为模拟的关键问题包括：(1)系统对外部环境刺激类型的识别能力，(2)确定外部刺激类型与系统行为类型之间的对应能力，(3)根据对应关系产生行为的能力。如果这种对应关系是固定的（常识性的），那么它的工作模型可以描述如图6.8所示。

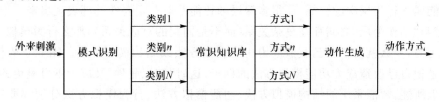

图6.8 一种简单的智能行为模拟模型

模型表明,智能系统的行为模拟技术主要包括模式识别技术(感知外部环境刺激的类型)和动作生成技术(根据指令产生相应类型的动作),外部刺激类型与系统行为类型的关系,通常由知识库表示(规定刺激与动作之间的对应关系)。因此,这种智能模拟系统通常被称为"感知—动作系统"。

可见,早期的"感知—动作系统"所需要的技术(模式识别技术、常识知识库技术和动作产生技术)都是一些比较成熟的技术,相对而言比较容易实现。这是行为模拟方法的最大优点。

机械式的机器人和早期的"智能机器人"都是"感知—动作系统":它们的常识知识库规定了"如果有 $I(n)$ 类型的刺激出现,就产生 $O(n)$ 类型的动作",而且刺激类型和动作类型的数量 n 都很小。当然,如果系统的"外部刺激类型"与系统产生的"动作类型"的数量比较大而且它们之间的关系比较复杂,需要通过各种综合处理才能从外部刺激演绎出系统的动作类型,那么图 6.8 中的"常识知识库"就要变成"综合处理"单元。现在具有一定智能水平的"智能机器人"就是具有了"综合信息处理"单元的感知—动作系统,它们在学术上被称为"智能体(Agent)"。图 6.9 所示为智能体的抽象模型。

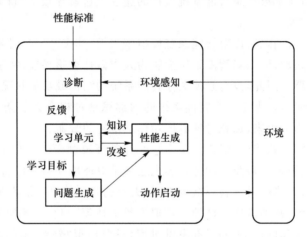

图 6.9　智能体模型

图 6.9 显示,智能体的输入是"环境感知"单元给出的环境刺激模式,它的输出则是系统所启动的动作。在"环境感知"单元与"动作启动"单元之间的那些单元的作用是通过诊断和学习生成适当的工作性能要求,以启动相应的动作。所以,它所描述的智能体是具有一定智能水平的"感知—动作系统",而不是图 6.8 所示的固定关系的"感知—动作系统"。

智能系统的行为模拟方法的优点是容易实现,但行为模拟方法面临的问题是:它所模拟的智能属于行为层次的智能,而很多深层的智能并非一定要在外部表现出来。如果"外部刺激"与"动作生成"之间存在复杂关系(而不是固定的对应关系),那么行为模拟方法要么无能为力,要么就要把自己改造成为功能模拟方法或结构模拟方法。图 6.9 的模型表示的就是把自己改造成为功能模拟方法的例子,这时"知识瓶颈"又成为不可避免的问题。

综上所述,智能系统的结构模拟方法、功能模拟方法、行为模拟方法分别都取得了一定的进展,而且各有各的优势,各有各的困难。在人工智能研究发展历史上颇为令人困惑的是,长期以来,三种智能模拟方法各持己见,各不相容,形成鼎足三分的局面,未能形成人工智能的统一研究方法和理论,客观上延缓了人工智能研究的进步与发展。

6.2.4 智能的机制模拟:通用智能系统

20世纪90年代中期以来,人工智能领域的许多有识之士注意到上述不和谐的研究状况,纷纷呼吁尽快结束鼎足三分的格局,希望形成人工智能研究的合力。其中,资深的人工智能研究权威Nilsson出版了题为《Artificial Intelligence:A New Synthesis(人工智能:一种新的集成方法)》的新著,人工智能研究的后起之秀Russell和Norvig合作出版了题为《Artificial Intelligence:A Modern Approach(人工智能:一种现代方法)》的长篇巨著,代表了人们在这个方向所作的努力。尤其是后者,以1000多页的篇幅和1000多篇参考文献显示了作者们的巨大热忱和艰辛的努力,成为近90个国家的900多所大学的人工智能教材。

但是令人遗憾的是,他们所推行的"集成新法"和"现代方法"都没有找到沟通结构模拟、功能模拟、行为模拟的本质途径,只是把三种方法的内容直接地聚集在一起,仍然没有实现"形成合力"的目的。

问题在哪里呢?正如本节开头所指出的,问题的根源在"方法论"。

人工智能的结构模拟、功能模拟、行为模拟是按照"分而治之"的传统科学方法论所演绎出来的三种智能模拟方法。"分而治之"把高度复杂而且充满深层信息联系的智能系统分解为结构、功能、行为三个方面,结果便割断了而且丢失了三者之间的信息联系。因此,在分别模拟了智能系统的结构、功能、行为之后,无法合成完整的智能系统。

文献[6]从方法论的高度发现了这个问题的症结,因此放弃了"分而治之"的模拟方法,重新探讨了智能系统的模拟途径。

作者注意到,虽然智能系统的"结构、功能和行为"都是智能系统的几个重要侧面和构成要素,但都不是决定智能系统全局的核心要素。什么才是决定智能系统全局的核心要素呢?研究表明,只有"生成智能的工作机制"才是这样的核心要素:"生成机制"决定了智能系统的智能是怎样生成的,至于采用什么结构、具备哪些功能、表现怎样的行为,都依智能生成机制的需要而定。换言之,系统的"结构"和"功能"都是为系统的"智能生成机制"服务的,行为只是"智能生成机制"的外在表现。在这个意义上,"智能生成机制"是决定智能系统全局的核心要素,结构、功能、行为则是系统的局部要素。

这就导致了一个重要结论:**智能系统的模拟,既不应当是"系统结构的模拟",也不应当是"系统功能的模拟",更不应当是"系统行为的模拟",而应当是统领全局的"智能生成机制的模拟"**,简称为"机制模拟"。只有"智能生成机制模拟"才抓住了智能系统的全局。

那么,什么是"智能生成机制"呢?

回顾6.1.1节的"基本概念"和6.1.2节的"人工智能与人类智能"就可以知道,人类智能是指人类的显性智慧,即在人类(发现和定义问题)的隐性智慧所规定的问题求解工作框架内,收集有关工作框架的信息、生成问题求解所需的专门知识、创生解决问题所需智能(智能策略)的能力。

人工智能是对人类智能的模拟,包括模拟以下各项基本能力:(1)收集关于给定的求解问题、相关知识和求解目标的认识论信息;(2)根据这些认识论信息生成求解问题所需要的专门知识(它通常是"相关知识"的一个子集);(3)在求解目标的导控下,把上述认识论信息和专门知识转换成为求解问题的智能(策略);(4)把智能策略转换为智能行为,展开问题求解;(5)把求解误差作为新信息反馈至(1),通过学习,优化智能策略,直至满意解决问题。

这就表明,无论是人类智能还是人工智能,"信息—知识—智能"转换都是生成智能的**核心工作机制**。这也正是知识外部生态学所揭示的规律。当然,这里的"信息"是指认识论信息(它的代表是语义信息),而不是 Shannon 信息论的信息(它只是统计型的语法信息)。

因此,智能的机制模拟就是对"信息—知识—智能"转换的模拟。这是对智能生成的全过程模拟,体现了由信息到知识再到智能的全部生态规律。

值得特别指出的是,智能的生成机制模拟强调的是"信息—知识—智能"的相继转换,而传统的结构模拟、功能模拟、行为模拟体现的都是"分而治之"方法论观念。前者是"转换",后者是"分割",它们体现了两种截然不同的方法论思想。"信息—知识—智能转换"实现了信息生命的生长,而"分而治之"则是信息生命线的人为割断。因此,以"信息—知识—智能转换"为标志的机制模拟方法能够取得智能模拟的成功,而以"分而治之"为前提的结构模拟、功能模拟、行为模拟方法只能半途而废。这是方法论观念的分野。

所以,表面上看,机制模拟方法只是在结构模拟、功能模拟、行为模拟方法的基础上增加了一种新的智能模拟方法,可以称为"智能的第四模拟方法"。但是从本质上看,机制模拟方法的发现和提出却代表了智能模拟方法由"局部模拟"到"全局模拟"的历史性进步,具有重大的方法论意义。

深入研究还可以发现:

(1)基于**结构模拟**方法的人工神经网络的**形象思维**能力是建立在通过训练学习所积累的"**经验性知识**"(体现为连接权矩阵)的基础之上;

(2)基于**功能模拟**的物理符号系统的**逻辑思维**能力是建立在通过人工输入的"**规范性知识**"(体现为知识库的规范知识集合)的基础之上;

(3)而基于**行为模拟**的感知—动作系统的**机械思维**能力是建立在通过事先规定的"**常识性知识**"(体现为常识知识库的常识知识)的基础之上;

(4)经验性知识、规范性知识、常识性知识恰好构成了由"欠成熟"到"成熟"再到"超成熟"的**知识内部的生态系统**。

于是,当把以"信息—知识—智能转换"为标志的智能生成机制模拟的方法与"知识的内部生态系统"结合起来的时候就可以发现,数十年来,一直处于鼎足三分、互不相容状态的人工智能结构模拟、功能模拟、行为模拟三大研究方法却可以在机制模拟方法的框架内实现有机和谐的统一!这是一个期待已久的结果:人工智能的各种研究方法应当形成合力。

机制模拟方法对结构模拟、功能模拟、行为模拟实现和谐统一的这一事实清晰地表明,机制模拟方法确实具备"全局模拟"的品格,同时也证明了原来互不相容的三大模拟方法分别属于不同侧面的"局部模拟"。

它们之间这种有机和谐统一的情形也可以通过表6.1的形式来表现。

表6.1 结构模拟、功能模拟、行为模拟在机制模拟框架内的和谐统一

机制模拟方法	信息	知识	智能（策略）	系统举例
A型	信息	经验型知识	经验型策略	人工神经网络
B型	信息	规范型知识	规范型策略	物理符号系统
C型	信息	常识型知识	常识型策略	感知动作系统
D型	信息	本能型知识	本能型策略	

表6.1的意思是,机制模拟方法的具体实现途径是"信息—知识—智能"转换。当面对同一问题（意味着同一信息）的时候,依据当时所能利用的知识的不同（经验型知识,规范型知识,常识型知识,本能型知识）,机制模拟方法就可以分别退化为A型、B型、C型、D型四种类型。其中,基于结构模拟的人工神经网络就属于机制模拟的A型（它的特征就是利用经验型知识,生成经验性智能策略）,基于功能模拟的物理符号系统就属于机制模拟的B型（它的特征就是利用规范型知识,生成规范型智能策略）,而基于行为模拟的感知动作系统则属于机制模拟的C型（它的特征就是利用常识型知识,生成常识型智能策略）;目前尚未发现D型的实际系统。

这样,就可以认为,机制模拟方法生成的是"通用型智能系统",结构模拟方法生成的是人工神经网络系统,功能模拟方法生成的是物理符号系统,行为模拟方法生成的是感知动作系统。一直互不认可的人工智能三大研究方法（三大学派）在机制模拟方法的框架内实现了和谐统一,这是人工智能理论发展历史上的重大进步。

不仅如此,文献[6]还发现,以"信息—知识—智能"转换为特征的机制模拟方法不仅可以有效地模拟人类的智能（显性智慧）,而且也可以有效地模拟人类的基础意识和情感,从而实现对人类"基础意识—情感—智能"这个三位一体的统一模拟。这就是"高等人工智能"的课题。想要详细了解这些进展的读者可以参阅文献[6]。

6.3 人工智能的理论与应用

智能模拟是人工智能的核心理论。以"信息—知识—智能转换"为标志的机制模拟方法的建立,不仅表明原来的三大智能模拟方法得到了统一,也意味着人工智能的核心理论得以基本建立,这就是"信息转换与智能创生"定律。

6.3.1 信息转换与智能创生定律

若要全面表达人工智能的基本问题,那么最好的模型就是图6.1或图6.2所描述的"信息生态过程"。

这些模型系统而准确地表现了由外部客体的刺激(本体论信息)如何经过主体的感知与选择生成了(把本体论信息转换成了)认识论信息(它的代表就是语义信息),然后经过主体的认知生成了(把认识论信息/语义信息转换成了)相应的知识,进而在目标的导控下把认识论信息/语义信息和知识生成了(把认识论信息/语义信息转换成了)求解问题(与外部刺激交互作用)的智能策略,并把智能策略转换成为智能行为反作用于外部客体,完成主体与客体交互的第一回合;在此基础上,又把求解误差作为新的信息补充(反馈)给主体,通过学习补充知识优化策略,直到满意解决问题达到目标。

这个"信息生态过程",是人工智能工作的全部过程,也是人类自身"显性智慧"的全部工作过程。接下来的任务是由人类"隐性智慧"发现、定义并提出新的问题和新的工作框架,于是启动人工智能(模拟人类显性智慧)在新的工作框架内解决新问题的新的工作过程。

人类就是这样在"隐性智慧不断提出问题和求解问题的工作框架—显性智慧不断地在工作框架内解决问题—隐性智慧提出新的工作框架—显性智慧在新的框架内解决问题"的过程中螺旋式前进。当然,"显性智慧"在解决问题的过程中会不断增长知识,反馈补充成为"隐性智慧"的既有知识内容,使"隐性智慧"发现问题和定义问题的能力不断得到加强。这就是人类不断认识世界和改造世界并在改造客观世界的过程中也不断改造主观世界的过程。

与此同时,人工智能将会在人类"认识世界和改造世界并在改造世界的过程中不断改造主观世界"的过程中,越来越出色地模拟人类的"显性智慧"能力(人类智能),为不断改善人类的生存发展水平提供服务。

由此可见(对照图 6.1 或图 6.2),无论是对人类自己还是模拟人类智能的人工智能系统来说,"信息—知识—智能转换"都是一个不断运行而又恒久有效的基本规律。其间,不变的是规律的总体框架,而不断改变的,是与具体问题相关的信息内容、知识内容和智能策略的内容,以及其中各个转换的具体实现方法。这个恒久有效的规律,就称为信息科学的"信息—知识—智能转换定律"。

信息科学技术的"信息—知识—智能转换定律",也可以称为"信息转换与智能创生定律"。其中"信息转换"(包括本体论信息—认识论信息转换、认识论信息—知识转换、目标—认识论信息与知识—智能策略转换)是规律的执行手段,而"智能创生"则是规律要达到的目的。

众所周知,物理科学领域存在"质量转换与物质不灭定律"和"能量转换与能量守恒定律",它们分别被简称为"质量转换定律"和"能量转换定律"。与此相应,信息科学领域的"信息转换与智能创生定律"同样也可以被简称为"信息转换定律"。它们共同构成了揭示现实世界物质资源、能量资源、信息资源运动规律的现代科学"三大定律"。

如前所说,"不断改善自身生存与发展水平"是人类追求的动态目标和人类固有的不竭动力。对于人类这个动态的目标而言,"信息转换定律"具有更为深远和更加巨大的意义。这是因为,"质量转换定律"和"能量转换定律"只是告诉了人们"物质不灭且能量守恒"的道理和准则,而"信息转换定律"则给人们提供了与外部客体打交道时可以保证"主客双赢"的智能策略:主体之赢,赢在可以实现主体所追求的目标;客体之赢,赢在作为客观规律体现的知识必定可以得到遵守。

6.3.2 人工智能与信息技术的关系

到本章为止,我们已经相继讨论了信息科学与技术中有关"信息获取、信息传递、信息处理、知识生成和策略创建"的内容;下一章将要讨论的是策略执行的内容。在技术上,信息获取通常表现为对信息的传感、识别与选择技术,信息传递表现为通信(信息在空域的传递)和存储(信息在时域的传递)技术,信息处理表现为计算机技术,知识生成与策略创建表现为认知与决策技术,信息执行表现为控制与显示技术。

对照图6.2的"信息生态过程模型"就知道,它们构成了信息科学技术的基本内容。在这个意义上,人们可以把"传感技术、识别与选择技术、通信与存储技术、计算技术、人工智能技术、控制技术"都笼统地称为"信息技术"。

不过,我们也指出过,图6.2所表示的整个过程构成了"人工智能技术系统",就如同人的感觉器官、传导神经网络、思维器官、执行器官共同构成了人类这个高等智能系统一样。

这里似乎出现了一个明显的矛盾:图6.2所表示的这个技术系统究竟是"信息技术系统"还是"人工智能技术系统"?

其实,这里并不存在矛盾,只存在观察问题的角度差别。比如,按照"由底向上"的观察,可以把人看作是一个信息系统;按照"自顶向下"的观察,则可以把人看作是智能系统。两种观点都没有错,只是观察的角度不同。

按照本书第1章阐述过的科学技术辅人律和拟人律,图6.2表示的系统就是一个拟人系统。因此,如果按照"自底向上"的观察,可以把它称为(人工)信息系统,而按照"自顶向下"的观察,则可以把它称为人工智能系统。

但是需要注意,当我们把图6.2看作是信息系统的时候,我们是把"知识"和"智能"理解为"信息"的产物,表明我们接受了"信息生态"的观念,而不是狭隘的"信息"观念。如果固守狭隘的"信息"观念,那么信息技术只能覆盖图6.2中的传感、通信、计算和控制技术,而不能覆盖它的全部内容,特别不能覆盖知识生成与策略创建技术。

当我们把图6.2看作是人工智能系统的时候,一切就都显得非常合理和非常自然,这是因为,智能来自于知识,知识来自于信息。也就是说,把图6.2看作是智能系统就自然把信息技术包含在其中,因此非常合理。就像把人看作"智能系统"比把人看作"信息系统"更为合理,虽然两种说法都没有错。

人类对任何事物的认识,都总是由比较笼统逐渐走向比较精准。因此,学术界在历史上所命名的信息技术术语是不够确切的。有鉴于此,现在有必要根据各项技术的学术内涵,对图6.2各部分技术重新赋予比较合理的命名。

(1)现阶段的传感、通信、控制技术都是关于语法信息的技术,计算机技术则利用了部分语义信息(表现为逻辑演算),它们之间没有能够形成统一的理论基础。因此只能把它们称为"*初等信息技术*"。

（2）未来的信息技术将拥有共同的理论基础，即"全信息理论"：传感、通信、存储、控制技术的共同理论基础是"全信息理论的语法信息理论"，而识别与计算技术的理论基础是"全信息理论的语义信息理论"。这样，就可以把具有共同理论基础的这些信息技术称为"规范信息技术"。

（3）不把"知识"和"智能"看作是"信息生态产物"的规范信息技术，称为"非生态意义的规范信息技术"，即常规意义的"规范信息技术"，它包括传感、识别、通信、存储、计算、控制技术。

（4）把"知识"和"智能"都看作是"信息生态产物"的规范信息技术，则称为"生态意义的规范信息技术"，它包括传感、识别、通信、存储、计算、认知与决策、控制技术。

（5）参照图6.2的模型中"知识生成与策略创建"技术的作用和地位，应当把它称为"核心人工智能技术"，即认知与决策技术。

有了这些精准的术语，就可以得到如下的关系：

$$人工智能技术 = 核心人工智能技术 + 规范信息技术 \tag{6.1}$$

$$生态意义的规范信息技术 = 核心人工智能技术 + 规范信息技术 \tag{6.2}$$

可见，目前阶段的信息技术是"初等信息技术"；具有统一理论基础的"初等信息技术"，就称为"规范信息技术"；"规范信息技术"也可以称为"非生态意义规范信息技术"；"非生态意义的规范信息技术"是"生态意义的规范信息技术"的子集；"生态意义的规范信息技术"与"人工智能技术"则是互相等效（即图6.2的模型）。

这些命名无疑非常合理，虽然需要相当的时日才能逐步成为人们的共识。

6.3.3 人工智能应用概说

在讨论人工智能应用的问题之前，有必要指出：应当注意"智能"概念的层次性，即（至少在地球文明系统中）人类具有最高级的智能水平，无机物体具有最低级的智能（零级智能）水平，动物和植物具有除最高级和最低级之外的各种中间等级的智能水平。因此，人工智能系统既可以是拟人的智能系统，也可以是拟动物和拟植物的各种各样的智能系统，而不应当认为凡是智能系统必然是拟人的智能系统。

这就意味着，著名的"图灵测试"的观念是有局限性的。

所谓图灵测试，是英国科学家图灵所提出的用来测试"机器是否有智能"的方法，而且是历史上提出的唯一的人工智能测试法。它把被测试的机器放在一个房间里，把作为被测机器的参考对象（人）放在另外一个房间，这两个房间互相隔离，不能彼此看见；主测者与被测机器、主测者与参考对象之间也都不能彼此看见（所以也被称为"双盲测试"），但主测者与可以通过电传打字机（或其他通信方法）与他（它）们通信：主测者向他（它）们提出问题，收集他（它）们的答案。主测者事先准备好一套测试题目，然后进行全面测试。如果主测者能够从收集到的答案中判断出两个被测对象中哪个是机器，哪个是人，那么就说明机器和人之间有显著差别，也就是表明机器没有智能；如果主测者做不出这种判断，就说明机器和人没有显著差别，说明机器有智能。

可见，图灵测试把"智能"仅仅局限于"人的智能"，只有智力水平达到了人的智力水平的人工系统才被承认为人工智能系统,否则就不予以承认。这显然是片面的认识。而且,在这里只存在"有智能"和"无智能"的区别,没有智能程度的区别,也是不科学的。

同样,有些著名学者把人工智能系统定义为"能够胜任此前只有人类才能够胜任的工作的系统",也是受了图灵测试的影响。很多模拟某种生物(如警犬)能力的系统,其实都是很优秀的人工智能系统。图6.10就表示了一些典型的生物物种的人工智能系统,它们可以分别支持不同程度的智力能力。

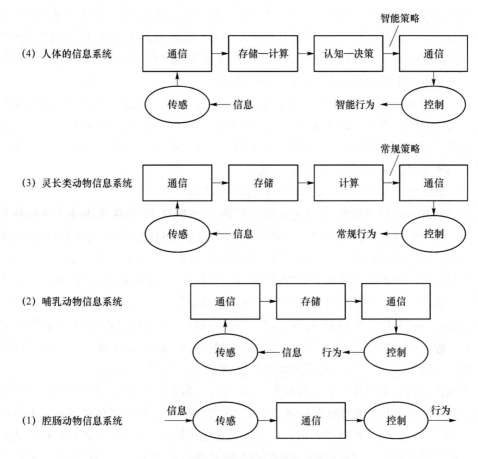

图 6.10 不同生物所具有的信息系统示例

图6.10中,腔肠动物是一种非常简单的生物物种,它的信息系统主要是由获取信息的嗅觉器官(传感)、传递信息的神经纤维(通信)、执行信息的蠕动器官(控制)构成的信息系统(通过"行为效果信息反馈"可形成闭路信息系统)。这样简单的信息系统可以支持腔肠动物的觅食求生能力。

与腔肠动物的信息系统相比,哺乳动物的头脑中进化出了一种可以用来存储信息的"记忆系统",因此,一旦哺乳动物发现了有利于它的生存(比如食物来源)场所,它就能把这种场所信息存储起来。下一次需要进食的时候就可以直奔目的地,不必重新搜索,这样就增加了生存的机会。

灵长类动物的信息系统就更复杂了,它不但在头脑里有了记忆系统可以存储求生避险的经验信息,而且还进化出了一种可以处理信息的"计算系统",不但可以积累经验信息,而且使它在大自然的变迁中适应环境和求生避险的能力更加精准、更加强大。因此,灵长类动物能够处于生物链的高端。

当然,人类拥有最高的智能水平,不但可以获取信息,积累经验,尤其可以从经验中提炼知识,认识规律,并按照自己的目的创造用以与外界交互的智能策略,还可以从失败中吸取教训,把失败化为成功。所以,人类能够在地球系统的生物链中处于至高无上的地位,被称为"万物之灵"。

经历了漫长的生物进化,经受了优胜劣汰自然选择的洗礼,能够存活下来的物种都有它们各自的优胜之处。因此,模拟所有这些生物物种智能的系统都会有一定的实际用途。当然,毋庸置疑,拟人的智能系统会有最为广泛和最有意义的应用,但却不是唯一的智能系统。这是智能系统应用具有广泛性的重要根据。

从本质的意义上说,信息是一种普遍的存在,而信息的真正价值是能够生长知识和智能。而智能的应用则是无处不在,可以说,哪里有人类的活动,那里就必然需要智能的应用。这就是说,我们很难列数智能的具体应用。不过,如果从应用的形态上来说,人工智能的应用大致可以分为如下三种基本形态。

（1）智能机器人或单体人工智能系统的应用形态

这是最基本的应用形态,也是相对而言最简单、最容易实现的应用形态。在这种应用形态下,给定的"问题"类型比较单一,解决问题的"目标"也比较具体、比较明确,所需要的"专门知识"也比较容易确定(虽然不可能绝对准确,但足以支持任务的需求)。

比如,对于"维护家庭地面清洁"的智能服务机器人,只要明确设定"问题、目标、专门知识",那么设计良好的智能机器人就可以通过扫描观察"室内的地面情况",并与"目标"对照,如果发现"室内地面情况"与设定的"目标"一致,它就可以停在原地不动;如果发现"室内地面某处有垃圾杂物",它就可以利用给定的"专门知识"确定如何由自己的停靠点转移到需要清扫的地点,拾取或清除垃圾杂物,使之符合"目标"要求。

类似的专门作业智能机器人的种类可以很多,比如在生产领域,可以有工厂生产流水线各个特定环节上执行操作任务的智能机器人、农业生产中负责某种机械操作的智能机器人、在服务领域,可以有负责医院病人陪护的智能机器人、承担家庭老人照料或儿童看护任务的智能机器人、担负学校某种教学内容的呈现和讲解任务的智能机器人、展厅展品的介绍和演示的智能机器人、充当旅游景点导游的智能机器人、主持某些文化娱乐活动的智能机器人,如此等等,不胜枚举。

利用智能机器人来承担生产领域和服务领域的特定工作,一方面可以解放人类劳动者,使他们有机会进行学习,接受培训,从事研究,胜任更复杂的工作,为生产和服务的发展做出更好的贡献;另一方面,还可以大大提高这些工作的效率(工作节奏)、产量(工作时间)和质量(工作和产品的精准化和标准化)。

（2）多智能体或群体智能合作系统的应用形态

单体智能系统的应用形态的主要优点是容易实现,它们的缺点是作用范围过于狭小,意义有限。因此,群体智能合作系统的应用必然要提到议事日程上来。所谓"群体智能合作系统"是指,多个人工智能系统(或智能机器人)通过协同合作解决比较大型复杂的问题。

比如上面提到的工厂生产流水线的智能化,就不是一个智能机器人所能实现的。整个流水线的智能化要求根据生产流水线的规模和复杂程度,设计多个智能机器人系统通过共同合作来完成。其中每个智能机器人系统担负流水线的一部分工作,同时还要设计一个或多个负责进行协调的智能机器人系统。这就是所谓的"多智能体(Multi-Agent)"的概念。

这种"多智能体"的应用形态凭借"多个"智能体的优势,特别是凭借全局协同的合作优势,可以用于解决大规模复杂的工作任务。因此,人们也把这种应用形态称为"团队智能""集体智能"或"社会智能"。在规模很大、复杂度很高的情况下,多智能体还可以设计成多个协调层次:各个最基层的智能体(一般数量很多)只负责某一类具体的基础性工作任务,同时接受上层和同层智能体的协调;协调层的智能体(通常也有若干,但比基层智能体的数量少)主要负责各自管辖的那些基层智能体的工作和协调,同时也接受同层协调智能体和上层智能体的协调。这种应用形态可以用来解决宽域范围内(整个企业、整个领域或者整个区域)的智能化任务。

(3) 智能信息网络的应用形态

这里所说的"智能信息网络"通常是指全国范围甚至全球范围的信息网络智能服务体系,比如当前的互联网(Internet)。不过,目前互联网的终端支撑节点都是各种规格的计算机,而"智能信息网络"的支撑节点则是各种规格的人工智能系统和智能机器人系统,也就是近年来我国热议的"中国大脑"。它不是海量计算机的合作网络,而是海量人工智能系统和智能机器人系统的合作网络。这种海量智能系统的合作网络与人类之间的智能交互,将会爆发出怎样巨大的创造性智慧? 当令人刮目相看!

这种智能信息网络的应用形态可以有效支持"全局性的智能化生产""全局性的智能合作""全局性的智能服务""全局性的智能教育""全局性的智能商贸""全局性的智能民生"以及"全局性的智能防务",从而实现国民经济的全面智能化升级,实现经济发展方式从工业时代向智能时代的转变,实现人类各种美好的梦想,因此是整个社会整个国家智能化的关键,是实现21世纪国家整体现代化的根本标志。

本 章 小 结

本章讲解了"人工智能"的基本概念、基本理论和技术。

从完整的"人工智能"理念来说,它其实就是在"生态观念"下的"信息科学技术";从"核心人工智能"的理念来说,它主要涉及"知识生成(信息—知识转换)"和"策略创建(知识—策略转换)"。在后一学术理念下,人工智能是统领整个信息科学技术的核心、灵魂、前沿和制高点。因此,特别值得关注。

其实,信息之所以有价值,主要不在信息本身,因为信息只是现象层次的研究对象,现象并不能解决深层次的问题;信息之所以有价值,主要是因为它能在人类认识主体的参与下生长出"知识"和"智能",因为"知识"才能揭示事物的本质,而"智能"才可以告诉人们应当怎样行动才既能"实现人类争取不断改善生存发展水平"的目标又能"保证客观规律得到遵守"的"双赢策略"。

当然,作为知识和智能的原材料,信息是不可或缺的原始资源,毫无疑问是整个信息科学技术共同的基础和前提。假若没有了信息,那么,知识和智能肯定就会成为"无源之水"和"无本之木","人工智能"提供的各种美好服务,就肯定会成为"海市蜃楼"。

因此,明智的做法不是去争论信息、知识、智能哪个更重要,或者计较信息技术、知识技术、智能技术哪个更光彩(它们应当是"三位一体"的关系,缺一不可),而是应当深入理解它们之间相辅相成的生态关系,掌握"信息—知识—智能转换"的规律,即"信息转换与智能创生"的基本定律。这样,才能更好地为人类社会的进步与发展服务。

在运用"信息转换与智能创生"定律的时候,比较容易看到"智能机器人"的形态。这当然没有问题。但是同样重要甚至更为重要的应当是"群体智能"和"网络智能"的应用。因为后者才能使社会全局受益。

思 考 题

6.1 你同意本章所提供的"人工智能"定义吗?为什么?如果你不满意本章给出的定义,那么你认为应当怎样定义?为什么?

6.2 你是怎样理解信息、知识、智能的概念的?你是怎样理解它们之间的相互关系的?你同意本章的相关论述吗?为什么?

6.3 本章认为"分而治之,各个击破,合成还原"的方法论(也被称为还原论)不适用于信息科学的研究,你同意这个论断吗?为什么?

6.4 你以前曾经注意过信息的"生态"概念吗?你认为信息、知识、智能之间是否存在生态关系?请论述你的理由。

6.5 你以前曾经注意过人工神经网络、专家系统、感知动作系统吗?你怎样评价这三种研究方法的优点和缺点?

6.6 什么是生成智能的基本机制?你对人工智能的"机制模拟"方法有何评论?你认为它与结构模拟、功能模拟、行为模拟方法的关系是什么?

6.7 你怎样理解"信息转换与智能创生"定律?你怎样理解它与"质量转换与物质不灭"定律和"能量转换与能量守恒"定律的关系?

6.8 你以前接触过机器人吗?你认为普通机器人和智能机器人之间的主要区别是什么?你认为"智能机器人将来能够超越人类"吗?为什么?

6.9 人工智能是一种开放的复杂信息系统。你对人工智能研究中的"分而治之"和"信息转换"两种方法论有何评价?

6.10 有人说"人工智能是信息科学的核心领域",也有人说"人工智能是计算机科学的一个分支"。您认为哪个说法比较合理?为什么?

进一步阅读的建议

A. 参考文献

[1] 蔡自兴,徐光佑. 人工智能及其应用. 3 版. 北京:清华大学出版社,2003.

[2] 史忠植. 神经网络. 北京:高等教育出版社,2009.

[3] Brooks R A. Intelligence without Representation. Artificial Intelligence,1991,47:139-159.

[4] Nilsson N J. Artificial Intelligence:A New Synthesis. Morgan Kaufmann Publishers,1998.

[5] Russell S J,Norvig P. Artificial Intelligence:A Modern Approach. Prentice Hall,Inc,and Tsinghua University Press,2006.

[6] 钟义信. 高等人工智能原理. 北京:科学出版社,2014.

[7] 钟义信,等. 智能科学与技术导论. 北京:北京邮电大学出版社,2006.

B. 后续课程

机器智能　机器学习　科学史与方法论

第 7 章 信息执行

> 　　信息、知识和目标被加工成为智能策略之后如何把智能策略转化成为智能行为,是信息过程的执行环节。本章将介绍如何根据智能策略产生控制行为作用于对象,使其产生人们所预期的行为特性。信息的控制和显示是实现信息执行的有效手段和方式,下面先介绍控制的基本概念、典型控制方法,以及从信息到控制行为的转换机制,然后讨论信息显示的基本原理、作用和基本方法。

7.1 信息控制

7.1.1 控制的基本概念

在当今的信息社会,自动化技术应用广泛,已渗透到人类社会生活的方方面面,例如,自动化生产线、工业机器人、办公自动化系统等。一般来说,自动化技术是指使机器、设备、过程或系统无须人的控制而自动操作,并使其表现出人们所期望的预定行为的技术。

自动化技术有着悠久的历史,其起源最早可追溯到公元前,经历了一个漫长而缓慢的早期发展过程。在我国东汉时期出现了记里鼓车(图 7.1),每行驶一里路,木人自动击鼓一次,它是我国自动化技术的先驱。在我国魏晋时期,马钧研制出用齿轮传动的自动指示方向的指南车。他利用差动齿轮机械构造原理,制造了一辆双轮单辕车,车上立一木人不论车行的方向怎样改变,车上木人始终手指南方(图 7.2)。

到了近代,随着工业革命的出现,人们对自动控制技术的需求不断增大,自动控制技术得到快

图 7.1　东汉末年的记里鼓车

 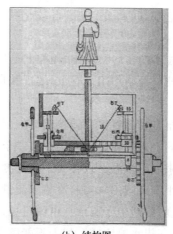

(a) 模型　　　　　　　　　　(b) 结构图

图 7.2　公元 235 年马钧研制的指南车

速发展。1788 年,蒸汽机的发明人瓦特发明了用于控制蒸汽机速度的离心式调速器(图 7.3)。当蒸汽机负载或蒸汽供给量发生变化时,离心式调速器能够自动调节进汽阀门的开度,从而使蒸汽机的转速恒定。1868 年,以离心式调速器为背景,物理学家麦克斯韦(Maxwell)研究了反馈系统的稳定性问题,发表了控制理论最早成果的论文《论调速器》(On Governors)。随后,源自物理学与数学的自动控制理论(在当时称为自动调节原理,简称调节原理)开始逐步形成。

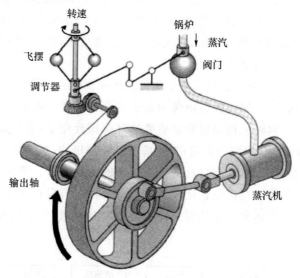

图 7.3　1788 年瓦特发明的控制蒸汽机速度的离心式调速器

20 世纪初,在军事和工业需求的刺激下,自动化技术的发展更为迅速,被大量应用到各种机械与电子系统中。1948 年,美国数学家 Wiener 发表了名著《控制论》,将控制论界定为"在动物和机器中控制与通信的科学"。1954 年,著名科学家钱学森在美国发表了名著《工程控制论》,系统地揭示了控制论对自动化、航空、航天、电子通信等科学技术的意义与深远影响。这两本专著的问世标志着自动化技术作为一门科学技术基本形成,奠定了自动控制理论基础,自此以后,自动化技术得到大批数学家和工程技术专家的研究与关注。

自动化技术的核心是控制,而控制是以预期目标为引导,研究如何将对象所呈现的信息加工成为控制策略作用于对象,实现其自动化行为。由此可见,控制将信息转换成为控制行为。

那么控制是如何将信息转换成为控制行为的呢?首先看看人是如何利用信息来控制其操纵设备的。人们在洗澡时会产生一个预期的水温(控制目标),然后用调节水阀门的方向和大小来控制水温。人脑要不断检测身体感受到的实际水温和预期水温的温差,并据此不断用手调节阀门来控制冷热水流量,经过若干次这种闭环调节过程,最终把水温调节到期望温度,如图7.4所示。由图可见,人调节水温的关键因素是实际水温信息能被反馈回来,并与期望水温比较。如人不能感受实际水温,则无法调节水温。因此,反馈是人实施控制的关键因素。

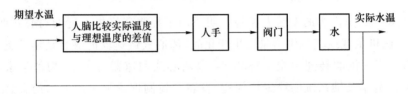

图7.4 人控制水温的过程

如果用机器取代人,给定期望水温,它能自动调节阀门来使实际水温保持在期望水温值,那么就实现了水温调节的自动控制,称其为自动控制系统。自动控制系统原理与图7.4所示的人调节水温原理是一致的,其关键因素也是反馈,只不过用计算机或电子器件来取代人脑,用电气或机械设备来取代人手。

再举一个鹰捉兔子的例子。当天空中的鹰发现地面上奔跑的兔子时,它俯冲下来,准确地袭击兔子。在这里,控制目标是使鹰和兔子的位置重合。鹰眼可判断鹰与兔子之间的距离,鹰脑根据这一判断来控制翅膀驱动鹰的身体接近兔子,直至最后逮住兔子,如图7.5所示。从控制角度看,鹰眼是测量机构,鹰脑是控制机构,鹰的翅膀是驱动机构(执行机构),鹰的身体是被控对象,控制目标是鹰与兔子的位置重合。鹰眼得到兔子的位置信息,鹰脑将这一位置信息与自己位置比较,获得位置偏差,再根据这个偏差信号向鹰翅膀发出指令,控制自己的身体向兔子接近来减少位置偏差,经过多次这样的闭环调节过程,最终捉住兔子。

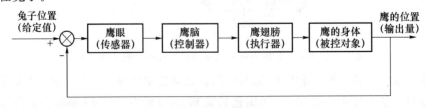

图7.5 鹰捉兔子的过程

Wiener把控制论定义为"关于动物和机器中控制和通信的科学",阐明了动物和机器控制的共性。对比鹰捉兔子的过程和典型控制系统,它们有以下共同特点。

第 7 章 信息执行

（1）鹰捉兔子的控制目标是使鹰的位置与兔子的位置的偏差为 0；典型控制系统的控制目标使给定信号与反馈信号的偏差为 0。

（2）鹰要捉住兔子，鹰眼获得的反馈信息至关重要，没有反馈信息就无法捉住兔子；反馈也是控制系统的核心概念，只有通过反馈，才能实现偏差的逐步缩小，最终实现控制目标。

典型控制系统结构如图 7.6 所示，其基本组成包括控制器、执行器、传感器、被控对象等。图 7.5 中也标明了典型控制系统各部分与鹰捉兔子过程的对应关系。下面简要介绍在给定控制目标的前提下，控制系统的各基本组成部分。

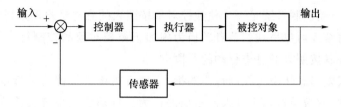

图 7.6　典型控制系统结构图

（1）被控对象（Plants）：是控制系统所控制和操纵的对象。

（2）执行机构（Actuator）：根据控制器输出信号的大小和方向对被控对象直接操作，使被控对象的状态（被控量）按要求发生变化。

（3）传感器（Sensor）：用来检测被控对象的输出（被控量），将被控量转换为与输入信号相同形式的信号，以便与输入信号相比较。

（4）控制器（Controller）：将传感器获得的反馈信号和输入信号的偏差作为输入信号，采用一定的控制规律对输入信号进行加工处理，来产生控制信号作为输出。输出的控制信号被放大幅度和功率后来驱动执行机构。

下面通过仿模铣床控制原理来说明以上概念。仿模铣床根据给定模具来加工工件，使工件与模具形状一致。图 7.7 是一个仿模铣床原理图。触指用来获得控制（给定）信号。铣刀可获得反馈信号，反馈信号反映工件实际加工情况。控制目的是消除控制信号和反馈信号的偏差，使得工件与模型形状完全一致。用差动轮来检测控制信号和反馈信号的偏差，这一偏差信号被转换为电信号，经放大处理后，驱动电机来控制刀架以消除偏差信号。

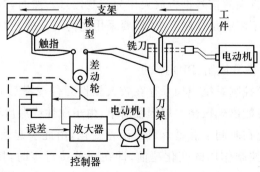

图 7.7　仿模铣床原理图

图 7.7 中控制系统的控制规律较简单,偏差信号经简单放大后直接用来驱动电动机。对于复杂的控制对象,简单采用比例控制规律难以满足控制系统的性能要求,应设计更为复杂的控制规律。事实上,控制规律的选择与设计是控制系统的核心问题,7.1.3 节将介绍典型的控制规律。

7.1.2 由信息到行为的转换机制

控制的研究对象不是物质,也不是能量,而是信息。在给定控制目标的情况下,控制是研究如何利用被控对象所呈现的信息来对其进行有效控制,使其出现人们预期的状态或行为。因此,自动控制系统是一个使被控对象按照人的意志来自动运行的系统,它按照某种控制规律将被控对象呈现的信息转换为施加于被控对象的控制行为,是人们积极改造、利用自然,使其按照人的意志行动的手段。

控制器将误差信息转换为控制行为的指令,执行机构再根据这一指令产生控制行为作用于被控对象,使被控对象出现人们预期的行为。自动控制系统将信息转换为控制行为机制,如图 7.8 所示,其中的控制装置包括控制器、执行机构和传感器等装置。

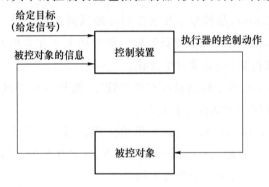

图 7.8 由信息到行为的转换过程

7.1.3 基本的控制方法

自动控制系统的核心是控制器,而控制器的关键是控制规律。针对不同被控对象,要采用合适的控制规律才能对其进行有效的控制。图 7.7 所示的仿模铣床控制系统采用了简单的比例控制规律,将偏差信号进行放大作为控制信号。然而,对许多实际被控对象来说,简单的比例控制并不能满足控制要求,需要采用更为复杂的控制规律。下面将介绍几种典型的控制规律。

(1) 比例—积分—微分控制(PID 控制)

图 7.7 所示的仿模控制系统中如果存在较大惯性元件或滞后元件,自动控制系统在克服误差调节过程中可能出现振荡。原因很简单,由于惯性或滞后元件的存在,在消除误差过程中控制作用变化在时间上总是落后于误差变化,由此引起系统输出信号振荡。一个很自然的考虑是,使控制作用的变化超前,即在误差接近零时,控制作用就应该为零。为了达到这个目的,控制器仅仅将误差进行简单的"比例"放大是不够的,还应加入能够预

测误差变化趋势的"微分"作用。

一般来说,当控制系统的误差信号趋于很小的正值,误差的导数是负的,也就是说误差变化的速度在减小,此时控制作用应该为零,让控制系统在惯性的作用下使误差自动减小,以加强系统的稳定性。控制器中加入"微分"项后,误差信号的正值和误差导数的负值相互抵消,使控制作用在误差为零前就等于零,甚至为负值,从而达到了超前变化的目的。所以,对有较大惯性和(或)滞后元件的被控对象,比例+微分控制器能改善控制系统的动态特性。

自动控制系统面临的另一个问题是:被控量(系统输出)能否较精确地稳定在所要求的给定值上?如果不能,这个控制系统就称为有稳态误差或简称有差系统。为了消除稳态误差,在控制器中要引入"积分"项,它对误差取关于时间的积分。如果控制系统存在一个很小的稳态误差,那么随着时间的增加,误差的积分项会不断增大,从而推动控制器输出增大来使稳态误差进一步减小,直到等于零。因此,比例+积分控制器可以使系统在稳态时无稳态误差。

工业中常用的控制器一般都有比例、微分、积分三项作用,称为比例—微分—积分控制器(PID控制器),其原理如图7.9所示。各项的相应系数可分别加以设置和调整,以保证能调节到使控制系统有好的动态品质。设控制器的输入信号是误差$e(t)$,控制器输出信号是$u(t)$,则它们之间的函数关系表示为

$$u(t) = K\left(e(t) + T_d \frac{\mathrm{d}e(t)}{\mathrm{d}t} + \frac{1}{T_i}\int e(t)\mathrm{d}t\right) \tag{7.1}$$

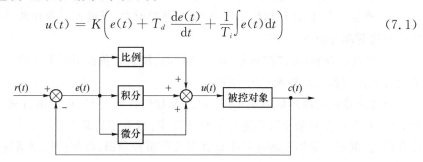

图 7.9 PID 控制器原理

由于 PID 控制器的控制效果好,实现简单,调整方便,在工业过程控制中应用非常广泛。在实际生产中,往往采用电阻、电容和电子放大器组成比例—积分—微分电路,实现 PID 控制器功能。

(2) 最优控制

要设计一个控制系统,总要提出一些性能要求,例如,系统是稳定的,稳态误差要小,调节过程的时间不能太长等。如果选用 PID 控制器,通过调节比例、积分和微分项的三个系数,可以达到这样的性能指标要求。但对于非常复杂的被控对象,例如电动机拖动控制、航天飞行器的控制等,这类控制系统对性能指标要求较高,PID 控制器就很难达到技术要求。

电机拖动控制希望大型电机的启动、反转或制动所需时间越短越好;对于航天飞行器则希望飞行所消耗的燃料越少越好。这类控制系统都有一定的技术指标,但与 PID 控制不同的是控制器要使某个技术指标达到极值(极大或极小),这样的控制称为最优控制。

最优控制研究的中心问题是：在给定限定条件和性能指标下（评价函数或目标函数），去寻求适当的控制规律，使得系统性能或品质的某个"指标"在一定的意义下达到最优值。

最优控制有开环和闭环两种结构形式。在开环最优控制中，控制信号被设计成与被控制系统的状态无关的时间函数。在闭环最优控制系统中，控制信号则设计成被控系统状态的函数。

(3) 自适应控制

设计最优控制器时，首先要用数学方程描述被控对象，即建立被控对象的数学模型，然后根据这个模型来设计控制器使控制系统的某一性能指标最优。然而，在工程实际中，由于受到无法测量的外来扰动的影响，很难获得被控对象的准确数学模型，因此常常采用被控对象的近似模型。当实际被控对象面临较大的扰动时，这样设计的控制器的控制效果将变差，甚至不稳定。

自适应控制可以根据实际被控对象的变化，自动调整控制器，以使得控制系统的性能维持在最优状态。其基本思想是：实时、在线地获得被控对象数学模型的变化，再根据模型变化来改变控制器的参数，达到保持控制系统性能的目的。自适应控制系统能够认识环境条件的变化，并自动校正控制动作，使系统达到最优或次最优的效果，具有一定的适应能力。

目前成熟的自适应控制方法主要有两种。

① 模型参考自适应控制：由参考模型、被控对象、反馈控制器和调整控制器参数的自适应机构等部分组成。

② 自校正控制：由被控对象、参数估计器、控制器和控制器设计计算等部分组成。参数估计和控制器设计必须在线、实时实现。

自校正控制的原理如图 7.10 所示。参数估计器实时、在线估计被控对象的参数变化，然后根据被控对象参数来进行控制器设计、调整控制器参数。这样，当被控对象参数变化时，控制系统能够检测这一变化并据此调节控制器，以保持控制系统的性能品质。

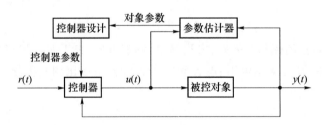

图 7.10 自校正控制的结构

(4) 智能控制

最优控制器和自适应控制器都是基于被控对象的数学模型来设计的。实际被控对象往往很复杂，并且存在外界不确定扰动，这样的被控对象难以建立数学模型，很难用常规控制器的设计来实现，并且控制效果也不一定理想。然而，对于某些复杂被控对象，例如，将汽车停在指定的车位，人可以轻而易举地做到，而要设计这样的自动控制系统则非常复杂。

人在控制过程中，无须建立被控对象的数学模型，而是凭着经验对复杂被控对象进行控制，控制效果却很好。智能控制就是借助人工智能方法来模拟人的控制方式进行控制的。根据所采用的人工智能方法，智能控制可分为模糊控制、神经控制、专家系统控制等。下面介绍两种主要的、常见的智能控制方法——模糊控制和神经控制。

① 模糊控制

1965 年 L. A. Zadeh 创立了模糊集合理论，提出用模糊集合和模糊逻辑来模拟人脑思维的不确定性。20 世纪 70 年代中期，以 E. H. Mamdani 为代表的一批学者提出了模糊控制的概念，标志着模糊控制的正式诞生。模糊控制的基本思想是把人类对特定对象或过程的控制策略总结成一系列"IF(如果)，THEN(那么)"形式的控制规则，通过模糊推理得到控制策略，作用于被控对象。与常规控制方法不同，模糊控制无须建立被控对象的数学模型，是完全在操作人员控制经验的基础上实现对系统的控制。

在图 7.4 的例子中，设 E 表示期望水温与实际水温之间的误差，U 表示人控制阀门的方向和开度，那么人控制水温的模糊控制规则为：

IF E is 正大，THEN U is 负大；
IF E is 正小，THEN U is 负小；
IF E is 零，THEN U is 零；
IF E is 负小，THEN U is 正小；
IF E is 负大，THEN U is 正大。

模糊控制的核心就是这类模糊控制规则。E 和 U 分别为水温偏差和阀门开度的语言变量，"正大""正小"等为语言变量的具体值，称为语言值。语言值具有模糊性，因此用模糊集合来描述。这些规则也称为模糊规则或模糊条件语句，代表人们控制的知识和经验。模糊控制器就是利用这些模糊规则来模拟人进行控制。

那么模糊控制器如何利用模糊规则进行具体的控制呢？上例中，当人感受到水温时，人利用头脑中的知识和当前水温进行推理判断，产生控制策略来调节阀门方向和开度。模糊控制器利用模糊规则产生决策行为的情况与此类似。对于给定温度偏差的实际值，首先将其模糊化，转换为温度偏差的模糊值；然后，利用这一模糊值和模糊控制规则进行模糊推理，产生一个阀门开度的模糊值；最后，将阀门开度的模糊值进行清晰化处理，获得阀门开度的实际值作为控制决策。模糊控制的结构如图 7.11 所示。

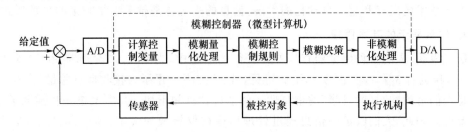

图 7.11　模糊控制结构

模糊控制器是由软件实现的。由于计算机只能处理离散数字信号，所以需要通过模/数(A/D)转换器将模拟偏差信号转换为数字信号供计算机处理，同样控制信号也要通过数/模(D/A)转换器转换为模拟控制信号输出。

② 神经控制

一种常用的神经网络模型如第 5 章图 5.9 或第 6 章图 6.7(a)所示，神经网络控制器如图 7.12 所示。

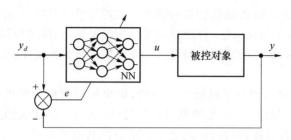

图 7.12 神经网络控制系统

前向神经网络具有学习的能力,可通过反向传播学习算法调节神经网络的联结权值,使其逼近任意非线性函数。利用神经网络的这一特点,可用神经网络作为被控对象的前馈控制器。这种控制方法的思想是:如果神经网络充分逼近被控对象的逆动力学特性,则输入值与输出值的偏差为零,从而达到控制的目的。

更复杂的控制策略,需要通过第 6 章的"信息—知识—智能"转换方法来生成。

7.2 信息显示

信息的执行一方面通过控制的作用来实现,另一方面也可以通过信息显示起到信息执行的作用。指挥交通用的信号灯就是通过信息显示来实现信息执行功能的简单例子。

信息显示研究如何采用有效的手段将信息处理的结果直观、迅速地传输给人的大脑,即把电信号转换成文字、图形、图像、语音等形式,通过智能行为者对信息的理解起到信息执行的作用。这里要注意,"显示"本身有图形、图像的意思,其实声音也是一种显示的形式。

7.2.1 信息显示的基本原理

前面已经阐明,信息是事物运动的状态以及状态变化的方式。这些信息可能直接作用于人的感觉器官,也可能是通过一些机器或设备(如雷达、望远镜)间接地作用于人们。随着生产技术的发展和生产自动化的发展,信息的来源越来越多地是间接的呈现形式。

1. 信息显示的基本原理

研究表明,人的各种感觉器官从外界获得的信息中,视觉占 60%,听觉占 20%,触觉占 15%,味觉占 3%,嗅觉占 2%,由此可见,视、听二者占据了人接收信息总量的 80%,这也就是人们常说的"耳闻目睹"的重要性。俗话说,"百闻不如一见",又进一步强调了视觉的重要性。因此,人们收集的信息经过处理后往往要转换为文字、图形、图像、语言等形式,以便人们相互之间的交流。计算机收集的信息经过处理后要经过显示、打印、绘图、语音等手段输出,供给人们观看或收听。人们不仅要把各种非电量信息(如声、光、热、力等)用传感器转换成电信号,而且还要进一步把各种电信号以文字、图形、图像的方式显示出来,这是人们感知信息的方式。下面从视、听、触、嗅四个方面说明信息显示的基本原理。

(1) 信息的视觉显示

信息的视觉显示是通过显示器如仪表、信号灯、荧光屏来呈现的,这些显示器的设计需要适合人眼的特点以及人的操作特点。视觉活动始于光,眼睛接收光线,转化为电信号。光能够被物体反射,并在眼睛的后部成像。眼睛的神经末梢将它转化为电信号,传递给大脑。眼睛的结构如图7.13所示。

在视觉显示中,仪表是出现最早而且应用最广泛的一种显示器。它不仅应用在日常生活中,如钟表、电表等,在工厂、军舰、飞机上更是不可缺少。随着飞机系统的复杂化,仪表的应用也越来越广泛,越来越重要。仪表的职能就是显示信息,

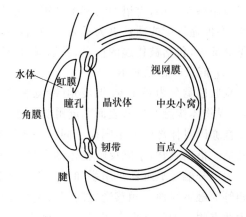

图 7.13 眼睛的结构图

显示的信息越清晰,就越有利于人的正确判读,提高工作效率;否则不仅会降低工作效率,而且因读错仪表还会引起事故。

信号灯是传递信息的重要手段,在交通运输、生产活动以及日常生活中应用极其广泛。在飞机、车辆、轮船、交通上用它来控制各种车辆的行驶,提供引导的信息;在仪器仪表上,用它来表示仪器仪表的运动情况。例如,飞机着陆时,从飞行员看到机场直到安全地到达停机地点,共需9种照明设备,按使用的先后顺序是机场位置信标灯、进场信号灯、目视过场坡度指示灯、界限灯、着陆区域灯、跑道中线灯、跑道边线灯、滑行道灯、停机坪灯,这些信号灯向飞行员传递各种信息,保证安全着陆。由于信号灯既引人注目又简单明了,因此目前飞机仪表板上不仅使用多种信号灯,而且采用信号灯盒(把许多灯组合在一起),如歼击机的仪表板上用6个信号灯盒,显示87种不同色彩的灯光字符集信号。

荧光屏为多种类型的信息形象化显示提供了一种方便手段。随着电子技术的发展,用荧光屏显示信息越来越广泛了,最常用的荧光屏有雷达、电视、示波器。人们用雷达显示器来指挥射击、进行空中交通管制、导航和投弹瞄准;用电视屏幕作为综合显示、形象化显示的手段,把许多仪表显示的信息综合在一个电视屏幕上,用示波器进行电子学试验和监控仪器等。

(2) 信息的听觉显示

在现代社会中,听觉信号给人很多帮助。听觉传导系统可分成两大类,声音警觉系统(电铃、汽笛、警铃)和言语通信系统。听觉是由空气的振动或声波引起的,耳朵接收并传播这些振动到听觉神经。它的主要结构如图7.14所示。

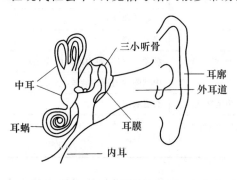

图 7.14 人耳的构造图

言语既是输出(从发话人角度说),又是输入(就听话者而言)。在一般言语通信环境中,会受到噪声、通信系统(电话系统)和听者的听觉能力不适等影响。在通信交往特别关键的地方,例如在机场控制塔中进行通信交往时这个问题就尤其重要。在设计言语通信系统的过程中,人们需要建立标准,使系统符合言语接收的要求。例如,在

机场控制塔系统中,言语的可理解性更为重要;在家庭电话系统中,重要的是能再现出噪音来,亦即逼真度或质量更为重要。为确定这类标准,设计者应当考虑言语通信系统的各个组成部分,包括被传递的信息、发话者、传递系统,以及听话者。

(3) 信息的触觉显示

皮肤感觉分为触压觉、温度觉(冷觉和热觉)和痛觉。各种感受器在皮肤上呈点状分布,外界物体接触及皮肤表面引起触觉。触点在身体不同部位的分布是不同的。触觉的感受性亦因身体部位的不同而不同。一般说来,指尖、舌尖触觉感受性最高,腰部感受性则较低。借助触觉,手能反映物体的形状和空间位置,亦能反映物体表面特性。

大部分触觉显示器是用手和手指作为信息的特定接收器,但并不是手部所有部分都有相等的触感受性。触感受性的测量是两点阈,即能感觉皮肤上面的刺激间的最小距离称为两点阈。测定结果表明,从手掌到指尖,触感受性增加(两点阈减少)。因此,很好辨认的显示器最好设计成由手指尖接受刺激。触感受性亦由于低温而降低,所以在低温中用触觉显示器要格外慎重。

(4) 信息的嗅觉显示

嗅觉显示器尚没有普遍应用。由于人们在对各种气味的感受性上有很大差异,不通气的鼻子的感受性下降,嗅觉具有适应麻木性等原因,所以人们不能依赖气味作为可靠的信息。但是,尽管如此,嗅觉显示器仍有一些应用。主要是作为警报装置,例如,煤气公司在天然煤气中加进一种气味,这样人们可以觉察到家里煤气的渗漏。另一个例子是嗅觉显示器用气味作为危急信号,在美国几个地下铁矿里,采用一种恶臭系统在危急情况下给矿工发出信号撤离矿井,气味释放进矿井的通风设备,很快就通进矿井。这就是嗅觉显示器的优点,它可以渗入视觉和听觉显示器不能达到的广大区域。

嗅觉显示器将来也可能不会被广泛应用,但它们代表了一种独特的信息显示器的机能,它可以与非常特殊的情况相联系去增补传统的显示器形式。

此外,还有多种其他的信息显示形式,总结为表7.1。

表7.1 不同刺激形式的显示

感官刺激		说 明	显示装置
视觉		感知可见光	图像生成系统,光学或显示屏
听觉		感知声波	计算机控制的声音合成器、耳机或喇叭
嗅觉		感知空气中化学成分	气味传递装置
味觉		感知液体中化学成分	尚未实现
触觉	触觉	皮肤感知的触摸、温度、压力、纹理等	触觉传感器(弱力或温度变化)
	力觉	肌肉、关节、腱感知的力	中到强的力反馈装置
身体感觉		感知肢体或身躯的位置和角度变化	数据衣服
前庭感觉		平衡感知,由内耳感知头部的线性加速度和角加速度	动平台

作为信息技术的显示技术的基本原理,是采用电子的、光学的或其他手段去放大太远、太小、强度太低、被噪声污染的刺激和过分缩小了的刺激(如巨大的陆地转换成地图)。当刺激远远超出人的感觉限度,将其转换成另一种能量(用收音机或电视)或转换成另外的形式,

使人能感知到比人可以分辨的刺激更精确(如温度、重量、声音)。当一种刺激转换成另一种形式可以被感觉得更好或更方便(如表示数量资料的图表)时,进行模式转换。当事件或环境的信息需要人们高度注意(如紧急情况、道路标志危险状况)时,需要高强度刺激。

2. 信息显示的表达方式

信息显示包含上述的不同模态,同时,信息显示也可以采用下面的多种表达方式。

(1) 显示方式的静态和动态方式

动态显示器是连续变化或是随时间变化的以下类型。

① 以单片机(微控制器)为核心的初级嵌入式系统。

② 描述一些变量的状态或状况,如温度和压力量表、测速器、测高器。

③ 阴极射线管显示器(CRT),如雷达、声呐器、电视、无线电放射机。

④ 呈现有意识转换的信息的显示器,如电唱机、电影。

⑤ 用于帮助使用者去控制或安排一些变量的显示器,如烘箱的温度控制(有一些仪器既是显示器又是控制器,特别是用这种仪器去调整时更是如此)。

静态显示器是保持固定的信息,如信号、图表、线条、标记和各种印刷书写材料。显示器与所呈现的信息之间没有绝对的一对一的关系,有些特殊的显示器可以呈现两种或更多种信息。1990 年,Young、Howes 和 Whittington 指出,著名的 GMOS 模型(目标(Goals)、操作(Operation)、方法(Methods)和选择规则(Selection rules))中的控制很大程度上是通过用户内部的知识结构完成的,显示不作为一种控制信息的来源。而 Mayes 的研究显示,可能在控制图形用户界面交互过程中占据更加中心的地位。这种观察的结果激发了基于显示的交互模型的尝试。

(2) 显示呈现的主要信息类型

① 数量信息:显示器反映了某种变量的数量,如温度和速度。在大多数情况下,这种变量是动态的,但在一些情况下也可能是静态的(如呈现在计算图表和表格上的信息)。

② 质量信息:显示器反映近似值、变化的比率、变化方向或某些可变变量的其他方面。这种信息通常是推断某种质的参数,而不是为了得到一个量的值。

③ 状态信息:显示器反映一个系统的状态或状况,如"开—关"指示器;或反映状态限制的一种指示,如"停止—警惕—走"的信号;或某种独立状态的指示,如一个电视频道。

④ 警告和信号信息:显示器指出危急或不安全状态,或指示某种事物(或状态)的出现或消失(飞机与雷达)。这类显示器的呈现可以是静态的,也可以是动态的。

⑤ 表象信息:某些显示器可以呈现动态图像(如电视或电影),也可以呈现动态表象(如示波器显示的心率),另外还可以表现静态信息(如照片、地图、图表)。

⑥ 识别信息:显示器通常去确认某种状况的条件和物体,如确认危险交通通路。识别通常是一种编码形式。

⑦ 文字数字式和符号式的信息:显示器呈现词、数字和有关的各种形式的编码信息,如信号、标记、标语、音符、印刷材料,包括盲文印刷材料及计算机打印。这类信息通常是静态的,但在某些情况下也可能是动态的,如在建筑物上由移动的光所呈现的标语。

⑧ 时相信息:显示器呈现幅度或时间信号,也就是按信号的持续时间、信号内的间隔来控制这些信号,如莫尔斯电码和闪光通信。

7.2.2 信息显示的作用

可以把人的每种感知觉视为一个通道,不同通道的信息传递效率是不同的。这与两个因素有关,一个是不同通道的反应时间不同;另一个是同通道的辨认能力不同。信息显示的作用就是通过不同的通道把信息传递给人。这里,讨论信息显示作用的主要出发点是,信息显示对于人等智能行为者提供了辅助决策、控制制约等作用。一般地,信息显示的作用是与整个信息系统的目标相联系的。概括起来,信息显示的作用可归于信息的执行,或者说是信息的语义表达。下面,从几个方面说明信息显示的作用。

信息显示的作用大体可以分为主动执行和被动执行两个方面。一方面,主动执行是指信息显示后,要求信息的接收者(可以是高等智能体,也可以是智能机器人等)必须给出恰当的回应。这里,以 Web 邮件系统给出显示的信息,要求用户必须提供用户名和密码等信息才能登录个人邮件系统。这种情况下,Web 邮件系统所显示的计算机界面信息,包括用户名、密码等输入信息就可以认为是信息的主动执行作用。

另一方面,信息系统完成信息的控制和执行作用,通常需要显示必要的信息,以驱动信息接受者的执行。但是这种情况下,信息的接收者可以进行选择,考虑是否按照信息系统的本身目的和要求采取措施,或者进行其他的行为。例如,交通信号灯的控制,常识上,人们知道灯的不同颜色表达的不同含义。但是很多时候,看见红灯,如果此时没有车辆行驶,人们当然可以选择按照红灯的指示含义停下来;也有人在有红灯的情况下走过去,这显然是基于人们自身的判断(当然,从公共道德和交通安全规则来说,看见红灯就应当停止前进)。也就是说,无论红灯、绿灯并没有强制人们必须执行,而只是一种选择(当然要受到约束)。

将第二种情况推广,还可以提出一种更为广泛的形式,称为开放式信息的显示。这种情形下,信息的显示与接收信息的高等智能体之间是一种隐式的关系。可能是相关也可能无关,是一种复杂的、潜在的联系形式。仁者见仁,智者见智,就是对这种情况的概括。例如,众所周知,物理学家牛顿在苹果树下被苹果砸到头部,这个事件触发了他发现"万有引力"定律的灵感。而其他绝大多数人,如果有同样的情形发生,也许是用袖子把苹果擦干净,啃上两口。当然,想和做是开放的,没有人完全知道会发生什么作用。这是信息显示的开放式作用的表现。

总之,信息显示的作用与信息系统本身的目的有密切关系,同时,它也与信息系统面临的主体有密切的关系。

7.2.3 信息显示的基本方法

计算机是信息显示的最基本平台。早期的计算机最重要的特点是体现"通用机"的灵活性,使计算机能执行任何信息处理任务,没有建立各种各样信息表达形式的能力,这就限制了人和计算机之间的信息沟通。

近年来,人们认识到最重要的是如何使用所有的感觉和信息沟通能力与计算机发生交互作用。在计算机系统中使用音频、视频、图形和动画等不只是常规计算机的扩充,而是试图将计算机开发成一台"通用机器",使它能完整地理解人的需要,并和人沟通信息,因此,一个易于使用的、形象直观的多媒体、多通道的信息显示系统将极大地改善系统的可用性。可以从多个角度考虑信息显示的基本方法:信息显示的多样性和信息显示的多模态。

1. 多媒体

媒体是信息的载体,分为感觉、表示、显示、存储和传输媒体。多媒体的定义多种多样,人们从各自的角度出发对多媒体给出了不同的描述。如对于表示媒体,"多媒体"常常是指信息表示的多样化,常见的形式有文字、图形、图像、声音、动画和视频等形式,那些可以承载信息的程序、过程或活动的也是媒体。

多媒体的关键特性主要表现为信息载体的多样化、集成性和交互性三个方面。信息载体的多样化是相对于计算机而言的。把计算机所能处理的信息空间范围扩展和放大,不再局限于数值、文本或是被特别对待的图形或图像,这是使计算机变得更加人类化所必须的条件。多媒体就是要把机器处理的信息多样化或多维化,使之在信息交互的过程中,具有更加广阔和更加自由的空间。

多媒体的第二个关键特性是交互性。它将向用户提供更加有效的控制和使用信息的手段,同时也为应用开辟更加广阔的领域。交互可以增加对信息的注意力和理解,延长信息保留的时间。在单一的文本空间中,交互的效果和作用是很差的,很难做到自由地控制和干预信息的处理。当多媒体交互性引入时,"活动"本身作为一种媒体介入了信息转变为知识的过程。借助于活动,人们可以获得更多的信息。例如,在计算机辅助教学中,可以人为地改变信息的组织过程,研究感兴趣的某些方面,从而获得新的感受。交互性一旦被赋予了多媒体信息空间,可以带来很多的好处。

多媒体的第三个关键特性是集成性,它是在系统级的一次飞跃。早期的各项技术是单一、零散的,但当各项技术发展到了相当成熟的程度,并且独立发展不再能满足应用的需求时,就需要集成在一起。它包括多媒体信息媒体的集成和处理这些媒体的技术的集成。

2. 屏幕显示

屏幕是信息显示的主要手段之一,随着计算机的广泛使用,用户对其支持多任务的要求越来越强烈。因为在应用中各种用户经常会在多个任务间切换。例如,程序员必须从程序代码转移到数据说明,或从过程调用转移到过程定义;科技论文的作者从撰写文本中转移到插入参考文献引文的出处,再复核实验数据,再生成插图,再阅读以前的论文;航空公司订票员从对旅客预定的行程的工作转移到核对航班时刻表再选择安排座位;办公室工作人员从写文档转移到电子报表再检查电子邮件等。所有这些情况都要求设计者考虑各种各样的策略来管理和访问相关信息的多窗口。图7.15为航班信息显示视图。

许多计算机用户的普遍问题是要求快速地查询多种资源而同时最低限度地分散在他们任务上的注意力。用大桌面的或墙壁尺度的显示器,可以同时显示大量的有关联的文档,但视野和头眼的移动则是一个问题。用小显示器,窗口通常太小而不能提供适宜的信息和上下文。折中的办法是,利用9~27英寸显示器(640像素×480像素~2 048像素×2 048像素),要向用户提供足够的信息以及完成其任务的灵活性而同时减少窗口管理操作、分散注意力的干扰以及头眼的移动,这是对设计者的挑战。动画特性、三维状态以及

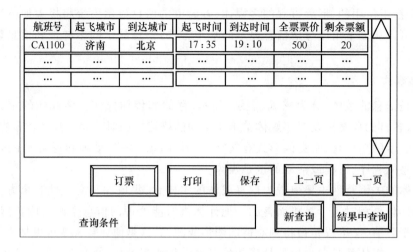

图 7.15 航班信息显示视图

图形设计在多窗口设计中起着关键的作用。

对大多数系统来说,显示设计是成功设计的一个关键部分,同时也是许多热烈争论的起源。密集或零乱的显示能使人生气,而前后不一致的格式也会抑制性能的发挥。

设计者首先总是应该通晓用户的任务,不受显示屏大小、响应时间或可用字体的限制。高效的显示设计应以执行任务的适当顺序提供所有必要的数据。考虑到有限的显示容量,设计者可以把显示编排成页。条目有意义的分组(带有适于用户理解的标题)、各组前后一致的顺序以及整齐的格式,这些都有助于任务的执行。每组的周围可以是空格或记号,如一个方框。另外有关的条目可用高亮度显示、负像显示、彩色或特殊字体表示。在组内用左对齐或右对齐、数值按小数点对齐、分解的长字段加记号来达到整齐的格式。

3. 字符的显示

国家标准汉字字符集 GB 2312—1980 收集了共 7 445 个汉字和图形符号,其中汉字 6 763 个,分为二级,一级汉字 3 755 个,二级汉字 3 008 个。汉字图形符号根据其位置划分为 94 个"区",每个区包含 94 个汉字字符,每个汉字字符又称为一个"位"。区的序号和位的序号是从 01~94,UCDOS 软件中的文件 HZK16 和文件 ASC16 分别为 16×16 的国标汉字点阵文件和 8×16 的 ASCII 码点阵文件,以二进制格式存储。在文件 HZK16 中,按汉字区位码从小到大依次存有国标区位码表中的所有汉字,每个汉字占用 32 个字节,每个区为 94 个汉字。在文件 ASC16 中,按 ASCII 码从小到大依次存有 8×16 的 ASCII 码点阵,每个 ASCII 码占用 16 个字节。

在 PC 的文本文件中,汉字是以机内码的形式存储的,每个汉字占用两个字节:第一个字节为区码,为了与 ASCII 码区别,范围从十六进制的 0A1H 开始(小于 80 H 的为 ASCII 码字符),对应区位码中区码的第一区;第二个字节为位码,范围也是从 0A1H 开始,对应某区中的第一个位码。这样,将汉字机内码减去 0A0AH 就得到该汉字的区位码。

例如,汉字"房"的机内码为十六进制的"B7BF",其中"B7"表示区码,"BF"表示位码。所以"房"的区位码为 0B7BFH－0A0A0H＝171FH。将区码和位码分别转换为十进制得汉字"房"的区位码为"2331",即"房"的点阵位于第 23 区的第 31 个字的位置,相当于在文件 HZK16 中的位置为第 $32\times[(23-1)\times94+(31-1)]=67\,136\,B$ 以后的 32 个字节为"房"的显示点阵。

ASCII 码的显示与汉字的显示原理相同,在 ASC16 文件中不存在机内码的问题,其显示点阵直接按 ASCII 码从小到大依次排列,不过每个 ASCII 码在文本中只占 1 个字节并且小于 80 H,每个 ASCII 码为 8×16 点阵,即在 ASC16 文件中,每个 ASCII 码的点阵也只占 16 个字节。

4. 字段的布局

在设计中考察不同的布局会是一种有用的手段。这些设计选择方案应在显示屏幕上直接开发,通过对比,选取更好的布局。例如,一个含有配偶以及孩子的信息的雇员记录可能粗糙地显示如下:

李孝国 034787331 王娟

李良 102974

李莉 082177

李强 090872

这个记录或许包含了某一任务的必要信息,但是从中摘取信息会很慢且易于出错。使用数据标题,这对大多数用户理解数据含义十分有用,并把有关孩子们的信息缩进几格对表示这些重复字段的归类有帮助。

雇员姓名:李孝国　身份证号码:034-78-7331

配偶姓名:王娟

子女姓名　生日

李强　　090872

李良　　102974

李莉　　082177

5. 图形与图像

计算机屏幕上显示出来的画面与文字,通常有两种描述方法:一种方法称为矢量图形或几何图形方法,简称图形(Graphics);另一种描述画面的方法称为点阵图像或位图图像方法,简称图像(Image)。

矢量图形是用一个指令集合来描述的。这些指令描述构成一幅图的所有直线、圆、圆弧、矩形、曲线等的位置,维数和大小,形状,颜色。显示时需要相应的软件读取这些指令,并将其转变为屏幕上所显示的形状和颜色。产生矢量图形的程序通常称为绘图(Draw)程序,它可以分别产生和操作矢量图形和各个片断,并可任意移动、缩小、放大、旋转和扭曲各个部分,即使相互覆盖或重叠也依然保持各自的特性。位图图像是由描述图像中各个像素点的高度与颜色的数位集合组成。它存在内存中,也就是由一组计算机内存位组成,它适合表现比较细致、层次和色彩比较丰富,包含大量细节的图像。

生成位图图像的软件工具通常称为绘图(Paint)程序,可以制定颜色画出每个像素点来生成一幅画。它所需空间比矢量图形大很多,因为位图必须指明屏幕上显示的每个像素点的信息。但显示一幅图像所需的 CPU 计算量要远小于显示一幅图形的 CPU 计算量,这是因为显示图像一般只需把图像写入到显示缓冲区中,而显示一幅图形则需要

CPU计算组成每个图元(如点、线等)的像素点的位置与颜色,这需要很强的CPU计算能力。

彩色显示更符合自然世界的色彩,但不当的色彩搭配也会令用户产生反感。信息显示中色彩的作用在于温和夺目,给缺少趣味的显示增添特色;在复杂的显示中,便于识别微细的差别;突出信息的逻辑结构,引起对告警的注意;引起强烈的情绪响应,如愉悦、激动、害怕或气恼。色彩的实现通过彩色空间和位平面。彩色空间是指彩色图像所使用的彩色描述方法(也叫彩色模式)。常用的彩色空间有RGB(红绿蓝)空间、CMYK(青橙黄黑)空间和YUV(亮度、色差)空间。位平面是指彩色图像的各个彩色成分的所有像素构成的一个集合,如RGB空间中的彩色图像有三个位平面,即R、G、B平面。

图像在存储媒体中的存储格式称为文件格式,此格式因软硬件制造商的不同而不同。常见的文件格式有以下六种。

(1) PCX 格式

最初由Z-SOFT公司为其图像处理软件——PC Paintbrush设计的文件格式。它是目前使用最广泛的文件格式之一。该格式比较简单,使用游程长度编码(RLE)方法进行压缩,压缩比适中,适合于一般软件的使用,压缩和解压缩的速度都比较快。另外,由各种扫描仪扫描得到的图像几乎都能存成PCX格式。

(2) BMP 和 DIB 格式

DIB是Windows所使用的与设备无关的点位图文件存储格式。

BMP是标准的Windows和OS/2的图像格式的基本位图格式。该文件格式比较简单,并且为了图像处理的方便,用BMP文件格式存储的图像数据都不能压缩,因此图像文件较大。

(3) GIF 格式

GIF(Graphics Interchange Format)格式,译为图形交换格式,由Compuserve公司设计开发,便于在不同的平台上进行图像交流和传输。目前,Internet的Web浏览器(如Netscape、IE)一般都采用GIF格式处理图形数据。GIF是使用LZW压缩方法的主要图形文件格式,因此,文件压缩比较高,长度较小。

(4) TIF 格式

TIF(Tag Image File Format)由Aldus和Microsoft合作开发,最初用于扫描仪和桌面出版业,是工业标准格式,支持所有的图形类型,同时被许多图形应用软件(如Corel-Draw、Photoshop等)所支持。TIF格式文件分为压缩和非压缩两类。非压缩的TIF文件独立于软硬件,但压缩文件要复杂得多,图形文件压缩后,格式改为TIF格式。

(5) JPG 和 PIC 格式

JPG和PIC原是Apple Mac机器上使用的一种图形格式,都是用JPEG压缩标准进行图像数据压缩,在PC上十分流行。其特点是文件非常小,而且可以调整压缩比。

JPG文件的显示比较慢,仔细观察图像的边缘可以看出不太明显的失真,因为JPG的压缩较高,非常适用于要处理大量图像的场合。

(6) PCD 格式

PCD格式是Kodak公司开发的电子照片文件存储格式,是Photo-CD的专用格式,一般都存储在CD-ROM上,读取PCD文件要用Kodak公司出品的专门软件。由于

Photo-CD的应用格式非常广，现在许多文件，如 Photoshop 和 Corel Draw 都可以将 PCD 文件转换成其他标准的图像文件。

6. 自然语言对话

人们希望有朝一日计算机能很容易地响应用户以自然语言键入或口述发出的命令，人们用一种熟悉的自然语言（如汉语、英语）给出指令并接收相应的计算机操作方式。计算机通过自然语言文本的生成技术自动形成报告。例如，根据复杂的数学模型准备结构化的天气报告（星期日下午晚些时候在北郊有 80% 下小雨的可能）；根据读取的医学实验数据生成报告（白细胞计数为 12 000），而且也会产生警告（此值超出正常范围 3 000~8 000 的 50%）或建议（建议做进一步的系统感染检查）；还有能生成法律遗嘱、合同或商业计划等。

7. 语音识别与生成

语音识别与生成是人—机语音通信的一个重要组成部分。语音合成可以分为两类，一类是语音的参量编码，即压缩语音的存储和回放。例如，线性预测编码（LPC 速率为 2.4 kbit/s）、码激励线性预测（CELP 速率为 4.8 kbit/s）、多脉冲激励线性预测（MPLP 速率为 9.6 kbit/s）。另一类是语音的规则合成，或者称文—语转换（Text to Speech）。最有名的系统是美国麻省理工学院（MIT）的 Dectalk 系统和瑞典皇家理工学院传输实验室的 KTH 系统。MIT 是以共振峰合成，而 KTH 是用共振峰对声道的对应关系再转换为零、极点位置和滤波器系数来实现的，这类机器都对发音规则进行了比较充分的研究，是电子学专家和语音学家共同努力的结果。

本 章 小 结

信息的执行是信息系统的最终环节，又是另一个与之相联系的信息系统的输入环节。信息的执行不仅表现在信息的控制上，也表现在信息的显示上，可以认为是信息的语义与语用的表达。本章从这两个层次说明信息的执行功能。信息的控制主要概述了控制的基本概念、信息到行为的转换机制，以及基本的控制方法。在信息显示方面，强调信息显示的广义性，即信息的呈现，从视觉、听觉等不同的呈现形式，说明信息显示的作用和基本方法。

思 考 题

7.1 什么是自动化技术？自动化技术的核心是什么？
7.2 说明自动控制系统与人或动物控制方式的区别和联系。
7.3 简述比例—积分—微分控制的基本原理。
7.4 自适应控制的基本思想是什么？
7.5 智能控制主要包括哪两种控制方法？它们的特点是什么？

7.6 请举出生活中自动控制系统的例子,并试用控制原理对其进行分析。

7.7 试述研究信息显示的意义。

7.8 试比较信息显示基本方法的优点与不足。

7.9 试比较信息显示基本方法的适用环境。

进一步阅读的建议

A. 参考文献

[1] 万百五. 自动化(专业)概论. 武汉:武汉理工大学出版社,2002.

[2] 王耀南. 智能控制系统——模糊逻辑、专家系统、神经网络控制. 长沙:湖南大学出版社,1996.

[3] 戴先中. 自动化科学与技术学科的内容、地位与体系. 北京:高等教育出版社,2003.

[4] 汪晋宽,于丁文,张健. 自动化概论. 北京:北京邮电大学出版社,2006.

[5] 李大友. 多媒体技术及应用. 北京:清华大学出版社,2001.

[6] 吴玲达. 多媒体人机交互技术. 长沙:国防科技大学出版社,1993.

[7] Yong R M, Howes A, Whittington J. A knowledge analysis of interactivity. IFIP TC13 International Conference on Human-Computer Interaction,1990.

B. 后续课程

计算机图形学　控制原理　模糊控制　系统辨识　计算机仿真　智能控制　数字图像处理　人机对话与交互

第 8 章 学习导引

> 明确了信息科学技术的基本概念和基本内容之后,紧接着的问题是:怎样才能学好信息科学技术?对于每一个初入大学的本科新生来说,这是特别值得认真思考的问题。本章简要介绍信息科学与技术学习者所应具备的知识结构和能力结构,还通过与中学学习方法的对比,论述了大学学习的特点和规律,提出了一些值得借鉴的学习方法。

8.1 知识结构

知识是人们在认识和改造世界的实践中所获得的认识和经验的结晶,是人类的宝贵财富。事物不是孤立的,它们之间存在有机的相互联系,因此,知识也不是孤立的,知识与知识之间也是相互联系的,而不是杂乱无章的堆积。各种知识之间的有序逻辑关系构成了知识的网络体系,称为知识结构。把握知识的结构和脉络,是学习老知识和发现新知识的有效途径。

8.1.1 信息科学技术的知识结构

1. 知识结构的定义和概念

知识结构,在层次上有基本知识和专门知识之分;在认识的深度意义上又有感性知识和理性知识之分。基本概念是知识体系的"基元",知识"基元"之间的联系称为知识"链",而知识"链"之间的联系称为知识"纤维"。任何知识体系都是由这些知识"基元""链"和"纤维"组织起来的。

知识结构的关键是结构,而知识本身仅仅是组成这种结构的材料。正如希腊哲学家亚里士多德的质料形式说认为,事物的本质和灵魂不在于事物的质料,而在于事物的形式。这就容易理解现实生活中为什么会出现知识和能力之间的倒错现象:知识比较渊博而知识结构不良的人可能一事无成,而知识比较单薄但知识结构比较合理的人却可能脱颖而出。在正常情况下,人的能力和智力的提高总是随着知识的不断积累而协同发展的。

可是在社会上存在着知识比较少的人反而会比知识较多的人更有能力的现象,这往往就是知识结构的因素在起作用。

结构是与系统密切联系的概念。结构是指系统构成的方式,即系统内部各个要素相互联系、相互作用的方式。只有通过"结构"这个媒介,各个要素方能互相连接,变成系统的属性和功能,产生系统综合效应。因此,只有合理的知识结构,才能具有潜在的创新功能。不合理的知识结构,就难有创新功能。

综上所述,人的知识结构是指在他的头脑中积累和形成并有规律地联系起来的多要素、多系列、多层次的动态综合知识体系。知识结构具有一定的相对稳定性,当然也会随着学习和实践的进程而不断充实、调整和发展。在改造主观世界和客观世界过程中,人们运用知识的能力常常受到自身知识结构的影响和制约。

2. 知识结构的特征

由于人们心理素质的差异以及所处环境和专业的要求不同,它们所形成的具体知识结构也不尽相同。但就知识结构的概念而言,它有下列共同的特征。

(1) 整体性

客观世界本是各要素互相联系的整体,因此人类认识和改造世界的知识也必然是一个互相联系的整体。这就是说,科学知识体系具有整体性的特点。著名物理学家普朗克说:"科学是内在的整体,它被分解为单独的部门不是取决于事物的本质,而是取决于人类认识能力的局限性。实际上存在着由物理到化学,通过生物学和人类学到社会科学的链条。"这样,人类对客观世界认识上的任何突破以及对科学知识应用上的任何突破,都具有牵一发而动全局的特点,都需要整体性或综合性的知识。只有具备比较完整的知识体系,才能发挥"知识就是力量"的作用。因此,大学生不仅要重视所学专业学科,而且要关注相关专业各学科之间的联系,从现代科学文化体系的整体关系构筑自己的知识结构,切忌片面性。

(2) 层次性

客观世界存在着无限可分的层次性,因而反映客观世界的知识也就存在着相应的层次性,从而决定了知识结构的层次性。大学生的知识结构一般可分为三个层次:基础层次、中间层次和最高层次。基础层次是大学生必须具备的普遍基础理论知识,它是知识结构的"整体性"所必需的;中间层次是指本学科共同的理论知识,这是一个人在专业上得到发展、投入创新的基础和前提;最高层次则是专业的最新知识和研究动态,这是大学生走向社会和开始创新的直接准备。三个层次是一层比一层高的有序的结构,忽视了较低层次,较高层次便成为空中楼阁;忽视了较高层次,较低层次便无法发挥其效用。大学生必须依次学好每一层次的知识,才能有序地建立合理的知识结构。

(3) 动态性

人们的知识结构不应是凝固的、僵化的和不变的,而应该是一个动态的、开放的、不断自我调控和更新的。同时,随着科学技术不断向深度和广度进军,学科之间的交叉融合成为当代科学技术的新特征。因此,大学生不能仅仅满足本专业的基本知识,而且要学习相关专业的知识;不仅要学习理论知识,更要学习实践知识。这样才能适应现代科学技术不断发展的要求。

3. 知识结构的形成与作用

知识在人类头脑中的积累过程是一种建构过程,实践活动中产生的每一个新的认识结果,作为一种新知识都要纳入到原有知识群的网络结构中,安排到一个适当的位置上并与其他相关的知识建立联系。这种安排就可能引起原有知识结构的调整和变化:若是关于已知对象的新知识,就会使原有的知识更新,向纵深发展;若是关于新对象的知识,就会建立起新的知识系列,往横广方向扩展,从而建立起更合理的知识结构。

心理学原理和实践经验表明,结构化了的知识最容易被理解和接受,同时也能被长期记忆,既便于学习、掌握,又便于应用。一个人有很多的知识,如果不能借助于合理的结构而形成一个有机统一的整体,就如同一大堆机器零件散堆一处,没有实际功能。又如中药铺的药架上装满了千百种草药,如果把各种草药胡乱倒在一锅里煎熬,不但不能治病,还会造成事故。

知识结构化就是知识系统化,它比离散的知识具有如下的优越性。

（1）实用性

结构化的知识具有良好的整体效应,实用性强,使用价值高。离散凌乱的知识难以转化为智能,只有将所获知识形成系统,才可以形成整体效应,转化为智能,或用来获取高层次知识,或用来形成创新能力。

（2）规律性

结构化的知识是客观世界本来面目和规律的比较完整的反映,体现事物的必然的、内在的联系。哲学家黑格尔说过,真理只有作为系统才是现实的。显然,只有现实的东西,才容易被理解。物理学家普朗克也强调科学是内在的整体。

（3）稳定性

知识经过结构化和系统化,形成稳定结构,才便于联想和类比,便于记忆和巩固。教育家布鲁纳说,组织起来的材料是最有希望在记忆中自由出入的材料。

（4）培养能力的支柱

结构化的知识彼此联系紧密,互相影响,有利于将知识转化为能力、发展智力和创新能力。所以,能力蕴藏在合理的知识结构之中。

（5）便于繁殖新知

由于结构化的知识体现了知识之间的联系,利用这种联系就有可能发现和预测出新的知识。门捷列夫周期表对未知新元素的预测就是极好的例证。

4. 大学学习和知识结构的关系

学习的过程就是不断充实和调整知识结构的过程,知识结构又是进一步学习的必要基础。

（1）知识结构是学习新知的基础

经过中等教育的学生已经具备了初步的知识结构,但是要成长为高层次的人才,必须通过大学学习阶段来建立高层次的知识结构。大学生知识的获得是一个从已知到未知的系统化的逐步深化的学习过程。作为学习的主体,大学生新知识的获得是建立在先前获得的知识结构的基础之上的。

现代心理学研究表明,学习是同化—顺应—平衡这样一个基本过程。同化,是学习主体运用原有的知识结构去理解和消化新的知识,并将其纳入原有结构、使原结构发生量的变化的过程;而当新的知识不能被原有知识结构同化时,主体就要调整原有的知识结构,使原有的知识结构发生质变,以适应新现实,这就是顺应。在同化、顺应的交替转化过程中,新的认识不断被整合为更为高级复杂的知识结构。

大学学习是一个连续的同化—顺应—平衡的循环升华或深化的过程。正如心理学家皮亚杰所说:"没有一种行为,构成一种绝对的开端,它是嫁接在以前的格式之上的。"新知识的获得受原有知识结构的引导和制约。在个体知识结构中占优势地位的知识总是个体乐意获取的部分,所以在获取新知时,个体必然趋向于自己基础最好、最感兴趣的知识。这就是说,已有的知识结构在很大程度上决定着新知获得的内容和方向。

(2) 学习是改造和重建知识结构的过程

知识结构的发展是一个连续的改造和重建的过程,新的知识结构是原有知识结构的扩展延伸,是在新水平上对原有知识结构进行改造而形成的新的知识系统。原有知识结构是新知识结构构建的先决条件,并为新知识结构所更新。

大学生在原有知识结构的基础上,通过大学学习,不断获得有关知识短缺的信息反馈,以及对未来知识需求的科学预测,从而决定如何调整自己的知识取向,弥补自身的知识缺陷,扬长避短,使自己的知识结构获得动态性的调节,以适应现代科学文化的发展。为此,大学生不但要学好教学计划规定的必修课,还要根据自己的知识结构特点选学相关的选修课。此外,还可参加部分第二课堂活动(各种报告会、研讨会和讲座、学科知识竞赛、科技研究、艺术创作、设计创新等),这些对大学生知识结构的逐步合理化和最优化都是极其重要的。

(3) 建立合理的知识结构

所谓合理的知识结构,就是既有精深的专门知识,又有广博的基础知识,具有事业发展所需要的最合理、最优化的知识体系。李政道说:"我是学物理的,不过我不专看物理书,还喜欢看杂七杂八的书。我认为,在年轻的时候,杂七杂八的书多看一些,头脑就能比较灵活。"大学生在建立知识结构的过程中,一定要防止知识面过窄的单打一偏向。

5. 信息科学技术的知识结构

信息科学与技术所特有的研究对象和研究内容决定了信息科学技术的知识结构。信息科学技术的研究内容包括以下几方面。

① 探讨信息这一研究对象的本质,阐明它的基本概念。

② 建立信息的度量方法,包括语法信息、语义信息和语用信息的度量方法。

③ 研究信息运动的基本规律,包括信息的感知、识别、表示、变换、传递、存储、检索、处理、认知、再生、施效、优化等过程的原理和方法。

④ 揭示利用信息实现系统优化的方法。

⑤ 寻求通过加工信息提炼知识和生成智能的工作机制与实现途径。

信息科学就是认识信息与利用信息的科学,它所构成的研究体系和知识体系可以用

图 8.1 表示。

在图 8.1 的体系结构中,感测(信息获取)系统、通信(信息传递)系统、计算(信息处理)系统、人工智能(从信息提炼知识并把知识激活成智能策略)系统、控制(策略执行)系统是信息科学技术的基本功能系统,正是通过它们,人类的各种信息能力(和智慧能力)得到有效的扩展和增强。所以,它们的基本概念、基本原理和构成方法就理所当然地成为信息科学技术知识结构体系的基本成分,处于知识结构的核心地位。

图 8.1 示出的微电子技术、激光技术、量子技术、纳米技术、生物技术、机械技术等,是上述信息科学技术功能系统的实现性技术手段,所有上述功能系统都要利用这些实现性技术来实现。因此,它们也是信息科学技术知识结构体系的必要组成部分。

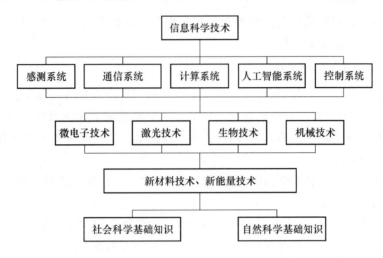

图 8.1 信息科学技术的知识体系结构

图 8.1 中示出的新材料、新能量技术则是信息科学技术功能系统的基础性技术,正是通过它们的不断进步,才能使信息技术的实现技术(因而使功能系统)性能不断地到更新和提升。于是,它们成为与信息科学技术知识结构体系有密切关联的部分。

在信息科学技术功能系统的基础上,针对各种实用目的可以繁衍出丰富多彩的具体技术系统,它们构成信息科学技术的各种应用性技术。

可见,信息科学技术的知识结构是一个有层次、有主从、有序有机的知识结构体系。21 世纪的信息科学技术处在快速发展的时期,新理论、新技术、新方法、新知识都将层出不穷,上述知识结构必然是动态的、开放的、发展的。

8.1.2 信息科学技术的能力结构

1. 能力的定义和概念

一般而言,能力是指人的内在素质的外化力量(哲学的理解);能力是人顺利完成某种活动所必需的心理条件,它是人的个性心理特征的一个重要方面(心理学的理解)。

具体而言,能力是在社会生活中所表现出来的能动性和实际活动力,是运用知识和智力解决实践问题的才能和技巧。能力是通过实践表现出来的,人对客观世界的改造过程,就是人的能力的表现过程。能力是在知识和智力的基础上,通过实践而形成、发展和提高的。

2. 能力结构的定义和概念

通常,要成功地完成某种活动,需要多种能力的配合与综合,形成一定的能力结构。

能力结构是指能力内部各要素、成分之间合乎规律的组织形式,它是由各要素和成分共同决定,按照其本身的发展规律逐步形成的内在关系。各要素和成分之间具有相互依存、相互制约的关系。每个人的能力都是多维、多层次的。能力结构的形成总是与一定的实践活动相联系,并在一定的实践活动中得到逐步发展和完善。因此,能力结构也具有动态性、综合性。

能力结构对教育实践具有指导意义。教育的最终目的是人的健全发展,其中人的能力发展是核心内容和主要目标。

3. 大学生的基本能力结构

大学生要培养的能力范围很广,凡是将来从事的工作所需要的能力和素质,都必须高度重视,并在学习的过程中自觉认真地去培养。从全面发展人才的目标及社会对大学生的能力需求和大学生成才战略来考察,现代大学生的能力结构至少要包括下列要素。

(1) 系统学习能力

这是指主动系统地获得新知识、新技艺的能力,主要包括基本学习能力、自学能力、实践操作能力和表达能力。

基本学习能力,是指大学生顺利完成教学计划和教学大纲规定的学习任务的能力,包括理解内容、优质地记录、整理听课笔记、阅读教材和参考书刊,顺利完成作业、论文、设计或创作,有计划地预习、复习、总结、准备考试等能力。

自学能力,是指按个人计划或意图,独立获知的能力,包括使用工具书,查阅参考书刊和文献资料,独立阅读、理解和思考,自主发现、分析和解决问题等方面的能力。

实践操作能力,指专业学习中必须具有的操作能力、实验能力、实习能力、社会调查能力、绘图能力或绘画能力、模型制作能力或产品制作能力、计算机计算和造型能力等。

表达能力,包括口述能力和书写能力。大学生要注重表达的准确性、鲜明性、生动性、简洁性和通顺流畅性等。

系统学习能力是大学生能力结构的核心,其中自学能力是关键。

(2) 研究创新能力

这是在多种能力基础上实现的推进学科发展或创新、发明新的人造物的能力,它是能力的最高层次。只有具备了这种能力,才能最终成为社会的栋梁之才。

创新包括发现新问题,发现新规律,创造新理论、新形象、新结构、新材料,提出新见解、新观念、新方法、新技术,发明新手段、新工具,开辟新学科领域等。

在校学习的大学生应当把学习和研究结合起来,把继承性学习和创新学习结合起来,启动创新思维,开发创新能力,努力使自己的创新火花燃成燎原的烈火。

(3) 适应能力

适应能力是指人随时代发展和环境变化而正确改变自己的言行、生活方式、交往范围、思维习惯、思想方法和价值观念等方面的能力,以便能顺利发挥主观能动性和创新性,成为时代和环境的主人。从中学步入大学,要适应大学的新环境;从大学再步入社会,要适应社会的广阔时空,这都要求现代大学生具备很强的适应能力。

(4) 审美鉴赏能力

审美鉴赏能力是指根据一定的审美情趣和审美理想,对美好事物进行鉴别、欣赏、评价以及创新的能力,包括审美感受、体验和创新三个方面。该能力发展的程度是判别一个人文明程度高低的重要标志,同时也是一个人能否开展创新活动及其持久性的标志。

(5) 政治识别能力

政治识别能力是指识别思想政治信息的能力。当代世界政治风云变幻莫测,大学生面临着复杂多变的思想政治信息洪流,必须善于区分是非、正误、真伪、善恶、美丑、利弊。为此,就要坚持正确的思想政治原则,并抵制、反对与之相悖的言行。要坚定社会主义信念,树立社会主义思想品德。

(6) 组织管理能力

组织管理能力是指为完成某项任务而制订计划和行动方案,并进行有效的组织、指挥和控制实施,以充分发挥群体效应的能力。其中,计划能力是关键,协调能力是根本。

(7) 社交和共事能力

社交和共事能力是指以友谊、进步为基础,以事业为重而进行的社会交往和协作共事的能力。由于高科技和工业化程度的不断发展,科技劳动和脑力劳动社会化程度在不断提高,这就要求当代大学生要积极培养广泛交往、共建友谊、协作共事、共同进取的能力。

(8) 独立生活能力

独立生活能力是指靠自身力量安排好生活的能力。大学生一迈入大学的门槛,就开始了自由度相当大的独立生活,自己必须尽快养成自理、善理个人生活的习惯,注意勤俭节约,形成有计划地学习、锻炼,全面提高成才素质。培养独立生活能力,也是养成独立活动能力的重要基础。

上述这些能力之间的层次关系如图 8.2 所示。

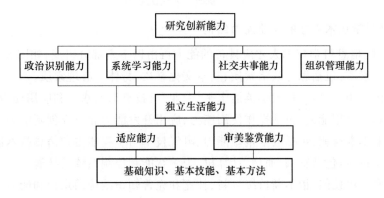

图 8.2 能力的层次结构

进入21世纪以来,信息科学技术得到了更加迅速的发展,它们在全社会广泛应用,越来越深刻地改变着社会的生产方式、工作方式、生活方式、交往方式和思维方式。因此,新世纪对大学生尤其是信息科学技术相关专业的人才提出的新要求是:要培养和不断提高信息素养。

信息素养的内涵非常丰富,大致可以概括为以下四个方面的内容。

① 信息意识:是指对信息技术及其发展的深远意义要有深刻的认识;在工作和生活中要有使用信息技术的强烈愿望;面对信息技术的飞速发展,要有强烈的奋发精神、创新意识和再学习的意识。

② 信息知识:是指必要的信息科学技术基础知识和应用知识、信息技术的发展前景和趋势。

③ 信息能力:是指应用信息技术解决问题的能力,以及在日常生活中对信息的表述能力、交流能力、信息检索能力、应用开发能力和信息安全防范能力等。

④ 信息道德:是指利用信息造福人类;维护社会,尊重他人;积极创造,反对破坏;真实可靠,杜绝虚假。

因此,现代大学生的能力结构及其层次关系应如图8.3所示。

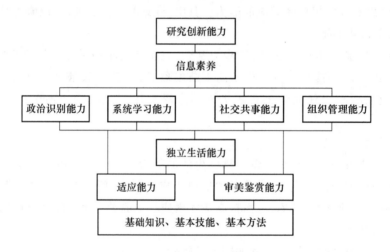

图 8.3 新的能力层次结构

4. 信息科学技术人才的专业能力结构

综上所述,信息科学技术人才应具备的能力可由以下六部分组成,如图8.4所示。

(1) 基本素质:包括思想政治素质、基本文化素质、身体与心理素质。

(2) 英语应用能力:包括大学英语水平、专业/科技英语的水平和应用能力。

(3) 计算机应用能力:包括操作使用能力、应用开发能力和研究创新能力。

(4) 专业基本技能:包括数学基础能力、电气技术与工程能力和信息技术能力。

(5) 专业技能:包括感测、通信、计算机、人工智能和控制系统的技能。

(6) 综合应用技能:指不断持续更新、补充和完善知识结构的意识和能力。

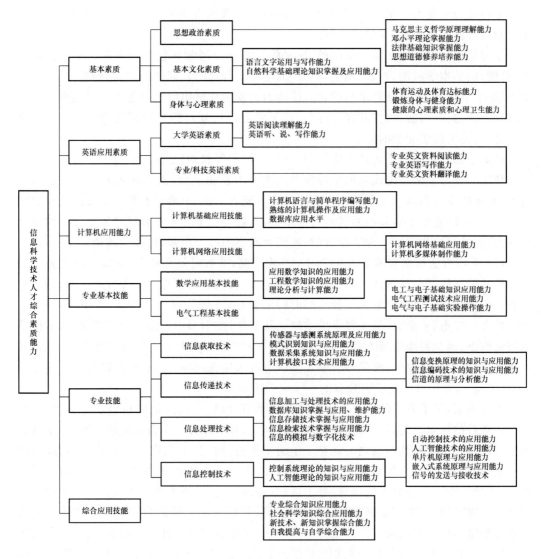

图 8.4 专业能力结构分解图

8.2 学习方法

工欲善其事,必先利其器。掌握和不断改进学习方法,是取得良好学习效果的关键。应当把整个学习过程作为不断探索、发现和运用学习方法的过程。

8.2.1 学习方法的革命

1. 学习方法概述

学习方法对学习成功的重大作用表现在以下方面。

(1) 有利于培养和提高各种学习能力,加速人们的学习进程。

学习能力就是人在学习实践中运用已经习得和掌握的知识（方法、技能、技巧等）进一步求知的各种实际才能、智慧或本领。

学习能力可分为狭义与广义两种，狭义的学习能力通常又包含两方面。一是获得知识（技能）的基本学习能力：看（阅读、观察）的能力、听的能力、问的能力、写的能力、思维的能力（理解消化能力、辩证思维与逻辑思维能力）、发现和提出问题的能力。二是巩固知识（技能）的能力：练习能力（实验操作能力、动手能力等）、复习能力和记忆能力。常说的自学能力，乃是上述诸能力的综合。

广义上的学习能力还包括在实践中学习、运用和驾驭知识的能力等。

科学的学习方法是构成人的学习能力的主要内容和灵魂，而它在人们的学习实践中直接、具体的实施和运用就会转化为实际的学习能力。例如，谁具有科学的阅读法和观察法，并把它正确运用于实际的阅读和观察中去，谁就会在学习中具有较高层次的阅读和观察能力；而且阅读和观察的方法越科学，阅读和观察的能力越强，提高也越快。

(2) 学习方法科学有助于人在学习中少走弯路，节省时间和精力，提高学习效率。

恩格斯在研究自然辩证法时指出：方法科学，我们就可以"免得走无穷无尽的弯路，并节省在错误方向下浪费掉的无法计算的时间和劳动"。例如，在部分大学生中流行的"上课—作业—突击"从学法，是非科学的残缺式从学法，在学习中经常造成恶性循环，不但学习效率低下，而且可能成绩不佳。如果采用科学的"预习—上课—复习—作业—小结"五环从学法，就可明显改观，使学习沿着正确轨道进入良性循环，提高学习效率。

(3) 学习方法科学是学有成就的一个重要因素。

古往今来，千千万万的学子无不希望自己学有大成。为此，他们付出了辛勤的劳动，进行了艰苦的探索。但是学有大成、登峰造极者只有少部分。多数人虽皓首穷经、学富五车，却没有多大作为，其原因之一就在于学法不够科学。笛卡儿说："没有正确的方法，即使有眼睛的博学者也会像瞎子一样盲目摸索。"勤奋刻苦的求学态度加上科学的学习方法，才能使人乘上学习成才的快舟，登上成功的彼岸。巴甫洛夫所以能成为一个举世闻名的伟大生理学家，一个重要因素就是他极重视科学的方法。他认为："科学是依赖于方法的进步程度为推动而前进的。方法每前进一步，犹如我们每上升一个台阶一样，它会为我们展开更广阔的视野，因而看到前所未有的景象。正因如此，拟定方法是我们首要的任务。"

总之，学习方法科学化是一个人搞好学习，实现学业有成的佳径。学习方法科学，可使人沿着一条最优化的途径，用最佳的速度，获得最好的学习效果，在学习中做到事半功倍。反之，学习方法不科学，就会使人在学习中事倍功半，走很多的弯路，难以达到学习的目标。

2. 一些学习方法及其特点

大学生应当很好地认识各种学法的性能和特点，以便正确、合理地选用。

(1) 听讲法

听讲法可以在短时间内获得所需知识信息，促进抽象思维的发展。然而，如果片面地使用该法，就碍于掌握教材，也较难发展技能技巧。

(2) 直观法

直观法可以提高接受知识的效率，尤其是能提高善于直观形象思维的大学生的学习效率。但是,过分使用直观法,会阻碍抽象思维、想象力和言语表达思想的能力的发展。

(3) 实践法

实践法对培养劳动技能技巧,加强理论联系实际特别有效。但是,它不可能确保全部学习任务的完成,因为它不能保证系统而深入地掌握理论,并发展抽象思维和逻辑表达。

(4) 复现法

复现法便于保证大学生迅速而牢固地识记知识,形成技能技巧。当教学内容主要是资料性的或是描述实践活动方面的,该法特别有效。但是,复现法不能充分发展大学生的思维,特别是思维的独立性和灵活性,不能形成独立探索活动的智慧和技巧。过多使用该法,会使掌握知识的过程形式化,甚至导致呆读死记,妨碍创新意识和创新能力的培养。

(5) 问题探索法

问题探索法从如何发现、提出问题开始,到如何分析解决问题为止,主要用于培养创新学习的技能技巧。该法有助于理解性地、独立地掌握知识。当学习内容是形成相应学科的概念、规律和理论,并且是逻辑地充实已知知识,或揭示现象的因果关系,可以独立做出结论时,该法特别有效。当需要应用理论解决实际问题时,也可采用此法。

在培养技能技巧上,该法也不合适。在很多情况下,可把探索法和复现法有机结合起来使用,这就是"复现—探索法"。

(6) 归纳法

归纳法是从实验中观测到的事实材料出发,得出理论的一般结论或规律的方法。它是从特殊到一般、从事实到理论的推理法。门捷列夫发现元素周期律就是采用了归纳法。当教材或学习内容是由事实归纳出理论时,采用此法有效。该法有益于发展概括能力和归纳推理能力。

(7) 演绎法

演绎法是从一般原理去挖掘个别事物特性的推理方法。当学习内容是由一般原理掌握具体知识时,宜采用该法。该法有益于发展演绎能力和分析能力。

归纳过程与演绎过程是辩证统一的,对归纳法和演绎法的选样,应作具体分析,应当找出在具体条件下采用或结合使用这两种方法的最优方案。

自学法和从学法的良好结合也同样重要。大学生进行自主学习,能够培养实际的自学能力、技能技巧,增强个性意志品质,并能将知识转化为信念和力量。大学生能独立自主地学习,就达到了学习的理想状态。但是,在达到理想状态之前,大学生还要适当地利用从学法(师授法),尤其是低年级大学生,不但要上好课,而且要善于求师问师,尤其要从导师那里学到书上不可能写进去的治学精神和治学方法。

随着科学技术的现代化发展和教学手段的现代化,大学的学法也随之不断地在完善和发展。例如,在传递和接受知识的方法中,由于教学技术手段的现代化(各种音像、电视、计算机辅助教学、教学辅助机自动训练装置、多媒体的应用等),听讲法、直观法和实践法发生了根本性的变革,由于从重视知识传授向重视智能开发的观念的变化,问题探索法得到更加广泛的应用。因此,当代大学生应当重视学法的变革。

在这个学习过程中,优秀的学生始终处于主动地位,他(或她)能够及时准确地掌握所学课程的知识要点,而且能够把理论与实际联系起来,勇于动手完成各种实验,并热爱科技作品制作。同时通过大量阅读书籍和文献,广泛涉猎相关的知识领域,举一反三,使学到的知识能够灵活运用。这样,到大学毕业时,就能显现出在本专门领域的知识功底。一旦进入更高层次的学习阶段,或者走向社会,很快就会成为本专业领域的专家。相反,有些掌握学习方法不当的同学,往往处于被动的学习过程,他(或她)总是赶不上学习的进度,不能很好地掌握知识要点,或者不善于动手完成实验,理论脱离实际等。这样,在未来的学习和工作中就会觉得力不从心。

因此,掌握好的学习方法,理解大学学习的特点,将对每个大学生都具有十分重要的意义。实际上,大学学习就是学生在教师指导下的一种知识(或信息)获取的过程,学生本人是学习的主体,知识就是学习的对象。在这个过程中,主体的积极性是一个关键的因素。主体的积极性来源于对学习目的的明确。也就是说,学生本人必须明确为何要上大学,上大学要干什么。在社会主义的祖国,学习的根本目的是为人民服务,而上大学就是为了增长为人民服务的本领,就是为了学会生存和更好生活的本领,成为国家和社会的栋梁之才。学习目的明确了,也有了学习积极性,紧接着就要掌握好的学习方法。好的学习方法不是一成不变的,而且根据个人的特点的不同也有所不同。一般来说,对每门课程在课堂授课前要对授课内容进行预习,首先知道一个大概,这样在听课时就能紧跟教师的思路,不至于因学习的效率低而白白浪费听课时间。其次,要对教师的授课内容进行复习,以便牢固掌握所学知识。更重要的是,需要通过实验来验证课堂传授知识的正确性,或者通过大量阅读参考文献来印证知识的相互联系。这样,大学阶段就会对某个专业领域的知识奠定很好的基础。

3. 学习方法的选择

在不同的学习时期有不同的学习目的。比如,小学阶段是启蒙式学习,开始由自然人向文明人的转化;中学阶段是奠基型学习,在这一阶段将学习和继承人类通用文明的基础知识;到了大学就是学习的建构阶段,是对专门知识与创造力的自主建构。

由不同的学习目的可以归结出不同的学习方法。因此,要根据学习时期和学习目的的变化选择科学的学习方法,这样才能达到良好的学习效果。

对各种学法性能和适用范围的研究表明,大学阶段,大学生在实际学习过程中,必须配合运用各种方法,才能为顺利发展学习能力创造良好条件。当然,在多样化方面应当适度,以免学习成为不断变化方法的万花筒,分散学习的注意力。换言之,在选择多种方法的最佳配合时,要经过深思熟虑,做到有根有据。首先,在选择学法之前,必须确定学习任务,具体分析学习内容,从中找出主要和基本的课题,并将内容划分为逻辑上完整的若干部分。然后分别选出所用方法的最优结合方案。例如,为了学习中等难度的理论知识,可采用从学法、听讲法、问题探索法和演绎法相结合的学法;为了形成技能技巧,可采用自主性强的带有复现和归纳性质的实践法。总之,应当学会有意识、有科学根据地优选学习方法。

8.2.2 大学学习与中学学习的比较

从教与学两方面来看,大学与中学的差异可以从如下几个基本方面进行比较。

(1) 教学目的不同

中学教学目的是向学生传授基础科学和普通文化知识,为广大学生将来继续深造或一般就业打好基础,基本上不考虑学生将来职业的具体要求。大学教育则不同,虽然大学教育仍不失为一种基础教育,但它是一种分专业的定向基础教育,其教学内容有明确的方向性和系统性,并具有明显的专业目的性。大学的教学活动是紧紧围绕着培养生产和建设所需要的专门人才而进行的,其教学内容除了更加接近社会与科学实际外,知识学习的广度和深度较之中学都有了大大的拓展。这就要求大学生在学习过程中,不仅仅要学好课本上的知识,还要尽可能地扩大自己的知识面,弥补在中学时形成的知识面狭窄的不足,并关注与本专业有关的各种信息和资料,更透彻、更科学、更准确、更灵活地把握本专业发展的方向和规律。

为了把学生培养成为某一方向的专门人才,大学教学的内容是经过精心选择和组织的。一方面要让学生掌握坚实的理论基础,另一方面要让他们拥有深入的专门知识,同时还要为提高他们的实际动手能力提供必要的训练内容。所以大学设置的课程,是一个有机的整体,不可偏废。

(2) 教师与学生的关系不同

在中学阶段的教学过程中,由于中学生的知识水平和心理水平的限制,学生是在教师全面而又具体的指导下以简明、有序的方式来学习和掌握文化基础知识的,是一种"手把手"的、注入式的被动教学,中学生的课外活动几乎也都是在教师或家长的严格监管下进行的。

而大学的教学活动则完全不同。除了在正常的教学活动时间内,教师和学生在一起的机会和时间相对较少,教师和学生显得很"疏远"。在教学活动中,教师的职责是指导和辅导,是激发同学的思维,使同学真正了解学习本身的含义、学会如何去学习,不再有中学时期的那种"手把手"的教学。

(3) 自由度不同

中学每天的课程总是排得满满的,几乎每天都没有什么空隙。上课、做作业、自习都是集中在教室来完成的,学习时间很紧。在学校有教师的严格管理,回到家后有家长的严格监督,学习时间和学习内容有严格的规定和限制。

而在大学,学生拥有更多的自由度。一般工科院校每周排课为 23~34 学时左右,每学期不一定每周都有课,每周不一定每天都有课,每一天也不是每节都有课,经常是整个上午或整个下午都没课。大学生拥有更多的自由时间和空间,但这也意味着大学生的大部分学习要在课外进行并完成。为了适应这一教学特点,大学生必须学会创造性地安排自己的课余时间,并根据学习任务,合理使用时间,管理安排好自己的学习,达到学习上的高效率。另外,大学生还应该学会利用图书馆、实验室等教学设施,积极参加各种课外活动,充分利用好属于自己的宝贵时间和空间,自主学习并掌握好课堂内外的相关文化知识。

另外,大学中的许多作业、实验不再有唯一的标准答案,要求学生综合应用所学的知识、积极思考才能给出问题的可能解或建立合理的实验方案,这是大学教学中给予学生的另一种"自由"。

8.2.3 大学学习方法的特点

从中学到大学,是人生的重大转折,大学生活的重要特点表现在:生活上要自理,管理上要自治,思想上要自我教育,学习上要求高度自觉。尤其是学习的内容、方法和要求上,比起中学的学习发生了很大的变化。要想真正学到知识和本领,除了继续发扬勤奋刻苦的学习精神外,还要适应大学的教学规律,掌握大学的学习特点,选择适合自己的学习方法。

与中学阶段不同,大学阶段是开始系统掌握专门知识和运用专门知识的学习过程,包括课堂授课、自习、作业练习、课程考试、课外阅读、实验课、实习、课程设计、文献检索与资料搜集、研究报告、毕业设计等。大学的学习既要求掌握比较深厚的基础理论和专业知识,还要求重视各种能力的培养。大学教育具有明显的职业定向性,要求大学生除了扎扎实实掌握书本知识之外,还要培养研究和解决问题的能力。因此,要特别注意自学能力的培养,学会独立地支配学习时间,自觉地、主动地、生动活泼地学习,并且还要注意思维能力、创造能力、组织管理能力、表达能力的培养,为将来适应社会工作打下良好的基础。

高等教育是在基础教育的基础上,以培养社会现代化建设需要的各种专门人才为基本目标的。具体到工科大学教育来讲则是以培养善于将科学技术转化为直接生产力的工程师为主要目的的。因此,与基础教育(如中学教育)相比,大学的教学任务有自己的特殊性,其教学内容、方法、形式也有显著的特点。

1. 大学的教学任务

大学的教学任务主要有下列四个方面。

(1) 系统地向受教育者传授科学文化知识

教学的首要任务是向学生传授系统的科学文化知识。中小学教育是基础教育,中小学学生接受的是一般文化科学知识,这些可以为他们成为合格的劳动者打下基础。而高等教育是专业化教育,即在普通教育的基础上,进一步实施专业基础教育,以便为国家现代化建设培养各种专门人才。因此,在传授知识方面,大学的教学既要向学生传授一定专业所必需的基础知识,又要向学生传授专业知识。

向受教育者传授科学文化知识,还包括对学生进行技能、技巧的训练。技能是运用知识完成某种实际任务的能力,是所有智力活动和体力活动中必不可少的。而技巧是技能经过反复的练习,达到准确、熟练的程度。这些技能技巧不仅使学生获得一些读、写、算和操作实验仪器等方面的技能技巧,而且也包括体育活动、审美活动和从事某一专业工作的技能技巧。

知识和技能技巧既有区别而又相互联系,知识偏重于懂不懂的问题,技能技巧偏重于会不会的问题,技能技巧是在掌握知识的基础上培养起来的。而掌握了技能技巧,反过来又可以加深对知识的理解和掌握。

(2) 有效地培养受教育者的综合能力

在传授系统科学知识的基础上,发展学生的智力,培养学生的能力,是当代大学非常重要的教学任务。随着科学技术的发展,知识总量正在以极高的速度增长,要解决学习时间有限与知识无限之间的矛盾,唯一的重要办法是培养学生的综合能力,把科学的思维方法、把打开知识大门的钥匙交给学生。从学生学习的特点来看,学生在校学习的时间毕竟是有限的,一个人不可能一辈子都在学校学习。因此,只有掌握了科学的方法,才能根据工作的需要,在知识的海洋里进行自由猎取,为适应社会的要求创造条件。

大学教学主要是在传授科学知识的同时,进行科学思维的训练,培养学生的自学能力、表达能力、实际操作能力、组织管理能力和创造能力等综合性的能力。

(3) 积极地帮助受教育者树立科学的世界观

教学过程是传授知识、培养能力的过程,也是传播思想、培养品德的过程。对学生来讲,没有正确的人生观、世界观,就不可能对社会做出积极的贡献,就不能算是合格的大学生。如何结合学生实际,有目的地进行思想教育,培养科学的世界观,使思想教育寓于传授知识之中,是现代大学教学的一项重要任务。

(4) 大力开展体育与美学教育

体质和体能是人全面发展的重要方面,只有拥有健康的身体,才可能有效地开展工作和学习。通过体育可以提高学生的身体机能及脑力和体力劳动的能力,而加强美学教育则可以提高一个人的综合素质。

2. 大学的学习过程和学习中的一些客观规律

大学本科的学习实际上可以分为两个阶段。第一阶段是由入学到完成基础课学习。第二阶段是由进入专业基础课学习到毕业设计。

在第一阶段,大多数本科学生的学习带有盲目性,既不了解本专业的情况,也不太了解学习这些基础知识究竟是为什么。一种最原始的学习动力就是知识本身的吸引力,经典的数学和物理学等所具有的严格科学体系,使不少胸怀大志的大学生领略到知识的奥秘;大学校园浓厚的学术空气使他们感到新鲜,感到对知识的渴求;大学教师严谨的授课风格和丰富的知识也往往使他们为之倾倒;在考场上一试身手,争取得到好成绩也是一些大学生学习的动力。在此阶段,一些优秀的学生开始冒尖,他们崇拜的人物往往是牛顿和爱因斯坦,谈论的是微积分和相对论,想象中的未来是在科学上的重大发现,学习成绩一路领先。但是,也有一些学生不能很好地适应大学的学习生活,尤其不能适应强烈的竞争环境。他(或她)在中学阶段可能是全年级的佼佼者,而现在却远远地落在了别人后边。开始可能不服气,经过多次较量并失败后可能会怀疑自己的能力,进而自暴自弃,成绩一落千丈。

为此,在第一阶段的学习过程中,应该注重人生观的培养,同时要牢牢记住,掌握基础知识是进一步获得专业知识必不可少的环节。一次或几次考试的成败不足以说明一个人的未来,学生要争取获得好的成绩,但学习的目的不只是为了成绩。在此阶段,学生们需要逐步掌握基础课学习的规律。既然基础课具有严格的理论体系,学习的方法就应该着重理解这种体系的核心内容,以及这种体系的科学价值。基础课需要通过大量练习才能牢固掌握演算和推理的基本功,同时各种实验和实践课程也是加深理解的有效途径。

在第二阶段,大多数大学生这时已经适应了大学的学习环境。由于开始接触专业基础知识,此时会有两种不同的倾向。一种倾向是对专业知识的新鲜感觉,特别是了解到专业领域已经取得的辉煌成就,为自己将来成为该专业领域的一员而感到自豪。此时,学习拔尖的学生会对专业基础知识和专业知识产生浓厚的兴趣,并运用自己已经掌握的基础理论来诠释本专业遇到的各种问题,或者用科学实验来验证所学理论的正确性,从而取得好的学习成绩,并且打下牢固的专业基础,对专业知识也有深入的了解。与此相反,另一种倾向是有些学生或者因为特别喜欢基础知识的严谨性,而对具有概括性和经验性的专业基础知识和专业知识不适应,总是怀疑其正确性而拒绝接受;或者因为缺乏归纳思维的能力而对相对分散的知识难以理出头绪,从而失去对专业知识的兴趣。后面几种情况都会导致学习成绩下降,达不到预期的培养目标。在此阶段,大学生们需要调整自己的心态,使之适应专业基础课和专业课学习的特点。一方面要理解不同领域知识固有的差别,要适应专业基础课和专业课相对分散的知识体系,要从将来所从事的事业角度看待所学的课程,决不能按一时的兴趣进行取舍,更不能妄自菲薄,在学习上打退堂鼓。正确的方法是从将来应用的角度更多地了解本专业的课程设置和所学课程的基本内容,密切结合实验和实践,培养专业兴趣,使得学习成为一种乐趣,而不是一种负担。只有这样,才能学好专业基础课和专业课。

3. 对大学学习有重要影响的一些因素

进入大学学习的一批大学生本来都是中学时期的佼佼者,为什么在大学阶段会急剧地拉大差距?是什么因素对大学生的学习效果产生影响?要回答这样的问题是十分困难的。就本书编者的理解,大致有如下因素。

(1) 学习的目的性

有的学生具有明确的学习目的——掌握知识,在学习的过程中学会学习,学会在将来激烈竞争的社会中生存与发展的本领。但有一些学生却目的不明,学习动力也不同。

只有树立正确的人生观和世界观,才能树立正确的学习目的,才能持之以恒地对待学习。学习目的不明确的人特别容易患忽冷忽热的毛病,而学习目的不正确的人往往表现为心胸狭隘,个人利益高于一切,严重影响与同学和教师的关系,或者容易受到社会上各种不良思潮和风气的影响。

(2) 学习方法

有的学生在学习遇到困难或处于相对落后位置时,往往产生一种认识:学习好是因为天生聪明,学习不好是因为天生笨拙。因为他们与拔尖学生有着差不多的经历,也付出了差不多的辛苦,学习的态度也同样端正,为什么结果会有如此大的差别?所以容易归结为天分的高低。本书编者认为,人的大脑存在差异,聪明程度也不尽相同。但是,一批同时进入同一大学同一专业的大学生们在天资方面绝不会有太大的差异。问题往往可能出在所采用的学习方法不同。正如前面所述,针对不同阶段所学课程特点的不同,采用与之相应的正确学习方法,就可以取得好的效果;采用不正确的学习方法,事倍功半,不仅学习吃力,而且得不到好的效果。

(3) 环境因素

大学不是与世隔绝的书斋,社会上的任何风吹草动都会影响大学生的学习情绪。首先,有些学生不能正确把握自己,急功近利,过早地希望在市场上一试身手,不能专心致力于课程学习,这样必然会影响自己的学习成绩。其次,大学生过多地将时间花在谈恋爱上也是影响学习的一个重要因素。尤其是刚刚入学不久的大学生,年龄尚小,涉世不深,一旦沉入爱河,往往不能自拔,整天神不守舍,注意力不集中,如何能学好功课呢?再者,社会上的各种反科学的歪理邪说也是大学生们要深深警惕和抵制的。

(4) 经济条件

现在,经济条件有时也是影响学习的一个因素。由于大学不再是义务教育的阶段,国家目前实行有限收费的制度,这对改善教学条件,发展我国的教育事业都有非常积极的作用。但是,这必然会对部分来自农村的学生和城市低收入家庭的学生产生影响。国家和学校已经采取了贷款等政策,社会上也有许多有识之士和对国家高教事业持支持态度的企业,在高校设立了各种各样的奖学金,这为解决部分学生的困难起到很大的作用。随着我国经济的进一步发展,相信会得到进一步的改善。作为学生,务必要正确对待经济条件,不能因为家庭经济条件优越就养成乱花钱的恶习,也不能因为经济一时的困难就丧失学习的信心。正确的态度是积极争取优异成绩,为改善学习环境尽可能创造条件,尽量节约开支,同学互相支持。同学间不要拿经济条件来攀比,更不要讲究排场乱花钱。相互比较的应该是学习,是所具有的知识水平和从事实际工作的能力。

4. 大学学习中要求学好理论课

对于大学生而言,理论课主要包括基础课和部分专业基础课,也包括个别专业课。所谓理论课是指具有严格的理论体系,需要定量描述和抽象思维的一类课程,如数学、物理、通信原理等。对于工程类专业设置的理论课实际上就是本专业的基础,离开这个基础就不能深入理解本专业所面临的要解决的实际问题,更谈不上对这些问题提出有效的解决方案。如何学好理论课呢?就本书编者的理解,大致谈如下观点。

(1) 广泛阅读教材和参考书籍,深刻理解理论体系

大凡理论课程都有比较严谨的理论体系,而不同的书籍对于理论体系的叙述方式和涉及的内容却不尽相同。为了能够对这个理论体系有全面深入的了解,学生就需要阅读不同的书籍进行相互印证。特别是数学,工学类和理学类的数学教科书的教学内容差异很大,对理论的叙述方式差别也很大。对于一个工程类的大学生,如果不满足课堂教学的内容,参阅理学类的教科书也能获益匪浅。当然,这需要根据个人的情况而定,平时学习已经感到吃力的学生则不宜大量阅读参考书。

(2) 完成大量练习,积极讨论问题

理论课程大都附有大量的习题,严格准确地完成这些习题对加深理论本身的认识有着不可替代的作用。学生做的练习越多,对理论的理解就越深入。在试做习题之前,一定要对有关理论内容有初步的理解,不然则是事倍功半,欲速则不达。除了大量做习题之外,同学间相互讨论也是深入掌握理论课程内容的有效手段。因为理论课程有其固有的难点,个人的理解有时会出现偏差,从不同的角度,通过集体讨论往往就可以纠正错误理解或相互补充。这种讨论可以是教师组织的大范围讨论,也可以是几个同学的相互切磋。养成相互讨论的学风,对于日后积极开展学术交流都有不可估量的影响。

(3) 理论联系实际,演绎归纳并重

工科类大学生学习理论的目的是为工程实践服务,而且大多数理论本身就产生于实践。理论联系实际是一个好的学习方法。只有把理论应用于实践,学生才能进一步理解理论的重要性和正确性。也只有通过实践,学生才能真正把实际问题与理论结合起来,进而把经验上升为理论。值得注意的是,许多理论课程采用的是演绎体系,即由一般到个别的过程。初学者往往在惊叹理论体系的严谨性之外,总是弄不明白怎么会得到这样的理论体系。因为,这种演绎过程条理清晰、逻辑严谨,是掌握理论知识的正确途径。但是,工程实践类的知识往往是归纳体系,即由个别到一般的过程。这种过程反映了人类掌握知识的真实过程,也是大学生日后从事科学研究和工程实践要掌握的基本方法。在学习理论课时,学生需要正确把握演绎方法和归纳方法的正确运用,这样才有可能真正掌握科学的学习方法。

5. 信息科学与技术类专业的学习任务与要求

信息科学与技术类的各专业是一个相对发展迅速,涉及工农业生产、国防建设甚至人

们的日常生活的专业。这类专业要掌握的基本知识非常广泛,因而学习任务就相对繁重。

(1) 信息科学与技术类专业的学习任务

① 政治与人文科学的学习

首先,我国所有的大学生在大学阶段都必须学好指定的政治与人文科学知识。正如前面所述,要树立正确的人生观和世界观,明确大学学习的目的,认识到客观世界是物质的,其演变是辩证的。因此,政治与人文科学知识的学习必不可少。其次,在大学阶段必须学好外语。大学生要想成为某个领域的专家,就需要阅读大量的外文文献以了解和掌握国外的有关动态,更需要加强与国际上的学术交流。因此,要很好地掌握外语的读、听、写和说四种能力。

② 自然科学基础理论知识的学习

首先,信息科学与技术类各专业涉及的领域广泛,因而对包括数学在内的自然科学基础理论知识要求较高。数学的学习,除了要牢固掌握大学高等数学所包括的微积分基础知识之外,有关复变函数、线性代数和概率论等应用数学的内容也要很好掌握。其次,有关电学、电磁学等基础知识将对信息科学与技术类各专业大学生未来的素质培养起到非常重要的作用。

③ 专业基础课程的学习

信息科学与技术类各专业的学生在大学阶段必须掌握有关电路、信号与系统、自动控制理论(经典部分)等专业基础知识,同时还应该牢固地掌握微型计算机原理、数据结构等有关计算机的专业基础知识。与此同时,还应该对信息领域的其他知识有所了解,如集成电路设计、通信原理和信息论的知识等。

④ 专业课的学习

信息科学与技术类各专业的本科生应对感测系统、通信系统、计算机与智能系统、控制系统这四大系统所相关的专业知识进行深入学习,以掌握信息感测技术、信息传递技术、信息处理技术、信息存储技术、信息控制技术及其综合应用技能。

(2) 信息科学与技术类专业的特殊要求

① 重视实验课,重视计算机的应用

信息科学与技术类各专业的大学生将来主要从事的是电气信息领域或相关领域的科学研究、工程设计、系统开发或组织生产等项工作,大学阶段要特别重视动手能力的培养,包括课程实验、计算机应用等。要特别重视对各种常用元件和工具的熟悉和使用,如各类电表、万用表、示波器、信号发生器以及电子元件和常用集成电路等。书本知识的培养并不能代替能力的培养,如果忽视动手能力的培养,将来只能是一个眼高手低的空头理论家,缺乏分析问题和解决实际问题的真本领。大学学习期间,一定要特别珍惜各类实验课程。

如何重视实验课呢?无论是基础课的实验,还是专业基础课或专业课的实验,其共同的特点就是要求学生亲自动手完成某些操作,获得实验数据,然后分析实验结果,再撰写实验报告等。所谓重视,就是要求每个学生认认真真地准备实验,仔仔细细地操作,然后经过思考和分析,得到一个比较全面的、符合科学规律的实验结果,并体现在自己的实验报告里。其中最主要的是独立操作、独立分析,以培养独立工作的能力和严谨的工作态度。在实验课中每个学生不能依赖别人,不能抄袭别人的结果,更不能偷工减料,弄虚作假。培养科学的态度和严格的工作作风是实验课的重要目的之一,特别是通过整套的实验训练,学生可以从中了解如何进行科学实验,如何严格处理实验结果,如何从实验数据中得到科学结论等。

当代大学生与过去历代大学生最大的差别就是要求具有熟练的计算机技能,这不仅是科学和技术发展的需要,也是考核当代大学生能力的一个重要指标。熟练掌握计算机,包括对操作系统、编程语言、数据库、计算机网络等的熟练掌握,也包括对信息科学与技术领域各种计算机系统的了解,如办公自动化系统、计算机控制系统、计算机辅助决策系统、计算机网络等。大多数大学生对于计算机的热情较高,特别对上网都比较感兴趣。此时特别要注意正确分配时间,正确掌握尺度,既要熟练掌握计算机,又不能沉溺于计算机而不能自拔。

② 重视面向实际,勇于解决实际问题

对信息科学与技术本科大学生培养的最终目的,就是使学生能解决信息科学与技术及相关领域的各种科学技术问题。在大学学习的阶段就要注重培养解决实际问题的能力。特别是到了高年级,大学生已经开始接触并掌握了一些专业知识,这就需要进一步拓宽知识面,对本专业领域的实际问题要有所了解。信息科学与技术是一个适应范围特别宽广的专业,因此信息科学与技术专业的大学生特别需要重视面向实际,要有意识地注意工程实际中提出的各种问题。要面向实际和爱好实际,在参观和生产实习中,一定要虚心好学,向工人师傅学习,向企业的工程技术人员学习,向各个领域的专家学习,向实际学习。学习实际知识,学会解决实际问题的能力,这可以缩短从大学学习后到实际单位工作间客观存在的距离。有条件的学生最好能参与各种科技作品制作和学生科协组织的或老师组织的小型项目开发,这对锻炼解决实际问题的能力很有好处。

本 章 小 结

本章主要讨论了信息科学技术的知识结构和能力结构,以及相关的学习方法。首先,对知识结构的定义和概念进行了描述,说明了大学学习与知识结构的关系是非常密切的,学习的实质就是不断改造和重建知识结构的过程,而知识结构又是继续学习的基础。其次,描述了信息科学技术和工程的知识结构是一个有层次、有主有从、有序有机的知识结构体系。接着从能力和能力结构的定义和概念出发,分析了全面发展人才的目标以及社会对大学生的能力要求,说明了信息科学技术人才应该具备的专业能力结构。最后,讨论了学习方法,从教与学两个方面比较了大学与中学的差异,分析了大学学习中的一些客观规律以及对大学学习有重要影响的一些因素,提出了信息科学与技术类专业的学习任务与要求。

思 考 题

8.1 什么是知识结构?知识结构如何分类?
8.2 知识结构具有哪些特征?

8.3 知识结构是如何形成的？其作用是什么？
8.4 大学学习与知识结构的关系如何？
8.5 信息科学技术的知识结构是如何构成的？
8.6 什么是能力与能力结构？
8.7 现代大学生的能力结构应包括哪些要素？
8.8 信息科学技术人才所应具备的能力有哪些？
8.9 信息科学技术专业知识的逻辑关系如何？
8.10 研究学习方法有何用处？你所了解的学习方法有哪些？
8.11 什么是科学的学习方法？
8.12 请你总结你的中学学习过程与学习方法，并进行评价。
8.13 你认为对大学学习有重要影响的因素有哪些？
8.14 信息科学技术类专业的学习任务与要求是什么？
8.15 你是如何设计你的大学学习生涯的？

进一步阅读的建议

参考文献

［1］钟义信,等.智能科学技术导论.北京:北京邮电大学出版社,2006.

［2］易波,等.现代通信导论.长沙:国防科技大学出版社,2005.

［3］张毅,等.通信工程(专业)概论.武汉:武汉理工大学出版社,2007.

第 9 章 未来趋势

> 当今时代,科学技术发展迅速,信息科学技术的发展更是突飞猛进。那么,未来的信息科学技术将走向何处?本章仅从新原理、新型信息材料、新型信息器件、智能信息系统、智能信息网络这几个技术层面选择典例对其略作说明。值得强调的是,在信息科学技术的诸多发展趋势之中,最具本质意义的趋势是语义化、智能化,正是通过语义化和智能化,信息技术的发展和应用才能模拟人类的信息与智慧能力,永无止境地走向新天地。

信息科学与技术历经了半个多世纪的进步,已经进入了快速成长发展的历史时期。近几年来先后出现了许多新的技术,就是明证。那么,未来信息科学技术的发展与应用将会是何种景象呢?

按照本书前面关于科学与技术发展的"辅人律""拟人律"和"共生律"的分析,信息科学与技术在未来的长远时期都将继续保持主导和核心的地位而不断得到发展。这是因为,人类探索客观世界和主观世界的任务不断深化,没有止境,意味着人类智力能力的发展也将不断深化,没有止境。因此,作为扩展人类智力能力的信息科学与技术的发展也将不断深化,永远不会止歇。正像人类全部能力都始终以智力能力为统领,人类所需要和所创造的科学与技术也将始终以信息科学与技术为统领。

另外,各种科学与技术都不是完全独立发展的。事实上,新兴的生命科学与技术、环境科学与技术、航天科学与技术、海洋科学与技术以及国防科学与技术等高新技术,也都直接或间接地以信息科学技术为基础和支撑。没有信息科学技术,这些新兴技术的进步就会受到严重的制约。因此,这些新兴技术的发展也在召唤和促进着信息科学技术的进一步发展。

9.1 未来的信息技术

信息技术的发展一方面取决于人们对信息、知识、智能的认识深度,同时也依赖于制造信息与智能系统的信息材料和能源的发展。对信息、知识、智能的认识程度深化,对信息、知识、智能的利用水平就会提高。材料和能量的性能的提高和功能完善,就会促进器件的进步,进而推动整个信息系统的全面发展。

为了更好地了解未来信息技术的总体发展趋势，本节首先简要介绍新的信息理论引发的发展，接着介绍新型信息材料的发展方向和新型信息器件的特点，然后重点介绍智能信息系统的概念，并以智能交通系统为例进行剖析。

9.1.1 信息新理论引发的信息新技术

信息理论本身正在不断进步，主要是由浅层的、只关注语法信息（信息的形式因素）的 Shannon 信息论向深层的、同时关注信息的形式因内容和价值因素的"全信息"理论发展。一方面，这种发展是非常必要的，这样才可以使信息理论与智能理论默契沟通，形成完整的信息科学理论；另一方面，这种发展是完全可行的，本书第 3 章已经阐明了获取全信息和获取语义信息的技术原理。

理论的进步必然会导致技术的发展。这里只提及两个主要方面。

1. "初等信息技术"的规范化

根据本书 6.3.2 节的论述，在我们所熟悉的现阶段信息技术中，传感、识别、通信、存储、控制技术都是基于"语法信息"发展起来的，没有利用"语义信息"和"语用信息"的能力；计算机技术也只能利用逻辑所表现的不完整的语义信息。因此，这样的信息技术只能处理信息的"形式"，不知道所处理的信息究竟"是什么意思"，也不知道所处理的信息"有什么价值"（现在的电信网、有线电视网和互联网都是如此），是一种"只要有传输容量，用户想传什么就传什么"的信息技术，属于"初等信息技术"。

虽然初等信息技术能够为人们提供方便的"信息共享"服务，给人们的工作和生活带来前所未有的便利，但初等信息技术的能力和价值也就仅此而已。由于没有正确利用语义信息和语用信息的能力，现有的初等信息技术不能为人们提供"智能共享"的服务。这是初等信息技术的严重缺陷。只不过人们还没有品尝过"智能共享"服务的巨大惠益，因此还体会不到没有"智能共享"服务的局限到底有多严重罢了。

本书第 2 章已经论述了"全信息"的概念，它是语法信息（形式或形态）、语义信息（内容或含义）、语用信息（价值或效用）的有机整体。本书第 4 章进一步论述了获取"全信息"的原理，特别指出了：语义信息是与其相应的语法信息和语用信息的"直积"（同时满足）在语义信息空间的映射，见公式(3.4)。这就是说，语法信息和语用信息两者共同定义了与它们相应的语义信息，而语义信息则可以成为与其相应的语法信息和语用信息的抽象代表。总之，语法信息、语义信息和语用信息不是随便混在一起的"混合物"，而是有体系有结构的有机体。

有必要指出，现在人们所理解和应用的"语义信息"，大多数都不是完整的语义信息，而是主观想象的语义信息。而且，不同的人所想象的语义信息可能各不相同。真正的"语义信息"应当是公式(3.4)所定义的结果。

如果说，只能利用语法信息而不能利用语义信息和语用信息的信息技术只能算是"初等的信息技术"，那么能够利用"语义信息和语用信息"（因而能够利用"全信息"）的信息技术就是"规范的信息技术"。这与本书第 6 章的术语是完全一致的。

这样，未来信息技术的一个明显趋势就是由现阶段的"初等信息技术"走向未来的"规范的信息技术"。这一发展趋势对信息技术带来的进步至少可以表现在以下几个方面。

(1) 具备"自主选择信息的能力"

现阶段所用的"初等信息技术"系统都没有自主选择信息的能力。目前的电信网和互联网都是如此：只要有容量，信息就可以自由流入，网络没有选择或过滤能力，造成网络信息鱼龙混杂。

利用"规范的信息技术"的系统，由于能够利用"全信息"，它就不仅能够感受到语法信息的存在，而且能够利用语用信息（和语义信息）来判断所感受到的信息是否符合本系统的"目的"和"需求"。如果符合，就主动选择进来；如果不符合，就予以拒绝或滤除。

(2) 显著改善"识别信息的能力"

现阶段的"初等信息技术"系统在执行"模式识别"任务的时候，由于只能利用模式的语法信息来提取信息的形式特征，结果使系统的拒识率和错识率都比较高，而正确识别率往往不能令人满意。

利用"规范的信息技术"系统，由于能够利用语用信息（和语义信息），就不仅可以提取信息的形式特征，而且可以提取信息的语用和语义特征，从而可以有效地改善识别的性能。

(3) 显著改善"信息检索的能力"

信息检索所依赖的基本技术就是"模式识别"技术。现在所用的信息检索技术建筑在"初等信息技术"基础上，仅仅能够利用检索关键词与信息库信息之间的形式特征来寻找匹配，因此检索的成功率至今不能令人满意。

利用"规范信息技术"的信息检索系统，不仅可以利用关键词和信息库信息的语法信息特征，同时可以利用语用信息特征（和语义信息特征），因而，匹配的可信度可以大大提高，检索的成功率可以得到显著改善。

(4) 有效改善"信息处理能力"

现在所利用的信息处理技术大多都是对信息的形式（语法信息）进行处理，而不能对信息的内容（语义信息）进行处理，因此只有"形式运算"的处理能力，而没有"内容理解"的能力。这显然是浅层的信息处理。

利用"规范信息技术"的信息处理系统，由于具有对"全信息（语法信息、语义信息、语用信息的三位一体）"的处理能力，因此，可以大大提升信息处理的深度，使信息处理的结果具有更大的价值。

(5) 有效改善通信的有效性、可靠性、安全性

现阶段的初等信息技术范畴内，通信的有效性、可靠性和安全性分别通过有效性编码（信源压缩编码）、可靠性编码（纠错和检错编码）和安全型编码（密码）来实现，所有这些编码都是针对信息的波形进行的。因此，编码的效果受限。

在规范的信息技术范畴内，不仅可以利用信息的语法相关性，而且可以利用信息的语义相关性和语用相关性，因此，所有这些编码都不仅可以在语法信息层次进行，而且可以在语义信息和语用信息层次进行，从而大大改善编码效果。

规范的信息技术在通信方面所取得的所有这些改善，也完全可以在存储方面得到实现。

(6) 为信息技术提供统一的理论基础

目前，在"初等信息技术"的范畴内，传感技术、通信（存储）技术和控制技术的理论基

础主要是 Shannon 信息论与 Wiener 控制论，计算机技术的理论基础则主要是 Turing 的计算理论与数理逻辑。它们之间是两种语言、两种思路，给人的印象似乎是"没有共同基础"。

但是，在"规范信息技术"的范畴内，情况就大不相同，它们拥有了共同的理论基础：全信息理论——传感、通信、控制的基础理论是"全信息理论的语法信息理论"，计算机技术的基础理论是"全信息理论的语义信息理论"。这样，传感技术、通信技术、计算技术、控制技术拥有了统一的理论基础，"规范信息技术"才因此而成为一门真正的学科。

2. "初等信息技术"的智能化

按照常规的道理，"初等信息技术"首先应当实现"规范化"，在此基础上才能比较正规地实现"智能化"。从实际的需求来看，虽然"初等信息技术"目前还没有实现"规范化"，实际的应用需求却已经不容等待，迫使它必须在现有"初等信息技术"的基础上就开始走向"智能化"。

目前先后出现的"大数据技术""云计算技术""物联网技术"都已经不再是纯粹的"初等信息技术"，而是"初等信息技术"向智能化方向上迈出的步伐。人们把它们笼统地称为"新型信息技术"，当然未尝不可，但是"新型信息技术"这种称谓没有能够准确反映这些技术的本质。而且，"新型信息技术"这类称呼实际上是一种"偷懒的"命名习惯，这是因为，任何技术都在不断发展，如果把现在这种信息技术形态称为"新型信息技术"，那么，后续各个阶段的信息技术形态就不得不变成"新型的新型信息技术""新型的新型的新型信息技术"……这显然不是科学规范的命名方法。对任何一种技术的命名，必须抓住该种技术的本质才有意义。

不妨考察一下"大数据"和"云计算"的技术就可以发现：它们的主体已经是智能技术。众所周知，"大数据"现象之所以会出现，是因为互联网所连接的各种"信息源"(语音的、数据的、图形的、图像的)信息量的雪崩式爆发，而且在互联网的环境下，人人都成了信息源，事事都可能成为信息源，时时处处都有信息源在产生信息。因此，虽然"大数据"有各种不同的定义，但最典型的定义是"具有数据量巨大(Volume)、速度极高(Velocity)、种类庞杂(Variety)特征的数据集合"；而最通俗的定义是"无法用常规信息技术处理的数据集合"。言下之意，凡是目前常规信息技术(即初等信息技术)能够处理的数据集合，都不是真正的大数据集合。

图 9.1 给出了"大数据技术"的基本工作原理。

这里，仅对大数据技术原理作如下几点说明。

（1）智能分类与选择

如图 9.1 所示，由于大数据的"数据量大而杂"，大数据技术的第一个环节必须是对输入的数据进行分类（不加分类地统一处理是不可行的），而由于大数据包含的类型庞杂，常规的数据分类技术难以取得良好效果。因此，图 9.1 给出的分类技术是"智能分类"：需要划分多

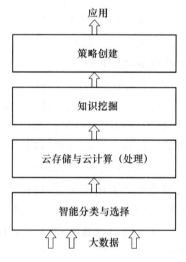

图 9.1 大数据技术原理

少个类,各类的特征是什么,事先都不可能确知,必须"一边分类一边学习",这实际上就是具有学习能力的"智能聚类"。

(2) 云存储与云计算

对输入数据分类的结果,就变成了"多类数据的协同处理(计算)"问题。由于数据量巨大,单一计算机难以处理,必须调用大量计算资源(包括存储资源)才有可能解决问题。这就是所谓的"云存储与云计算"的工作模式。如何利用云存储和云计算的相关资源对各类数据分别进行处理?这些存储与存储、计算与计算、存储与计算之间如何协同合作?这实际是"智能调度"的问题。

(3) 知识挖掘

经过云存储和云计算处理之后的大数据仍然是"数据",不过已经成为经过整理之后的有序数据和便于使用的数据。数据是信息的载体、表示和记录,还不是知识。要想从数据中得到知识就必须利用"数据挖掘"和"知识发现"技术。后者正是"核心智能技术"的"知识生成"技术。

(4) 策略创建

如前所说,"信息",只能为人们提供"关于事物的现象";"知识",才可以为人们提供"关于事物的本质";只有"策略"才能告诉人们"怎么行动"。因此,有了知识之后还必须针对求解问题的目标,生成求解问题的策略。而这,正是"核心智能技术"的"策略创建"的问题。

经过如上处理,大数据才被转换成为能够用来解决问题的策略。可见,支撑大数据技术的骨架和关键,已经不是"初等信息技术",也不是"规范信息技术",而已经是地道的"智能技术"。

至于物联网技术,情形更是如此。实际上,完整的物联网技术工作模型应当如第6章的图6.2、本章的图9.3所示,所以是一个人工智能系统,或者称为生态意义的规范信息技术系统。由于篇幅的缘故,这里不再赘述。

9.1.2 新型信息材料与器件

电子信息材料及产品支撑着现代通信、计算机、信息网络技术、微机械智能系统、工业自动化和家电等现代高技术产业。电子信息材料产业的发展规模和技术水平,已经成为衡量一个国家经济发展、科技进步和国防实力的重要标志,在国民经济中具有重要战略地位,是科技创新和国际竞争最为激烈的材料领域。

随着电子学向光电子学、光子学迈进,微电子材料在未来10~15年仍是最基本的信息材料,光电子材料、光子材料将成为发展最快和最有前途的信息材料。电子、光电子功能单晶将向着大尺寸、高均匀性、晶格高完整性以及元器件向薄膜化、多功能化、片式化、超高集成度和低能耗方向发展。

集成电路和半导体器件用材料由单片集成向系统集成发展。微电子技术发展的主要途径是通过不断缩小器件的特征尺寸,增加芯片面积以提高集成度和信息处理速度,由单片集成向系统集成发展。

光电子材料向纳米结构、非匀质、非线性和非平衡态发展。光电集成将是21世纪光电子技术发展的一个重要方向。光电子材料是发展光电信息技术的先导和基础。材料尺度逐步低维化——由体材料向薄层、超薄层和纳米结构材料的方向发展,材料系统由匀质到非匀质、工作特性由线性向非线性,由平衡态向非平衡态发展是其最明显的特征。发展重点将主要集中在激光材料、红外探测器材料、液晶显示材料、高亮度发光二极管材料、光纤材料。

新型电子元器件用材料主要向小型化、片式化方向发展。磁性材料、电子陶瓷材料、压电晶体管材料、绿色电池和材料、信息传感材料和高性能封装材料等将成为发展的重点。

信息器件是一个科学内涵极丰富、创新性极强、应用前景极广阔、社会经济效益巨大的领域,极有可能触发新的信息技术革命。基于新型信息材料,催生了几类颇有特色和前景的未来信息器件。

微纳电子器件:微纳电子器件是信息产业的基础和核心,它的发展对带动相关产业实现技术跨越,提升经济和产业的国际竞争力,实现经济社会的可持续发展和保障国家安全等都有着不可替代的作用。

光电子器件:光电子器件是光通信、移动通信和高速信息网络的基础,它的发展和应用将极大地提高人民的生活质量,并对保障国家安全,提升高技术产业的国际竞争力具有至关重要的作用。

第三代(高温宽带隙)半导体器件:以氮化镓和碳化硅等为代表的第三代半导体材料,以其优异的物理和化学性能在国防、航空、航天、石油勘探、光存储、显示以及白光照明等领域有着重要应用前景,市场潜力巨大。

纳米电(光)子器件:基于量子尺寸效应、量子干涉效应、量子隧穿效应和库仑阻效应以及非线性光学效应等的低维结构是一种人工设计、制造的新材料,是新一代量子器件的基础。

海量存储器件:预计磁材料中磁记录单元(磁晶)的尺寸将很快达到其记录状态的物理极限。GaN 基蓝、紫光激光器件的出现,加快了光存储技术的发展,然而,光存储技术的面密度也已接近光学衍射极限;因而寻求发展基于新原理的新型海量存储、三维光存储材料、器件与系统——全息存储和近场光存储技术以及光学烧孔和 STM 热化学烧孔存储技术等,已成为目前国际研发的热点。

9.1.3 智能信息系统

信息系统是一个非常广泛的概念,小到个人手机通信录、个人计算机系统,大到一个国家的基础地理信息系统乃至全球互联网系统,都可以认为是信息系统。信息系统已经成为人们日常生活中不可分割的一部分。比如出行时买票,人们要借助各类交通工具的订票信息系统;进行交易活动时要利用银行信息系统,越来越多的人在使用电子商务系统进行这些活动。在工作中也越来越多地借助各类办公信息系统、制造信息系统、电子政务系统等。

一般认为,信息系统是基于信息技术(包括计算机技术、网络互联技术、现代通信技术和各种软件技术等)集成的能够提供信息服务的人机系统。依据其具体提供的服务类型,可以有管理信息系统、办公自动化系统、地理信息系统、交通管理信息系统、银行信息系统、电子商务系统、指挥信息系统、医学信息系统、科技文献检索系统等。可以说,在当前的信息时代,各行各业的各种服务,随着计算机技术和网络技术的广泛运用,大多都可以直接或间接地利用信息系统来帮助提供这些服务。

一般的信息系统由信息源、信息存储器、传输通道、信息处理器(从简单的数据处理到复杂的信息处理)、信息用户和信息管理者组成。信息源是指系统提供信息服务所需包含的信息来源,由信息管理者依据系统的功能进行采集,比如列车订票信息系统的信息源就包括各种列车的行程区间、时刻表、价格以及各类票的数量等信息。信息存储器是存储采集到的信息的硬件设备和数据存储的方式等,比如计算机的存储设备和各类数据库系统。传输通道是指信息从信息存储器传到用户端的物理通道和传输方式等,比如集中存储在数据服务器中的数据通过计算机网络传给发起信息请求的用户计算机终端。信息处理器是系统对用户请求进行分析,实现数据检索并返回用户请求数据的部分。信息处理器的能力直接决定了信息系统的能力。

一般的信息系统只是帮助人们收集、存储信息,并进行一些简单的处理,所能提供的信息服务水平是比较有限的。比如,一个简单的列车订票信息系统只能接受用户提出的明确的订票需求,当用户给定列车车次后,系统才能在数据库中按此输入去检索该次列车的余票情况,从而确定是否能给用户提供该次列车的车票。在具有更强的处理能力时,系统可以接受用户起始区间的输入,依据起始区间检索所有可能的列车,而进一步确定选择哪次列车则由用户自己进行选择。在这些情况下,信息处理器的工作是比较初级的,不能响应比较复杂的用户请求。比如上述列车订票信息系统,系统不能在给定候选时,依据用户更多的输入约束(如对票的价格、时间、列车换转、列车上各类设备等的要求)为用户确定一个合适的车次。又比如,一个作战指挥信息系统不仅能提供战场各方信息,还能依据这些信息通过常规分析提供下一步队伍部署的建议,供指挥员进行决策参考。还比如,互联网,这一当今世界最大的信息系统,包含了异常丰富的信息,当前的检索工具(信息处理器)帮助人们在海量信息中提取出满足用户请求的内容,但是,目前的检索工具能力还很有限,用户的检索必须满足某些规范要求才能处理,系统对用户检索请求的理解还很不够,基于用户请求的检索处理能力还比较初级,系统通常仍然会返回给用户大量无用信息。

为了提高这些信息系统提供信息服务的能力,信息处理器的智能化是一个重要的发展方向。通过采用智能信息技术,信息系统不仅能帮助人们完成收集、整理以及简单处理信息的工作,而且还能辅助人们分析、运用各类信息和知识应对实际问题,这就是智能信息系统。由于不同信息系统的信息内容、系统结构、服务目标等多方面的差异,其采用智能技术的途径也各不相同,本节我们以交通系统为例,首先介绍智能交通系统的基本结构,然后介绍其中一些基本智能技术,这些技术使得交通系统具有更强大的处理和辅助决策能力。

1. 智能交通系统概述

智能交通系统(Intelligent Transportation Systems,ITS)是将先进的信息技术(包括数据通信技术、计算机技术、传感器技术、自动控制技术、运筹优化技术以及人工智能技术等)有效地综合运用于交通运输、服务控制和车辆管理等方面,加强车辆、道路、使用者三者之间的联系,从而形成的一种实时、准确、高效的综合运输系统,最终使交通运输服务和管理智能化,使路网上的交通流运行处于最佳状态,改善交通拥挤和阻塞,最大限度地提高路网的通行能力,提高整个道路运输的机动性、安全性和生产效率。

进入信息时代,智能交通系统将成为 21 世纪现代化交通运输的发展方向。

随着世界城市化的进展和汽车的普及,不论是在发展中国家还是在发达国家,交通拥挤加剧、交通事故频繁、交通环境恶化等问题变得日趋严重。据统计,全球每年仅因交通信号延误就使驾驶者耽误了 20 000 万小时的时间,相当于 10 亿美元的经济损失。同时由于交通堵塞而引起的总体资源浪费、排放物对环境的污染量更是难以计算。一般来说,解决交通拥堵的直接办法是建设更多的道路交通设施,提高路网的通行能力,但无论是哪个国家的大城市,可供修建道路的空间都是有限的,而且建设资金筹措也是一个要面临的困难。同时,由于交通系统是一个相当复杂的大系统,单独从车辆方面考虑或单独从道路方面考虑,都很难从根本上解决问题。此外,能源和环境问题的严重性也日益为人们所认识。

在这种背景下,从系统的观点出发,把车辆和道路综合起来考虑,着眼于充分利用现有的道路交通设施,在不大量兴建新道路设施的前提下,着重提高运行效率,以节约大量的建设资金和时间,运用各种高新技术解决交通问题的思想就应运而生。

ITS 的基本功能表现在:减少出行时间,保障交通安全,缓解交通拥堵,减少交通污染等四个方面,其最终目标是建立一个实时、准确、高效的交通运输管理系统。ITS 系统中的 7 大领域包括:先进的交通信息系统、先进的交通管理系统、先进的车辆系统、先进的公共运输系统、商用车辆运营系统、自动车辆驾驶系统、自动收费系统。

(1) 先进的交通信息系统(ATIS)

先进的交通信息系统是 ITS 的重要组成部分,也是发展 ITS 的基础和关键技术。ATIS 是建立在完善的信息网络基础上的,交通参与者通过装备在道路上、车辆上、换乘站上、停车场上以及气象中心的传感器和传输设备,可以向交通信息中心提供各处的交通信息;中心得到这些信息并通过处理后,实时向交通参与者提供道路交通信息、公共交通信息、换乘信息、交通气象信息、停车场信息以及与出行相关的其他信息;出行者根据这些信息确定自己的出行方式、选择路线。概括地说,交通信息系统就是要收集相关交通信息,分析、传递、提供信息,为出行者在从起点到终点的出行过程中提供实时帮助,使整个出行过程舒适、方便、高效。图 9.2 为城市交通信息系统基本流程。

(2) 先进的交通管理系统

该系统由一系列的监视公路状况、支持交通管理与出行建议系统所组成。交通管理控制中心通过交通探测车、车辆探测器、雷达探测器、气象检测器、能见度检测器、视频监测系统、不停车电子收费系统和紧急电话等手段采集有关信息并加工这些信息,然后通过电子地图、大屏幕显示器、可变标志、可变情报板、电话、电视、路侧通信广播、交通广播、微机信息灯系统、匝道仪控制系统、视频监测系统和不停车电子收费系统等手段将有关信息传递给司机和相关人员,并不断优化交通信号灯的绿信比,随时采取相关措施保障良好的交通秩序,此外还对一些突发事件(如交通事故、道路维修、特殊的政治活动等)迅速确定解决方案,并做出准确的反应。

(3) 先进的车辆系统

该系统是指借助车载设备及路侧、路表的电子设备来检测周围行驶环境的变化情况,进行部分或完全的自动驾驶控制以达到行车安全和增加道路通行能力的目的。其本质就

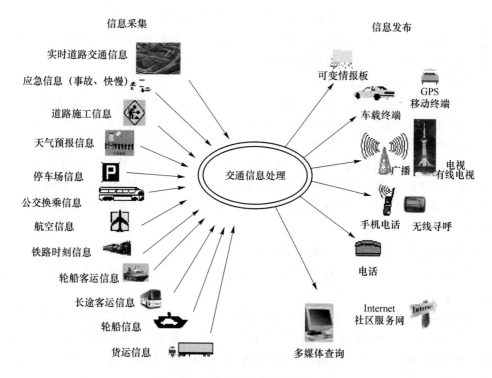

图 9.2　城市交通信息系统基本流程

是在车辆与道路系统中将现代通信技术、控制技术和交通流数据处理技术加以集成,提供一个良好的辅助驾驶环境,在特定条件下,车辆将在自动控制下安全行驶。

(4) 先进的公共运输系统

作为智能运输系统的子系统,要保证对各种可选交通方式有足够的考虑。该系统采用先进的公共汽车、车辆全球定位系统和先进的电子技术等来达到不需要新建另外的公路却能运送更多的出行者的目的。该系统利用计算机技术对公交车辆及公共设施的技术状况和服务水平进行实时分析,实现公交系统计划、运营和管理功能的自动化;为乘客提供实时的换乘信息;提供完备的安全监测、预警和防范设施等。

(5) 商用车辆运营系统

商用车辆包括货运汽车、公共汽车、出租车和紧急车辆。该系统可为商用车辆运营业者提供电子通关(车辆因装有脉冲应答器,可在不减速停车的情况下,迅速通过安全、载重、注册等关卡);对高速行驶中的车辆、货物状态和司机的安全情况进行监测、危险时预警并在必要时进行自动控制;对运送危险品的车辆,在发生事故时,能立刻确定事故的严重程度、事故地点、危险品种类并推荐最佳应急方案;还可帮助司机确定车辆位置,避开交通阻塞路段,大大提高运输效率。

(6) 自动车辆驾驶系统

自动车辆驾驶系统是指借助车载设备及路侧、路表的电子设备来检测周围行驶环境的变化情况,进行部分或完全的自动驾驶控制的系统,目的是提高行车安全和道路通行能力。该系统的本质就是将车辆—道路系统中的现代化信息技术、控制技术和交通流数据处理技术加以集成,提供一个良好的辅助驾驶环境,在特定条件下,车辆将在自动控制下安全行驶。自动驾驶系统是集成了传感器、计算机、车载控制系统以及车道控制系统的一个自动化智能化控制系统，以提供预警、辅助驾驶或在危险行驶情况下自动干预。它是先进的运输系统中最复杂，也是最难实现的技术。

(7) 自动收费系统

自动收费系统，也称电子收费系统，它在传统收费技术的基础上广泛采用现代高新技术，尤其是电子和通信方面的技术，在车辆运动的情况下，通过无线通信技术使安装于车辆上的某种专用设备(又称车载单元)和设置在收费车道或路侧的装置(又称路侧单元)之间进行通信和信息交换，并在此过程中自动完成收费操作。在收费过程中流通的是电子货币，而不是纸币，一般情况下，实现道路的不停车收费，车辆只需要按照一定速度直接驶过系统的收费道口，收费过程就可以通过无线通信和机器设备的操作自动完成，从而大大提高了收费效率。

2. 智能交通系统中智能技术应用举例

许多智能技术都在智能交通系统中有重要的应用，这里我们仅简单介绍专家系统、模糊控制和神经网络等技术。

专家系统指的是一个针对专门领域设计的人工智能系统，它的知识库内储存了大量的相关领域专家(某个专家或专家集体)的知识与经验，因此能够根据这些知识和经验，进行推理和判断，模拟人类专家的决策过程，解决那些需要人类专家才能处理好的复杂问题。

在智能交通领域，已经出现了不少专家系统的应用，比如交通规划分析专家系统辅助人们进行某一区域的交通状况分析、发展规划；交通信号设计专家系统辅助人们进行一个区域的全局信号优化，在保证安全的前提下最大限度地提高各个路口的通行能力；交通故障处理专家系统在突发事件中辅助管理人员迅速提出可行的故障解决方案并加以实施。这些专家系统的应用使得交通管理能力得以大大提高。

模糊控制是一类应用模糊集合理论的控制方法。模糊控制的价值可以从两方面考虑，一方面，模糊控制提出了一种新的机制用于实现基于知识(规则)甚至语义描述的控制规律；另一方面，模糊控制为非线性控制器提出了一个比较容易的设计方法尤其是当受控装置(对象或过程)含有不确定性而且很难用常规非线性控制理论处理时，该方法更是有效。

1977年，Pappis等人设计了一种单路口两相位模糊逻辑控制器，这是最早将模糊逻辑用于交通控制的例子。Pappis等人首先提出了延误模型，并在此基础上引入时间、到达车辆数、等待车辆数、延长时间作为模糊变量，分别给出模糊集合，制定模糊策略。通过遍历模糊集合中的每一组合，使用模糊控制规则产生模糊决策。目前，已有一些基于模糊控制规则产生模糊决策的城市交通智能红绿灯控制系统，对于充分利用交通资源，提高路口通行能力具有很大作用。

神经网络是人工智能应用的重要技术之一，它从仿生学的角度试图对人脑的神经系统进行模拟，使机器具有部分人脑的功能，如感知、学习和推理等。与传统的控制技术相比，神经网络具有如下重要特征：①非线性映射能力强；②能够学习和适应不确定性系统的动态特征；③能够处理多输入和多输出问题，非常适合于多变量系统。这些特征显示了神经网络在求解非线性和不确定性控制问题方面的巨大潜力。

由于高速公路交通系统是一个复杂的大系统,车辆组成复杂,车速离散性大,系统的随机性、模糊性等不确定性较强,因而传统的描述方法很难适应在这种环境中进行复杂的控制和决策。Singh 和 Titli 于 1978 年提出了一种多层递阶结构,该结构分为自组织层、适应层、最优化层和调节层,其信息传递在相邻两层之间发生。在自组织层中,根据不同的交通状态合理设置性能指标,交通状态可以用模糊变量表示,并在此基础上提出模糊推理方法用于自组织层的决策。自适应层主要根据交通量监测数据在线或离线地进行辨识,更新不同性能指标下的系统模型和约束条件并提供给优化层。最优化层的功能主要是为调节层选择最优设定点或最优控制轨线。调节层的主要任务是采取适当的控制量作用于高速公路交通系统,当有扰动发生时,能够迅速使状态变量达到期望的最优值或最优轨线。

这些智能技术在应用中还有不少需要改进提高的地方。但是,信息系统的智能化这一发展是大势所趋。

9.2 未来的信息网络

何处不需网络?何处不需智能?人工智能技术与现有的常规信息网络技术的有机结合,将使目前以提供信息共享服务为基本特征的"弱智信息网络"提升为具有较高智能的"智能信息网络",从而使社会生产力真正能够从工业时代的水平提升到信息(知识—智能)时代的水平。可以预言,"智能信息网络"成为社会生产和社会活动的通用工具之日,就是工业时代转变为信息(知识—智能)时代之时。

9.2.1 现有的信息网络

信息网络是现代信息科学技术全部成就的综合体现,正在成为人类文明史上第三代社会生产和社会活动的通用工具:生产过程、服务过程、经营贸易、管理决策、科学研究、文化教育、医疗卫生、家庭劳务和国防安全等,几乎所有领域都将越来越彻底而且不可逆转地依赖于信息网络。网络的不断演进和变化正在实现着人们"信息无处不在,通信无处不在,信息网络无处不在"的理想。

随着信息技术的飞速发展,网络与通信的内容不断拓展,尤其是近十年互联网的广泛渗透和普及,更是极大地丰富了信息网络的内涵,其概念不仅包括过去的通信网络、计算机网络、互联网络,还增加了下一代网络、网格、语义网、传感网络等新内容,使信息网络的能力更为完整和强大。

1. 下一代网络(NGN):使不同网络走向融合

下一代网络是一个建立在 IP 技术基础上的新型公共电信网络,能够容纳各种形式的信息,在统一的管理平台下,实现音频、视频、数据信号的传输和管理,提供各种宽带应用和传统电信业务,是一个真正实现宽带窄带一体化、有线无线一体化、有源无源一体化、传输接入一体化的综合业务网络。Internet 是下一代网络的主体,IP 技术是实现计算机互联网、传统的电话网和有线电视网三网融合的关键技术。随着 Internet 技术的发展,最终将实现计算机互联网、电话网(PSTN)和有线电视网三网融合。

2. 网格(Grid):使网络实现资源共享

网格是把整个互联网整合成一台巨大的虚拟计算机,实现计算资源、存储资源、数据资源、信息资源、知识资源、专家资源的全面共享。当然,我们也可以构造地区性的网格(如中关村科技园区网格)、企事业内部网格、局域网网格,甚至家庭网格和个人网格。网格的根本特征并不一定是它的规模,而是资源共享,消除了资源孤岛。

3. 语义网(Semantic Web):使网络能够处理信息内容

语义网是对下一代万维网的展望,致力于开发一种能理解人类语言的智能网络,它不但能够理解人类的语言,而且还可以使人与电脑之间的交流变得像人与人之间交流一样轻松。在这样的网络中,表示和利用了信息的含义(不再仅仅是形式),机器能够自动地处理和集成网上可用的信息,语义网使用 XML 来定义定制的标签格式以及用 RDF(资源描述框架,一种描述万维网上资源的语言)的灵活性来表达数据,然后用一种 Ontology(本体)的网络语言(比如 OWL)来描述网络文档中术语的明确含义和它们之间的关系。

4. 传感网络(Sensor Network):使网络能够直接感知外部信息

传感网络是一种由传感器节点构成的网络,能够实时地协作地监测、感知和采集网络分布区域内的各种监测对象信息,提供海量的详细测量数据,如灯光、温度、湿度、噪声和化学成分的浓度,并对这些信息进行处理,发布给观察者。

尽管新的网络概念层出不穷,为原有的网络不断增添新的能力,但是,这些种种"打补丁式的"改进并未消除信息网络面临着的严峻挑战。其中最根本的问题是:面临多种多样的社会需求,未来的网络究竟应当怎样发展?上述对于未来网络的各种见解其实都是这个复杂系统的某个侧面,远远不是全局的构想。实际上,这些不同的见解正好复现了"盲人摸象"的典故。虽然"盲人摸象"是个古代寓言,但是面对网络这样的复杂事物("大象"),当自身知识结构不能覆盖网络这只"大象"全部面貌的时候,明眼人重蹈"盲人摸象"的覆辙并不奇怪。

这种现象表明,信息网络理论技术的发展与走向面临着巨大的困惑。解决这个问题的办法有两种。

第一种,各个领域按照各自的理解去发展,下一代网络、家庭网络、网格、语义网、传感网络等各自发展,等到需要综合集成的时候再去综合集成。这是最自然、最省事因而也是最容易的办法,因为大家都各得其所。当前信息网络的发展走的就是这个路子。问题在于:由于没有统一的体系结构和相关标准规范,各自按照"各自的标准"发展,将来综合集成就会面临许多"如何把各自的标准融通为统一标准"的困难。为了解决这些困难所要付出的代价难以估量。

第二种,尽量把未来网络的走向理解得透彻一些,对未来网络的体系结构形成一个基本的共识,在这种基本体系结构的指导下,各个领域(传感网络、电信网络、存储网络、计算机网络、资源共享网络、智能决策网络、控制网络等)协调发展,保持相容的总体框架。这样,各个部分发展起来,总的网络也就有序地形成了。这种办法开头的时候较为困难,但是此后的发展就会顺利得多,可能引起的损失也会小得多。

第一种办法是在困惑面前走走看看的办法;第二种办法是"高瞻远瞩"创新突破的办法。本书认为,现在已经有充分的能力与把握可以实现"高瞻远瞩"的创新突破办法、主要的根据如下。

第一,通过长期的研究,人们已经清楚地认识到,信息资源的作用不仅仅在信息本身(这是表面的作用),更重要的是在于从中提炼出来的知识和解决问题的智能(这是本质的作用)。信息作为一种资源,它本身只是"原材料",它的真正价值在于通过深度加工所得到的产品——知识和智能。应当充分发挥对信息进行深加工所得到的产品(知识和智能)的作用,而不应当停留在只会消费粗放的"原材料"的阶段。

可惜的是,目前人们只注意到了信息的表面作用。

第二,同样通过长期的研究,人们已经清楚地认识到,信息网络的作用也不仅仅在于"传递信息(原材料)和共享信息(原材料)",更重要的是在于支持"开发信息资源、加工信息资源和利用信息深加工产品"的全过程,这就是:"针对人们面对的问题和预定的目的去获得相应的原材料——信息(传感与获取),把信息传递到适当的场合(通信与存储),更重要的是要把信息提炼成为知识(计算与智能),并把知识激活成为解决问题的智能策略(智能)和智能行为(控制),去解决实际问题"的过程。而这个过程,正是"智能信息网络"的功能。

目前大多数人只注意到"智能信息网络"各个局部的作用:传感领域注意到信息获取的作用,因而提出"传感网络"的见解;通信领域注意到信息传递的作用,因而提出"下一代网络"的见解;研究信息存储的人们就提出"存储网络"的项目;计算机领域注意到对信息资源进行浅层加工的作用,因此提出"网格"的构想;人工智能领域只关心信息深加工的作用,因此提出了"语义网"的课题等。

显然,提出这些构想和项目都有各自的需求和道理,无可挑剔,但共同缺乏的,却正是"对全局的深刻理解"。这就是上面所说的"盲人摸象"或"见木(局部)不见林(整体)"的现象。本书认为,"没有全局的局部"和"没有局部的全局"一样,都会带来损失。

9.2.2 智能信息网络

当今人类社会的生产(工业、农业)方式和社会服务方式大体上都正在经历着由"工业时代的自动化方式"和"农业时代的手工方式"向"信息时代的智能化方式"转变的过程。仅仅依靠现阶段(缺乏智能的)信息技术(以共享信息为基本特征的电信网络、Internet、CATV网络和以数据处理为基本特征的计算技术)不可能把目前工厂的自动化生产过程转变为智能化生产过程,更不可能把目前的农业生产过程转变为智能化生产过程。原因是:这样的信息技术无法替代目前工厂生产流水线中各种人工操作和农业生产过程中各种各样的人工操作——这些人工操作之所以没有能够被自动化机器所替代,就是因为这些人工操作环节都需要智能,而不是简单重复的机械动作,只能由人自己来承担。因此,只有智能技术在社会生产(工业、农业)和社会服务活动过程中得到普遍应用,工业时代的社会生产方式才能转变为信息(知识和智能)时代的社会生产方式。

1. 智能信息网络的由来

本书第1章业已阐明,人类一切活动的目的归根结底是要通过不断地增强自己的能力来认识世界和优化世界,实现更好的生存和发展。当人类自身固有的能力不能满足这种需求的时候,就开始尝试借助外部的力量来扩展自身的能力。科学技术就是在这种需求的推动下,作为"借助外部力量扩展人的能力"的方法和工具而产生和发展起来的。换言之,如果人类不存在这种需求,科学技术就没有产生和发展的理由。

利用信息资源——制造智能工具——扩展智力功能——促进信息时代生产力成长——把工业(农业)时代推向信息时代,是现代科学技术和社会生产力发展的基本特征,是现代化社会发展的主导趋势,这就是信息化的伟大潮流。

那么什么是智能工具?本书第1章也已指出,智能工具是能够用来扩展人的智力功能的工具。什么是人的智力功能?按照本书第1章的阐述,人的智力功能是由人的一组信息器官所支持的各种信息功能的总称。按照它们工作的逻辑关系,这些信息功能包括:感觉器官的信息获取功能——神经系统的信息传递功能——思维器官的信息处理与再生功能——神经系统的信息传递功能——效应器官的信息施效功能。人类认识世界的过程本质上就是一个"获取信息——传递信息——处理信息"的认知过程;而人类改造世界的过程则是一个"再生信息——传递信息——利用信息"的行事过程。它们构成一个相互联系、相互作用、相互促进、相辅相成的整体,这就是"知行"过程。

用来扩展人的智力功能的智能工具,可由具有相应信息功能的各种信息技术系统来实现,这就是具有信息获取功能的感测与识别系统——具有信息传递功能的通信与存储系统——具有信息处理与再生功能的计算与智能系统——具有信息施效功能的控制与显示系统。显然,具备上述信息功能的智能工具,能够有效地扩展人类的智力功能,包括认识世界(知)和改造世界(行)的能力。

显而易见,智能工具的各个组成部分——传感测量与识别系统、通信网络与存储系统、计算处理与智能系统、自动控制与显示系统——都是信息系统(更确切地说是信息和智能系统),因此,研究和创制智能工具需要现代信息与智能科学和技术的支持。为了大量制造和广泛应用智能工具,需要大力发展和普遍应用现代信息与智能技术。

众所周知,在国民经济各部门和社会活动各领域大力推广和普遍应用现代化信息技术,发展信息产业,改造传统产业,转变社会生产方式、工作方式、决策方式、学习方式、交往方式和生活方式,提高社会劳动生产效率和质量,增强国家综合经济实力和国防实力,提高人们的物质文明和精神文明水准,正是国家信息化的基本目标和任务(国外称为"建设信息社会")。因此,信息化将有力地推动现代信息技术的发展,促进智能工具的创造和应用,孕育信息时代的社会生产力。这是通向信息时代的必由之路。

还要指出,智能工具的社会应用形态是大规模智能信息网络。它包括两大组成部分:一是公用的通信网络,二是集成在公用通信网络上大量的专门领域的应用信息系统(简称为专用信息系统)。其中,公用通信网络扮演着公共的信息传送平台的角色,为所有专用信息系统提供信息传递的服务;各种专用信息系统则是面向各自专门领域的智能工具,直接改变各个领域的生产方式、工作方式、服务方式和管理方式,为实现各自领域的现代化服务。智能工具的网络形态,是它最为重要的特色。

生产工具网络化的本质是生产工具和生产方式的社会化,这是人类社会进步最为本质的标志,具有特别重要的意义。古代社会的生产工具是锄头、镰刀等人力工具,是一家一户所拥有的工具,家庭之间"鸡犬之声相闻,老死不相往来",生产的社会化程度很低,因此生产能力低下;近代社会的生产工具是机车、机床等动力工具,是团队公司所拥有的工具,远远超出了一家一户的范围,社会化程度显著提高,因而使生产能力也得到显著增强;

而现代生产工具是以大规模智能信息网络为应用形态的智能工具,是全体社会成员所共同拥有和共同使用的生产工具,社会化程度将达到更高水平,因而相应的生产能力也将空前强大。

理论分析和历史实践都表明,社会的进步程度同社会成员之间合作的程度和水平直接相关。从古代农业社会一家一户的"家庭生产方式",到工业社会一个社团或一个公司的"团队生产方式",再到现代社会利用大规模智能信息网络的"网络生产方式",这是社会成员合作程度和合作水平提高的本质进程,是社会生产方式进步的重要标志。所谓生产工具"改变人们的生产方式",最主要的就是指"改变生产社会化的程度",改变人们在生产过程中的相互关系。

历史辩证法的基本原理告诉我们:社会存在决定社会意识。信息时代基于大规模智能信息网络的"网络生产方式"这种社会存在,将潜移默化地改变人们的传统思维方式,将导致意识形态领域意义深远的伟大革命。

信息时代劳动者与智能工具之间将形成日益合理的分工与合作:大部分体力劳动和一部分非创造性脑力劳动由智能工具承担;人类本身则在很大程度上被解放出来,去从事学习和创造性劳动。这是信息时代社会生产力性质的重要特征。

马克思在100多年前曾写道:"随着大工业的充分发展,劳动者将不再是生产流程中的一个环节,而是站在生产流程的旁边进行管理和监督。"这正是信息时代人们利用智能工具进行生产劳动的社会生产方式的生动写照。在这个意义上可以说:人类社会的信息化进程及其目标和马克思的预见不谋而合。

这就是信息网络的来龙去脉,也是信息网络的科学意义和社会意义。

普遍采用智能化信息网络进行生产和工作,人类就可以建立高度发达、高度文明的信息社会。因此,智能化信息网络是信息社会赖以建成的社会生产工具,信息化是把工业农业时代转变为信息时代的伟大的历史杠杆。

2. 智能信息网络的组成结构

智能工具是扩展人的智力功能的工具,它的原型是人类自身的智力系统。事实上,图9.3所示的智能信息系统模型就是由人的智力系统导出的。这里进一步给出人的智力系统和智能工具的信息模型,以及它们所执行的信息功能过程。

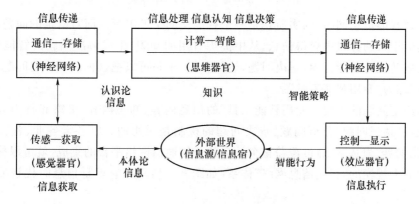

图 9.3 智能信息网络的功能模型

图 9.3 中的椭圆部分表示人们面对的外部世界的各种问题，方框部分表示与这些问题打交道(认识问题、分析问题、解决问题)的智能活动过程。各个方框内横线以下的部分分别表示人的智能活动功能器官(感觉器官、输入神经系统、思维器官、输出神经系统、效应器官)，横线以上的部分分别表示与那些器官相应的技术系统(传感—获取、通信—存储、计算—智能、通信—存储、控制—显示)，其间的箭头表示这些功能器官(技术系统)之间的功能联系。

模型清楚地表明，如果把传感系统、识别系统、通信系统、存储系统、计算系统、智能系统、控制系统、显示系统按照上述方式组织起来，就可能"以类似于人的方式"(当然不可能完全和人一样)完成各种智能任务。这就是完整意义上的"智能化技术体系"。人们所熟悉的传感、通信、存储、计算、智能、控制和显示系统在这个体系中各有各的位置，各有各的作用。由于智能信息网络在一定程度上能够以"类似于人的方式"完成各种智能任务，因此它可以执行"完整的生产流程"——针对问题获取信息、传递/存储信息、加工信息提炼知识、激活知识生成智能策略、把智能策略转换成为智能行为、解决问题达到目的。

不难看出，这样构成的"智能信息网络"可以有效地帮助人们认识外部世界物体的状态，并根据人们的目的需求有效地控制和调整外部世界物体的状态。这其实就是标准的"智能物联网"的基本模型。换言之，智能物联网也不是纯粹的信息技术，而是以智能技术为主导的智能信息网络技术。

为什么把"智能化技术体系"称为"智能信息网络"呢？因为网络的定义就是"由若干节点和节点间的连线组成的集合"。把"传感—获取""计算—智能""控制—显示""外部世界问题"抽象为具有相应功能的节点，通信—存储理解为这些功能节点之间的连线，那么上述模型就成为一个标准的"网络"，如图 9.4 所示。

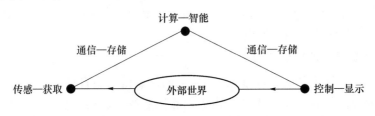

图 9.4　智能信息网络的等效模型

显见，"智能信息网络"的实质就是一个智能化的生产工具。面对给定的问题和目标，能够以类似于人的方式去获得信息，从中提炼有用的知识，生成解决问题的智能策略，并把智能策略转化为智能行为，解决问题，达到目标，于是可以把这种面对特定问题的"智能信息网络"称为"专用智能工具"。

依据给定问题的不同，"专用智能工具"的信息内容、知识内容、策略和行为方式也随之不同，但是认识问题、分析问题、解决问题的机制是通用的。以各行各业、各种各样的"专用智能工具"为基础，通过覆盖整个社会的公用通信网络平台的集成，就可以构成面向整个社会的大规模的"智能信息网络"体系(如图 9.5 所示)，它就是信息时代智能化生产工具的模型。

另外，还需要指出的是，"智能信息网络"，特别是"大规模智能信息网络体系"，代表宏观范畴(一个区域、一个省市以至一个国家)的普遍智能应用，"智能机器人"则代表微观场合(一个车间、一个流水线甚至一个岗位)的具体智能应用。"智能信息网络"和"智能机器人"两者都需要"智能科学技术"和"网络科学技术"作为技术支撑,因为人们希望"智能信息网络"和"智能机器人"都能够根据给定的任务主动地获得与求解问题相关的信息、从信息中提炼出有用的知识、并针对预定的目标把知识激活为求解问题的智能策略,再把智能策略转换为智能行为,完成求解问题的任务;而且希望在此过程中的人机合作能够在自然语言基础上进行(希望"智能信息网络"和"智能机器人"不但能听会说,而且会行动做事;不但有理智,而且有感情)。

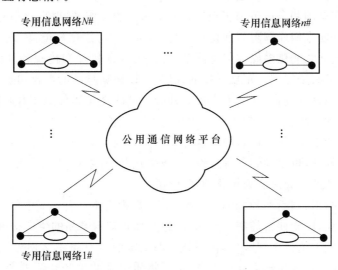

图 9.5 大规模智能信息网络体系:社会生产工具

3. 智能信息网络的经济意义和社会意义

信息化将不仅创造大量智能工具,同时必然会把智能引进到原先的动力工具或人力工具之中,使它们在智能信息网络的控制和引导下工作。这样,智能信息网络就逐渐成为各行各业普遍使用的社会生产工具体系。

例如,在工业领域,可以把人工操作的机床改造成为由计算机程序控制的自动化机床,实现各种生产流水线的计算机程序控制,再把这些计算机用局域通信网络互连起来协同工作,就成为工厂自动化生产的专用信息网络。在此基础上,再把它们与智能化的经营管理辅助决策系统以及分布在世界各地的采购销售网点集成起来,就成为生产经营和管理一体化的世界性智能化信息网络,从而可以大大提高劳动生产效率,大大节约生产资源的消耗,大大增强生产对市场的适应性,实现高水平生产、灵活生产、文明生产和可持续发展。

在农业领域,可以利用移动通信网络把各种农业机械(如播种机、耕作机、灌溉系统、锄草机、施肥机、收割机等)与各种农业智能决策系统(如土壤分析和种植规划系统,育种和选种智能系统,智能用肥和灌溉系统,作物生长的智能监察系统以及环境监测的智能系统等)集成起来,形成现代农业生产和管理的智能化信息网络,不仅将大大提高农业机械的劳动生产率和协同工作能力,大大提高农业生产自动化和智能化程度,大大改善农业产品的品种和质量,同时还可以从根本上改善农业生产及其产品的加工、经营和管理水平,极大地改善预测和抵御自然灾害的能力,降低灾害所带来的损失。

同样的道理,利用智能化信息网络可以使科学研究、文化教育、国防事业、管理决策、交通运输、商业贸易、医疗卫生、社会服务、人际交流、国际交往、体育娱乐以至家庭劳作实现高度的现代化。

总之,与工业社会和农业社会相比,普遍采用大规模智能化信息网络将可以使社会的物质产品空前地丰富多彩,充分地满足社会日益增长的物质需求。

智能化信息网络的建设、完善和普遍使用,将大大有助于人类对信息资源的认识、开发与利用,从而为人类社会提供越来越丰富的信息产品。例如,利用大规模的智能化信息网络,人们可以在全国和全球范围实现信息共享和协同工作,实现高效率的科学研究和大规模的知识创新,使人们能够更好地认识世界,优化世界,优化环境,实现可持续的发展。又如,利用大规模的智能化多媒体信息网络,可以更好地传播和传授各种信息和知识,使大量希望学习又没有条件进入正规学校的人们,可以根据自己的需要和条件,方便灵活地享受到各种水平的良好教育,从而大大提高社会成员的文化和科学技术素质,大大提高社会整体精神文明的水平。

特别有意义的是,智能化信息网络这种生产工具的普遍采用,不仅会导致信息化的社会生产力的高度发展,也会导致平等合作的"网络式"的社会生产关系和社会生产方式的实现。这是不以人的主观意志为转移的客观规律。

马克思曾经指出:判断一种经济的类型,不仅要看它生产什么,更重要的是要看它怎样生产。如上所述,由于社会的物质产品、信息产品和知识产品的生产交流和消费活动都在越来越大的程度上依赖于智能化信息网络,那么按照马克思主义划分经济形态的基本准则,一旦智能化信息网络成为社会生产(包括物质产品的生产和精神产品的生产)活动的主导生产工具,一旦社会成员之间平等合作的"网络式"生产关系成为主导的社会生产关系,这种社会的经济形态就成为智能化信息网络经济(简称为网络经济)的形态。

顺便指出,由于现代信息技术的主流是数字技术,整个智能化信息网络(包括传感与识别、通信与存储、计算与智能、控制与显示)都以数字技术为基本特征,因此,也可以把利用智能化信息网络进行生产、工作、管理、学习和生活的经济形态称为数字经济。数字经济与网络经济是同一事物的不同特征和名称。它们从不同的角度描述了智能化的经济形态,没有本质的差别。

另一方面,智能化信息网络的技术过程和工作实质是"利用信息资源,提炼新的知识,求解复杂问题",它的灵魂是信息和知识,因此,网络经济也就成为信息经济或知识经济。

由此可知,信息经济和知识经济都不是没有物质产品的经济,相反,在信息经济和知识经济条件下,物质产品将空前丰富,只是信息产品和知识产品将在整个社会产品结构中占据主导的地位。

本 章 小 结

本章从新型信息理论、新型信息材料、新型信息器件、智能信息系统等几个层次以典例的方式描述了未来信息技术的发展趋势。可以看到,未来信息技术发展的主导趋势是网络化和智能化。这种发展将使目前以提供信息共享服务为基本特征的"弱智信息网络"

提升为具有较高智能的"智能信息网络",从而使社会生产力真正能够从工业时代的水平提升到信息(知识—智能)时代的水平。可以预言,"大规模智能信息网络"成为社会生产和社会活动的通用工具之日,就是工业时代转变为信息(知识—智能)时代之时。正是通过智能信息网络这种先进的社会生产工具的出现和普遍应用,才会导致信息化社会生产力的成长和发展,导致网络经济(数字经济、信息经济、知识经济)的萌生和壮大,导致信息时代(网络时代)走向它的高级阶段:智能时代。我们应当为早日实现这些目标而积极工作。

思 考 题

9.1 收集几项20世纪80年代时人们对21世纪初信息技术发展水平的预测,看看这些预测是否已经实现。如果已经实现,试论其实现的关键是什么?如果没有实现,其原因是什么?

9.2 收集几个你所知道的智能技术在信息系统中应用的例子,试说明智能技术在其中的作用。

9.3 就你所学的专业,判断书中提到的相关预测是否能实现,试述你的主要理由。试试进一步做出几个你的相关预测。

9.4 基于相关方向的未来预测,谈谈你对未来专业学习的想法。

9.5 什么智能信息网络?智能信息网络的组成结构是什么?

9.6 简单分析智能信息网络与现有信息网络的区别。

进一步阅读的建议

A. 参考文献

[1] 钟义信. 信息科学原理. 5版. 北京:北京邮电大学出版社,2013.

[2] 裘宗燕. 信息技术的未来,http://www.is.pku.edu.cn/~qzy/intro/future.htm.

[3] 王瑞良. 未来20年的三大革命,http://www.wjkp.org/08kjbl/l-kjbl/xxcb-20.htm.

[4] 钟义信. 信息网络与网络经济. 北京邮电大学学报:社会科学版,1999,1(1):3-7.

[5] 钟义信. 信息网络——现代信息工程学的前沿. 中国工程科学,1999,(1):24-29.

[6] 廉师友. 人工智能技术导论. 西安:西安电子科技大学出版社,2002.

[7] 雷艾川. 信息社会与全球信息化浪潮. 商场现代化,2005,2:18-19.

B. 后续课程

信息网络

第10章 放眼社会

> 前面9章从宏观的角度阐述了信息科学与技术的基本问题。但是,这些还不是信息科学技术的全貌。信息科学技术的全貌还必须包括由它引发的经济和社会变革。所以,本书有责任引导读者了解:信息科学与技术的经济社会后效是什么?信息科学技术与信息经济和信息社会的关系是什么?信息科学技术工作者(包括学生)的社会责任是什么?

10.1 信息科学—信息技术—信息经济—信息社会

10.1.1 从科学到社会:回归"大科学观"

信息科学技术的意义不仅表现在科学技术本身,它的更为深远、更为重要的意义是通过"科学—技术—经济—社会互动机制"(简称为"互动机制",也称为"连锁反应")引起经济和社会的巨大变革,改变经济和社会的面貌。如第1章所言,这是"大科学观"的要义之一。

根据"社会系统动力学"的原理,可以把科学、技术、经济、社会之间互相作用、互相影响和互相制约的关系归纳和表达为图10.1所示的模型。需要注意的是,为了突出主线,图中有意忽略了许多"虽然存在,也不是不重要,但是不处于主导地位"的相互作用。同时,模型表示的是一种无穷的"螺旋式上升"的社会运动过程;由于空间的限制,图中只画出了其中两个最初始的"螺旋",其余未能在图上直接表示出来的部分,读者应当有能力自行想象。

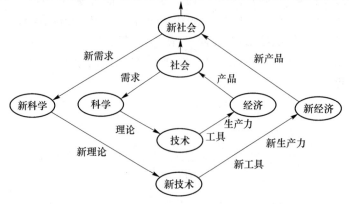

图10.1 科学—技术—经济—社会互动模型

模型表明,社会是一个基本的存在,是研究科学—技术—经济—社会互动问题的基本着眼点和出发点。社会最基本和最具本质意义的特性是不断地提出"改善人类生存和发展条件"的需求。这种社会"需求"是整个互动过程的出发点,而满足这一需求则是互动过程的归宿。

由于存在这样一个社会需求,科学研究的方向便自觉或不自觉地朝着满足社会需求的方向前进:凡是符合这个需求的科学研究成果,就会被社会关注,受到社会的鼓励和认可;而不符合社会需求的研究成果(即便是真正的成果)则会被社会所忽视,得不到社会的认可。从这个意义上可以说,社会需求是指挥科学发展方向的一只"看不见的手"。

科学研究的成果,是获得各种各样的科学理论。理论可以提高人们认识世界的水平和能力,为满足社会需求提供有益的启示,但理论成果通常只掌握在一部分人(少数人)的手中,所受教育程度不够的人无法掌握新的理论成果;况且理论本身终究也不能直接改变世界,满足社会的具体需求。

可见,仅有科学活动还不足以支持社会的发展。这样,便导致了与科学相伴随的活动——技术的出现。

同样的道理,由于存在明确的社会需求,技术的发展也要在很大程度上受到这种需求的牵引:凡是符合这种需求的技术进步成果,就会受到社会的关注,得到社会的鼓励与认可;否则,再好的技术进步由于与社会需求没有关系也会受到社会的漠视而被社会埋没。在这个意义上,社会需求也是牵引技术发展进步的一只"看不见的手"。

技术进步的成果,是制造和制作成功各种各样的工具。与科学理论的情况有所不同,工具可以比较容易被比较多的社会成员掌握和使用,至少是经过不太复杂的学习和培训之后可以操作使用,而人们一旦使用了新的工具,劳动的效果就会得到显著的改善。经济学的原理告诉我们:具有相应知识和技能的劳动者使用生产工具进行社会劳动,就构成了社会生产力。因此,新生产工具的出现,将导致劳动者的知识和技能的进步,导致孕育和出现新的社会生产力。

至此可以明白:人们之所以说"科学技术是生产力",就是因为科学技术的发展可以直接导致新的社会生产工具的出现,导致劳动者的素质(知识和劳动技能)的提高,从而导致新的社会生产力的诞生。

值得指出的是,新的社会生产工具的出现,通常都会导致人们的劳动方式和劳动组织的改变。因此,新的社会生产力的出现,必然要求改革原有的社会生产关系,建立新的社会生产关系,以便保护和促进新的社会生产力的继续发展。如果不能改变旧的社会生产关系,如果新的社会生产力长期被束缚在旧的社会生产关系的框架里,新的社会生产力就有可能被窒息,被扼杀。

经济学的原理告诉我们,新的社会生产力与新的社会生产关系的建立,就意味着新的经济形态(经济基础)的问世。为了保护这种新的经济基础,也需要对上层建筑进行相应的调整和改革。而新的经济基础和上层建筑因为得到新社会生产力和新社会生产关系的支持,必然使新的社会物质产品和新的社会精神产品源源不断地被劳动者创造出来,在数量上、质量上、品种上满足社会的需求。

这就是图10.1科学—技术—经济—社会互动模型的第一个互动过程(内圈)。

如上所说,社会固有的本质特性,是不断提出"改善人们生存发展条件"的新要求;原有的需求满足了,又会提出新的需求;新的需求满足了,更新的需求又会产生。循此继进,永远都不会停止在某一个水平线上。这就是社会能够不断前进、不断发展的"原动力"。

在图10.1的模型中，一旦新的物质产品和新的精神产品能够满足社会原来提出的需求，新的社会需求又产生出来了，于是就进入一个新的科学—技术—经济—社会的互动过程(外圈)：新需求，新科学，新理论，新技术，新工具，新的社会生产力，新的社会生产关系，新的经济基础，新的物质产品和精神产品，新的上层建筑。接着便应当是更新的需求和更新的互动，直至永远。

可以看到，这是一个有起点、无终点的开放的演进过程：一圈接着一圈，一轮跟着一轮。每一圈的过程都具有相同的互动机制，但是，每个外圈所代表的社会发展水平都比靠里面一圈所代表的发展水平提高了一步。这是一个典型的"螺旋式上升"的进化过程。

这就是"科学—技术—经济—社会互动理论"的基本内容。

需要补充说明的是，为了使"科学—技术—经济—社会互动理论"的主干脉络比较清晰，避免眼花缭乱，我们对这个模型做了许多必要的化简——减少了很多因果连接线。比如，社会需求不仅作用于科学，也同样作用于技术和经济，我们把后者隐含了；科学会以其理论指导和促进技术的发展，技术则会以其工具帮助和促进科学的进步，我们也把后者隐含了，等等。也就是说，"科学—技术—经济—社会互动模型"原本要比图10.1复杂得多。为了保证主体思路的清晰，有意把其中一些次要的互动关系隐含了。我们希望这些简化不至于引起读者的误会。

"科学—技术—经济—社会互动理论"为人们提供的最重要的启示是：科学、技术、经济、社会都不是孤立的存在，它们构成一个互相联系、互相影响、互相作用的整体。不能单纯就科学而论科学，单纯就技术而论技术，也不能单纯就经济而论经济，单纯就社会而论社会。一定要从科学—技术—经济—社会互动的机制来考虑问题，才能符合事物发展的客观规律。否则，就会不得要领，事倍功半，甚至事与愿违，走向反面。

"科学—技术—经济—社会互动理论"及其模型还清晰地告诉我们，在科学、理论、技术、工具、经济、产品、社会、需求诸要素之间，它们的地位和作用并非半斤八两，而是各有各的地位，各有各的作用，它们相互制约，相互支持，相得益彰。其中值得特别重视的是，在推动社会进步的过程中，始终要重视"社会需求"的分析，这是社会进步的出发点，也是一切社会经济工作的归宿。科学、技术、经济、教育、文化等所有工作都必须以符合并满足社会需求为准则。

当然，社会需求的分析并不是一件简单的事情。需求分析，包括现实需求的分析和未来(潜在)需求的预测，必须从实际情况出发，运用科学的方法得到正确的结论，而不能凭借主观的猜想和臆断。这里，又一次要借助于图10.1所示的"科学—技术—经济—社会互动理论"模型：分析已有的科学理论、技术工具、社会生产力、社会生产关系、上层建筑的性质和状况，才能从中判断当前的社会需求是什么，未来潜在的社会需求又可能是什么。

可见，应用"科学—技术—经济—社会互动理论"的观点和方法，就可以使人们对复杂的社会经济问题高瞻远瞩，高屋建瓴。比如，有了"科学—技术—经济—社会互动理论"的观点和方法，就可以深刻地理解"科教兴国战略"的含义，可以准确体会"可持续发展战略"的道理，也可以把握"工业化—信息化—现代化"的全局等。总之，"科学—技术—经济—社会互动理论"具有十分重要的理论意义和实际价值。

为了以后行文的简便，在不引起读者误解的场合，本书以下将把"科学—技术—经济—社会互动理论"简称为"互动理论"，而把"科学—技术—经济—社会互动模型"简称为

"互动模型"。

前面的讨论已经阐明,所谓"科学—技术—经济—社会互动原理"是指在人类社会发展过程中科学、技术、经济、社会四个要素之间相互联系、相互作用、相互影响、相互制约、相互促进的错综复杂的辩证关系。人类社会就是在这样一种复杂的互动关系中发展前进的。

需要进一步指出,仅仅注意到存在这种互动关系还不够,还必须看清楚不同的要素在这个互动关系中的不同地位和作用。这样才能准确理解这个互动关系的工作机制,才能正确运用这个机制来分析问题和解决问题。

当然,我们不必毫无遗漏地研究科学—技术—经济—社会互动关系的全部细节。这既没有必要,也没有可能。我们应当抓住的,是其中主要的脉络。研究的目的是揭示社会演进互动关系的本质规律,而不是毫无选择地描述社会演进互动过程中的每一个细节。

图 10.1 示出的就是这种经过简化但是又保留了其中本质联系的互动关系示意图。本章以下各节的分析都将遵循这个原则:只剖析互动关系的本质环节和本质特征,不对互动关系进行毫无遗漏的分析。

通过分析可以看出,在这个互动关系中,"社会需求"是最基本的要素,它既是整个互动体系发展的动力和出发点,又是互动体系发展的目的和归宿。整个互动体系发展机制的具体途径,是通过"社会提出新需求,科学提供新的理论,技术提供新的工具,经济提供新的产品"的连锁作用过程来实现的。其间,社会需求引导了科学理论的发展方向,也引导了技术工具的进步方向,新的科学理论和技术工具则孕育了新的社会生产力,从而萌生了新的经济形态,后者能够提供新的社会产品(包括物质产品和精神产品)来满足社会的需求,把社会推进到新的阶段。

10.1.2 信息科学技术的连锁反应

更具体地说,科学—技术—经济—社会的互动是指"社会需求→面向需求的科学研究→面向需求的技术进步→面向需求的经济成长→需求得到满足并产生新的需求"这样一种互相影响、互相作用的过程。这种互动过程实际上可以理解为科学技术在经济和社会领域引发的连锁反应。

下面就来分析信息科学技术所引发的这种连锁反应。

1. 信息时代的社会需求

工业时代科学技术(主要是能量科学技术和材料科学技术,包括与之相伴的基础科学)的成就使人们能够充分地利用物质和能量资源,创制各种各样的动力机器,有效地扩展人的体质能力和体力能力,使社会生产力获得巨大的发展。这是众所周知的历史事实。

本书第 1 章曾经指出,"人类能力增强的宏观逻辑进程"是由体质能力的增强到体力能力的增强再到智力能力的增强。于是,可以预测,在工业时代扩展人类体质能力和体力能力的基础上,人类进一步要提出的要求便是:扩展人类的智力能力。这种需求的动力至少来自两个方面,即改善现有生产能力和对付未来更复杂的挑战。

从改善生产能力方面来说,工业时代创造的动力机器只解决了生产过程的一个环节:动力供应(不需要人力的驱动),但是仍然需要人来驾驭。这样,由于"动力驱动"和"人工驾驭"之间存在差异,从而必然产生不协调的矛盾。由于动力条件的改善,动力机器的运转可以达到非常高的速度,而由于生理条件的限制,人的操作速度则相当低,因此,整个生产过程的工作速度仍然受到人的生理因素的限制。同样,生产过程的精度、强度和耐久程度等方面也受到人类生理因素的限制。为了突破这些人为因素的限制,需要研究能够替代(至少是在一定程度上替代)"人工驾驭"(通常是那些复杂的需要智力能力的操作)的新系统。这就是扩展人类智力劳动能力的要求。

从对付未来更加复杂的挑战方面来说,也是需要扩展人的智力能力。由于显而易见的认识论原因,相对简单和相对容易(扩展人的体质和体力能力)的问题已经被古代和近代的人们逐步解决了,现实和未来面对的肯定是更加复杂更加困难的问题,需要更高的智力能力才能解决。另外,工业时代生产方式造成的许多问题(例如,由于过工业时代过度的资源开采、过度的资源消耗和过度的废弃物排放所引起的资源枯竭、生态失衡和环境污染,由于过度排放引起的全球气候恶化等)都是前所未有的复杂问题。为了妥善应对这些严峻的挑战,需要更高水平的智慧和能力,扩展人的智力能力成为不可回避的任务。否则,社会便不再能够继续前进。

其实,这两个方面的要求是一脉相通的。正如本书第1章所指出的,人类发展和利用科学技术的根本目的,是要通过发明创造各种工具和机器系统,部分代替人类自己进行各种必要的劳动,实现人类自身的解放(包括体力和智力的解放),以便能够集中更多的精力进行学习,进行创造,对付未来更复杂的挑战,不断改善人类生存和发展的环境和条件。如果说工业时代的科学技术成就导致了人类体质能力和体力能力的逐步解放,那么信息时代科学技术的任务就是要促进人类智力劳动的部分解放。

2. 社会需求对信息科学的牵引

在上述社会需求的引导下,为了实现人类智力能力的扩展,现代科学正在努力理解和揭开自然智能(特别是人类智能)的奥秘,以便为研究机器智能奠定理论的基础。20世纪90年代以来国际上掀起的"认识脑、保护脑、开发脑"的科学研究活动,是这种社会需求推动的直接结果。

现代科学研究表明,人类的智力能力是十分复杂的研究对象,它的本质是一系列"有目的的信息获取、信息传递、信息认知、信息决策、信息执行"的复杂而有序的信息运动过程。于是,一门"以信息为主要研究对象、以信息运动规律为主要研究内容、以信息科学方法论为主要研究指南、以扩展人的各种信息功能特别是它们的整体——智力功能为主要研究目标"的信息科学由此应运而生。

由于"以信息为研究对象、以信息运动规律为研究内容、以信息科学方法论为研究方法和以扩展智力能力为研究目标"的信息科学的诞生,导致一系列新的科学观念和科学理论相继建立起来。

(1) 1948年创建的Shannon信息理论由于把目标定位于"在噪声背景下接收端准确地复制发送端所发出的信号波形",因而使自己受限于"统计型语法信息理论"的范畴。为了适应信息科学研究的需要,这一理论必须从根本上加以改造。于是,能够统一计及语法信息(形式)、语义信息(内容)、语用信息(效用)的"全信息理论"必然问世。

(2) 在面向智力能力的信息理论观念下,"全信息理论"发现,原来互相独立发展起来的检测论、识别论、通信论、认知论、决策论、控制论实际上是一系列互补的信息过程环节,应当有统一的理论框架。于是,构建信息科学统一体系的"信息科学原理"也随之破土而出。

(3) 传统人工智能理论的特色是基于逻辑思维的认知理论,人工神经网络理论是基于形象思维的认知理论,两者构成了互相补充的关系。于是一种机理互补的"综合智能理论"也登上了科学舞台。

(4) 在"全信息理论"与"综合智能理论"之间需要一座桥梁来沟通信息与智能之间的联系。在现存的理论结构中,这是一个明显的空缺。于是,作为沟通信息与智能之间联系的桥梁,"知识理论的框架"于20世纪与21世纪交接之际浮出了地平线。

(5) 基于以上这些信息科学的研究成果,作为"机制主义智能理论"研究方法的"信息—知识—智能的转换与统一理论"终于初现端倪。这一理论问世的结果证明:智能研究的结构模拟方法、功能模拟方法和行为模拟方法可以在机制模拟方法的框架下得到和谐的同一。

(6) 为了克服传统人工智能研究与自然智能研究之间互相脱节的缺陷,一种同时考虑感知、觉知(基础意识)、认知(学习)、策略生成、情感生成以及综合决策等复杂过程的"高等智能"理论被提到了现实的议事日程。从感知、觉知到认知是认识世界的基本过程(简称为"知"),从策略生成到情感生成到综合决策以及决策执行是改造世界的过程(简称为"行"),因此,综合统一研究"知行规律"的"高等智能"理论也可以称为"知行学"。

以上这些信息科学的理论成果非常明确地受到了社会需求的引导,指向了人类智力能力机制的探索,并在这一表征时代潮流的前沿方向上取得了一系列具有实质意义的进展。

3. 信息科学对信息技术的启迪

信息科学的探索成果对于信息技术的进步发挥着关键的指导作用,包括显性的作用和隐性的作用。

正如科学理论层次的情形一样,信息技术的各个分支——传感测量、通信存储、计算技术、信息处理、智能决策、控制技术、显示技术、信息系统——原先也是互相独立(如果不说互相割裂的话)发展起来的,互相之间很少往来,也很少互相借鉴。

"全信息理论"和"信息科学原理"对于信息技术最重要的启示,就在于开始认识到:这些表面看来似乎互相无关的技术实质上都是信息技术体系中一系列互相联系和相辅相成的分支——传感测量是信息获取技术,通信存储是信息传递技术,计算技术是信息处理技术,信息认知和策略生成是信息再生技术,控制和显示是信息执行(信息施效)技术,信息系统是信息全局优化技术等。

一旦揭示了信息技术各个分支之间的本质联系,一个意义重大的新的信息技术领域便登上了技术舞台,而且对经济的发展和社会进步发挥出越来越巨大的推进作用,这就是"信息网络",准确地说是"大规模智能化信息网络"。它是迄今为止最先进和最强大的社会生产工具。这是当代信息技术发展的焦点和核心。

需要强调指出的是,基于现代信息技术的大规模智能化信息网络的作用绝对不等于(而必然是远远大于)信息技术各个分支作用之和!这就是著名的系统学原理:整体大于部分之和。因此,对于信息网络的研究要比任何一个信息技术分支的研究重要得多;信息网络的应用比任何一个信息技术分支的应用重要得多。

当然,信息技术各个分支的发展是信息网络技术发展的基础,没有信息技术各个分支的进步,就不会有信息网络技术的进步。这很容易理解。但是,如果某种信息技术分支的进步不能直接促进整个信息网络技术的进步,那么这种信息技术分支的进步就可以认为没有重要的实际意义。关键在于应当对信息网络技术的进步有所贡献。

人们可以看到,近几十年来,信息技术的各个分支领域都在迅速发展,例如,光通信技术的容量不断翻番;移动通信的技术不断强化;计算机技术的速度不断升级,等等。但是,这一时期最引人注目的进步却是信息网络技术的发展。这里所说的信息网络,不是单纯的电信网络,因为后者只具备信息传递一项功能,而信息网络则具备信息获取、信息传递、信息认知、信息决策、信息执行等全部信息功能;同样的道理,信息网络也不是单纯的计算机网络或有线电视网络,甚至也不等于电信网络、计算机网络、有线电视网络的融合,因为三网融合之后也基本上还是一类通信网络,而不具备智能。一旦大规模智能信息网络成为某个领域的基本社会生产工具,那么这个领域的现代化就可以认为基本实现了。

4. 信息技术孕育了信息经济

现代信息技术的成果——大规模智能化信息网络的发展和普遍应用,直接的结果是导致了信息时代社会生产力的生长。也就是说,具备高度科学文化知识和熟练劳动技能的劳动者利用大规模智能信息网络这种先进强大的社会生产工具进行各个领域的劳动,就形成了信息时代的社会生产力。

理论和实践表明,有了新的社会生产力,就会要求有新的社会生产关系与之相适应。分析表明,只有扁平的网络式的公平竞争、平等合作的社会生产关系才能适应以大规模智能信息网络为标志的信息时代社会生产力的要求。

高素质高水平的劳动者互相结成扁平网络式的公平竞争、平等合作的社会生产关系,利用大规模智能化信息网络进行各行各业的高效劳动,就构成了信息时代特有的社会生产方式。这种社会生产方式的"基元"可以用图 10.2(c)的模型来表示。

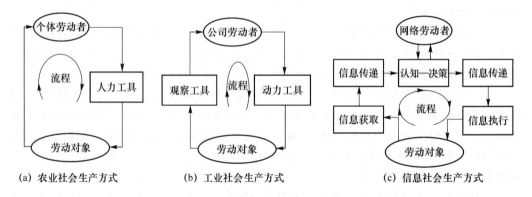

图 10.2 社会生产方式的变革

图 10.2 中示出了农业社会(a)、工业社会(b)、信息社会(c)的生产方式基元模型,可以看出,它们之间确实具有根本性的区别。除了其他区别之外,最本质的区别是劳动者在生产过程中的作用和地位大不相同:无论是农业社会生产方式(a)还是工业社会生产方式(b),劳动者都被牢牢地束缚在生产流程之中;一旦劳动者离开了,生产流程就必然中止。但是,信息社会生产方式(c)却发生了根本的变革:生产流程基本上由智能信息网络自动进行——由"信息获取"系统自动获得劳动对象的信息,由"信息传递"系统把信息传递到"认知—决策"系统,后者对信息进行处理,提炼知识,达到认知,并做出决策,形成劳动策略,然后"信息传递"系统把劳动策略传送到"信息执行"系统,后者把劳动策略变成具体的劳动行为,直到完成劳动任务。可见,在信息社会生产方式下,劳动者从生产流程的束缚中获得了解放,劳动者只在必要的时候才会干预生产流程(所谓必要的时候,主要包括以

下情形:劳动者要给生产工具定义和下达新的任务的时候,或者生产工具无法解决问题需要向人类劳动者求助的时候,而这些都属于创造性的劳动)。社会生产过程高度自动化和智能化,人类劳动者从一般生产活动中解放出来,可以集中主要精力进行创造性劳动。这是人类历史上最伟大的进步。

5. 信息经济正在催生信息社会

以大规模智能化信息网络为表征的信息社会生产力同平等合作的信息社会生产关系结成的信息经济形态,将使物质产品的生产部门(农业和工业)的劳动生产率极大地提高,物质产品将极大地丰富,而就业人数大大减少,从而可以使大量的劳动者从物质产品的生产部门转移出来。

同时,由于大规模智能化信息网络可以为各级各类教育提供无限的容量和优秀的质量,这些转移出来的劳动者有充分的机会接受新的教育,优化劳动素质与能力,从而可以投入需求无限的信息—知识—智能领域,使新兴的信息—知识—智能产业得到极大的发展,并使社会的产业结构大大提升和优化。

由于大规模智能化信息网络以及信息网络控制下的工具机都具有人类劳动者所不可比拟的高速度、高精度、高灵活度、高耐久度,信息社会产品(包括物质产品和精神产品)的数量、品种、质量、成本、新颖性、合意性、适应社会新需求的程度、新产品的想象力和预测社会新需求的能力等,都将获得史无前例的改善和优化。因此,与工业经济和农业经济相比,信息经济将能最好地满足社会的需求。

不仅如此,由于大规模智能化信息网络这样一种崭新的社会生产工具的广泛应用,新的社会生产力将茁壮成长;随着这种社会生产力的成长壮大,与之相适应的新的社会关系和新的上层建筑也将逐步建立起来,并将导致具有如下基本特征的信息社会逐步实现。

第一,它的社会生产工具

信息社会的社会生产工具是"大规模智能信息网络"。这种网络把大量的面向各个专门领域的专用信息网络集成成为一个功能完备的社会生产工具网络体系,而其中每个专用信息网络又包含自己的信息获取系统、信息传递系统、信息处理(认知)系统、信息再生(决策)系统、信息执行(控制)系统以及与控制系统相连的各种各样的工具机系统。因此,大规模智能信息网络是一种大规模分布式协同的"体力"与"智力"有机结合的聪明工具,可以帮助(在很多场合甚至可以代替)人们完成各种日常的事务处理,也可以进行各种复杂的专业的(非创造性)体力和智力劳动。

与农业社会的人力工具(如锄头、镰刀等)和工业社会的动力工具(如机车、机床等)不同,人力工具可以为一家一户所占有和使用,动力工具可以为一个公司或团体(不再是一家一户)占有和使用,大规模智能信息网络这种社会生产工具将为所有社会成员共同占有和共同使用,而不可能只为一家一户或一家公司团体专门占有和独立使用。因为在后面这种情况下,大规模智能信息网络被肢解,就不再具有大规模智能信息网络的强大功能和威力了。

第二,它的社会生产力

它的社会生产力将达到有史以来最高的发展水平。这主要是因为,它的劳动者具有高度的文化科学素养和劳动技能,它的社会生产工具是大规模智能信息网络体系,可以同人类劳动者形成默契的分工和合作:大体上由大规模智能信息网络承担一般的体力劳动和非创造性智力劳动,人类劳动者则主要从事创造性的智力劳动,两者保持默契的分工和协调的合作。这就是"人主机辅,人机共生"的社会生产力形态。

在这种社会生产力的结构之中,智能信息网络工具可以充分发挥"工作速度快、工作精度高、适应能力强、控制力度大、工作耐力好"等优点,人类劳动者可以充分发挥创造能力强的优势,两者有机结合将创造人类文明史上最高水平的社会生产力。而人类劳动者将从大部分体力劳动和非创造性的智力劳动中上获得前所未有的解放,社会的生产方式、工作方式、学习方式、交往方式、生活方式将产生史无前例的深刻改变。

第三,它的社会生产关系

由于信息社会的生产工具是大规模的智能信息网络,工作于信息网络的劳动者之间也必然逐渐形成与之相应的"扁平网络式的生产关系":在网络面前大家民主,人人平等;互相友好,互相尊重;人人都是网络的用户,人人又都是网络的主人;没有人能够享有至高无上的绝对权威,人人都必须自觉遵守共同的网络规则,人人都有权利和机会共同占有和使用网络;在劳动者之间,既激励公平的竞争,又鼓励友好的合作。

由于社会生产力的高度发达,社会的物质产品和精神产品都将极大丰富,能够充分而快速地满足各种各样的社会新需求,人们的社会觉悟和道德水平也空前提高,于是,"按劳分配社会产品"的原则将不再具有实际意义,"按需分配"将在事实上成为社会产品分配的普遍通行原则。

第四,它的社会文化

由于大规模智能信息网络能够提供的普遍智能信息服务,由于社会生产力的高度发达,信息社会的文化教育事业将空前繁荣:人人可以享受大规模智能信息网络所支持的远程多媒体高等教育、继续教育、职业教育、终生教育,所有的社会成员(不管是在中心城市还是在边远农村)都可以掌握现代文化科学知识,人们的文明素质水平将极大提高。

一个特别引人注目的现象是,在社会物质生活越来越富足舒适的同时,人们对科学文化等精神生活的追求却变得越来越没有止境,教育越来越普及,教育的水平越来越高,研究的领域越来越广阔,创造欲望越来越高涨,创造能力越来越强,社会的文化水准和精神面貌越来越高尚。不仅如此,为了满足社会无限增长的文化科学知识和精神生活的需要,人们将不断开辟新的科学文化知识领域,使信息—知识—智能产业的空间越来越广阔。

同样,由于大规模智能化信息网络支持的多媒体远程医疗、远程监护、远程保健和远程网络多媒体文化娱乐服务,人人都能享有充分的社会关怀、医疗保障和丰富多彩的文化生活,使社会成员的身体健康状况和精神健康水平都得到极大的提高。

第五,它的社会观念

社会的存在将决定社会的意识。网络式的社会生产工具、网络式的社会生产力性质、网络式的社会生产关系,这一切网络式的社会存在必然产生与此相适应的社会观念意识——网络观念和网络意识,或者称为整体观念和整体意识:只要依靠信息网络(利用全人类的智慧),人们将所向披靡;而若离开网络,则将一事难成。由此可见,与许多预言家的判断相反,由于大规模智能化信息网络成为社会生产工具,由于人们与信息网络结成了越来越难分难解的关系,由于这种社会存在对社会意识的作用,未来的社会观念将走向网络观念和整体观念,而不是只顾自己不顾别人的私有化观念,更不是极端自私的个人主义。

颇有意义的是,大规模智能化信息网络通过信息、知识和智慧(而不是锁链或绳索)把社会成员紧密联系在一起,形成巨大的社会进步力量,人们只要遵守网络的基本纪律(由于社会成员的高度文化科学素质和高度道德水平,深深懂得这种"遵守"的必要性,因而将是高度自觉和愉快的),所有社会成员就都将能够享有高度的自由:可以分散办公,可以网上采购,可以随愿学习,可以居家娱乐等。于是,人们向往已久的"一个既有自由,又有纪律,既有民主,又有集中,既有个人心情舒畅,又有整体意志的生动活泼的局面"将成为信息社会时代观念的真正现实。

第六,它的社会差别

由于大规模智能信息网络社会生产工具在全社会普遍发挥作用,由于人们的社会整体观念(网络观念)的普遍作用,信息社会将使城市的建设控制在可持续发展的轨道,使乡村的现代化迅速赶上城市的水平,从而将大大缩小城乡之间的差别。同样,由于大规模智能信息网络的不断完善和普遍服务,工业生产和农业生产都将实现网络生产的方式,脑力劳动和体力劳动也都将逐渐趋向网络生产的方式,因而将基本消除工业农业生产之间的差别以及体力劳动和脑力劳动之间的差别。由于社会整体观念的普及,由于大规模智能信息网络服务的普及,社会成员之间的贫富差别也将逐渐缩小。现实的多样化程度不断丰富和发展水平差别的程度不断缩小,是信息时代的突出特点。

这便是信息科学技术必将在经济和社会领域引发的连锁反应。

10.2 广阔天地,大有作为

信息科学与技术将成为当代社会和经济发展的最大驱动力,不仅仅是在产业领域使生产力产生新的飞跃,使生产效率大大提高,而且对社会的进步、人们生活方式都将产生革命性的影响。下面仅以挂一漏万的举例方式展示信息科学与技术为新时代带来的新景象,其中有许多景象已经为广大读者所亲身体验和应用,而且许许多多更加精彩的图景也会接踵而至。

10.2.1 信息社会的生产图景

1. 农业信息化

在信息社会,信息技术将渗入农业活动的各个领域,不断提高农业的生产效率,促使农业向高技术产业发展。总体上说,工业时代的成就实现了农业的机械化,信息时代的成就则在此基础上使农业走向信息化和智能化。以下略举数例,以见一斑。

(1) 农业信息技术可以帮助农民监测环境,发现和确定有问题的区域,生成各种应对策略,实现各种行动目标。

美国弗吉尼亚理工学院已经开发出一种谷物轮作计划的专家系统,帮助农民评估土壤侵蚀、营养以及杀虫剂过滤和流量等因素所造成的影响。农民将关于土壤类型、地形、土地利用及农田大小等数据送入计算机,计算机则利用这些信息制订出一个农家生产的总体方案,平衡使用土地面积的目标、利润指标,以及为了把环境变化的风险降至最低所需要采取的措施。

美国农业部开发了一个联机的棉花管理专家系统,采用一个仿真模型采集气象数据,预测何时灌溉以实现优化的农业生产目标。这个系统已经被美国15个州的500多家棉农所采用。美国农业部的农业研究服务局还开发了一个专家系统,用来确定储麦粮库中的虫子是否会变成虫害并帮助农民选择最合适的预防和治理方法。

美国明尼苏达大学发明了一种专家系统专门用于家畜乳腺炎的诊断。通过分析动物体细胞的数据,可以做出类似专家的诊断并提出适当的治疗方法。

除了这些专家系统之外,还开发了农业科技文献资料的检索系统。利用这些系统,任何一个农民可以利用他家中的计算机查阅全球任何一个地方的农业期刊上的文章或有关的农业数据。

各种各样的农用专家系统以及农业资料检索系统被综合成一个完整的、一体化的农业信息系统,可以帮助农民在更大的范围内就农业的生产、管理、财务等问题进行决策。

(2) 各种高度专业化和智能化的农业机器人将担负各种农业耕作、管理和加工任务。

在以色列,越来越多的集体农庄利用半自动引导的机器人在田间将杀虫剂喷洒在农作物上。以色列的农民说:"我们将机器打开,然后就回家去吃午饭。"

智能机器人也已经开始用于牲畜的生产管理。澳大利亚羊毛公司一直在试验机器人的剪羊毛机以替代工资昂贵的剪毛工。要剪毛的羊被从地上抓起然后放到一个有点像铁笼子的固定装置中。这个机器人装有一台计算机和一套为绵羊剪毛的软件。绵羊上架以后,机器人开始检测绵羊并将有关的数据送入计算机,产生一个替这只绵羊剪毛的专门程序。然后机器人围着这只绵羊剪毛,并且可以保证羊身上剩下的羊毛长度不超过半个厘米。

计算机系统也已经被用于奶牛的饲养过程。在这个系统中,每一头奶牛的脖子上都带有一条项链,而链坠则说明这头奶牛的身份。饲养员将每头奶牛的数据送入计算机,并确定其每日所需的饲料数量。当奶牛进入饲料站时,它的链坠与料槽上的一个金属牌子相接,将奶牛的身份号码送入计算机。计算机会检查出这头奶牛进食与否和进食的多少;然后,计算机会启动一个马达开关,将饲料机打开并搅拌适当数量的饲料送入料槽中。

2. 工业信息化

以较少的资源投入生产更多、更好、更适用的产品,是工业生产追求的永恒目标。先进的信息技术和管理方法将极大推动现代工业的发展,使工业实现信息化和智能化。下面略举几例加以说明。

(1) 计算机辅助设计与集成制造

IBM 在 20 世纪 80 年代的早期开始引进计算机辅助设计和计算机集成制造系统来提高生产率和缩短产品生产周期。其中一项就是,设计图纸可以在全球 IBM 范围内通过计算机网络传送,包括送至生产车间和实验室,目标是缩短新产品投放市场的时间和加快对现有产品技术更新的进度。这个系统与先前实现的产品信息系统一起,将所有的产品信息完全数字化,包括产品数据、结构等,形成一个由计算机辅助制造、计算机集成制造系统和柔性制造系统结合在一起的自动化生产系统。根据评估,这套系统将新产品设计的速度加快了 16 倍,而产品更改和更新的速度则提高了数百倍。

这个系统中最重要的改进就是通过数据通信网络传送图纸。以前,草图是在生产地和实验室之间通过邮寄传递,最长可能需要 10 天的时间,现在,则只是几分钟的事情。这种改进所带来的好处是,生产部门可以更早地进入产品的生产准备。更重要的是,生产部门可以对产品设计提出意见,使得产品生产可以更有效地进行。因为反馈对产品的意见也可以通过这个数据通信网络进行。以前,如果生产部门提出对产品的修改意见,从邮寄意见书、设计部门分析意见的合理性,到重新绘出产品图纸,需要20多天的时间,现在,则只需要两三天时间。这样就降低了成本,取得了竞争上的优势。

在1994年波音777飞机的设计中,波音公司投入了9台IBM大型计算机,2 200台计算机工作站。日、美、英的技术人员共计4 000余人,组成了200多个工作小组(即团队),通过计算机通信网络共同工作。波音公司自豪地夸耀,该产品是历史上空前地利用网络基础上的CAD进行的设计项目。

众所周知,飞机是一种非常复杂的产品。在传统的开发设计中,一架飞机的设计图纸总数可达35 000多张。从图纸到成为实际的产品,中间还有无数的模型制作、试验等工作要做,通常需要把设计工作分成多个部分,由不同的设计小组分别担当,其间的协调配合非常麻烦。而在777飞机的设计中,采用了计算机网络基础上的CAD技术和并行工程的方法,各个设计小组通过计算机终端进行联系,可以同时并行地工作,地球这一侧担当机体设计的小组,当天就可知道地球那一侧担当配管设计的小组准备在哪里打孔,不同小组之间可每天跨越大洋交换信息。777飞机的机体是由日本的富士重工、川崎重工、三菱重工等企业设计和制造的。位于美国西雅图的波音公司总部每天通过网络将大量的设计数据送往日本。在日本,由位于名古屋的计算机中心将数据首先全部接收,然后再转送给日本各地不同公司的有关部门。当天傍晚,经过验证、修改的数据就又可返回西雅图。由于设计的高度计算机化,777飞机的精度非常高,777飞机的主翼全长约60 m,当装到样机的机体上时,误差仅0.008 cm。比以往从设计到正式生产为止所需花费的修改费用减少了60%~90%。

波音公司使用了一种叫作CATIA的三维CAD软件。在网络上的所有计算机终端都运行着同样的软件。运用该软件,只要把零件的平面设计图作出,就可以在屏幕上自动表示出立体图,还可将画像转动,从不同角度检查、确认与其他零件是否吻合。波音公司还进一步对该软件加以改良,使其具有了找出零件之间接触面的功能,这对于在设计阶段就考虑预防故障的对策是很有用的。利用这样的高性能CAD软件和计算机通信网络,波音公司的777飞机实现了"无纸设计"。所有的数据、"图纸"以及生产飞机所需的模型都是数字的,几乎不需要人工绘图、大规模的模型试验以及大量的实物模型。波音777飞机在开始试飞之前,波音公司就向用户提供计算机模型装置,使他们能尽早开始训练驾驶员。在第一架飞机交付使用之前,驾驶员就能得到飞行和维护手册,然后再交给航空公司试飞。

从上述两个事例中可以看出,基于计算机网络的CAD和并行工程使企业的产品开发和设计工作如虎添翼,不仅用"电子笔"代替了设计人员的铅笔,使设计人员从繁重的计算、绘图劳动中解放了出来,而且可以使位于不同地点、不同企业的人共享信息,共同工作。它带给企业的是一场根本性的工作方法的改变,也是一种企业资源和跨企业资源的重新组合和利用。

(2) 敏捷制造

1991年,美国国防部应国会要求拟定了一个较长时期的制造技术规划。为了更好地完成这一任务,国防部委托亚科卡研究所建立了以13家大公司为核心、有100多家公司参加的联合研究组,并由通用汽车公司、波音公司、IBM、德州仪器公司、AT & T、摩托罗拉等15家著名的大公司和美国国防部代表共20人组成了核心队伍,用了3年时间,花费了7 500多个人时,研究了美国工业界近期的400多篇优秀报告,于1994年年底提出了一份详细的、全面的报告,题为《21世纪制造企业战略》。在这份报告中,提出了一种新的生产方式,即敏捷制造,包括敏捷制造的基本思想和结构体系,是工业信息化的一幅未来的蓝图。

按照敏捷制造发展战略的报告所述,未来的敏捷制造企业能够迅速推出全新产品。它们容易消化吸收外单位的经验和技术成果,不断改进它们的产品。随着用户需求的变化和产品的改进,用户很容易拿到他们要买的重新组合产品或更新换代产品,而不是用新产品去代替老产品。通过将一些可重新编程、可重新组合、可连续更换的生产系统结合成为一个新的、信息密集的制造系统,可做到使生产成本与批量无关,使生产一万件同一型号的产品和生产一万件不同型号的产品所花费的成本相同。因此,敏捷制造系统将按照订单进行生产,而不是像大量生产方式那样,按照以市场预测为基础而制订的生产计划进行生产。同时,敏捷制造系统生产的产品在质量上也将有明显提高。这些产品在出售时对每一件产品都要进行疾病检测,要在产品整个生命周期内使买主感到满意。

在大量生产方式下,企业重视短期财务行为。由于它们的生产技术具有有限的柔性,因此,它们为了分期偿还债务,总是尽可能长时期维持现状。而敏捷制造企业则在战略上重视长期财务行为。它们的生产技术和管理组织都将具有很高的柔性。在不断变化中,当它们看到发展机会或可能取得高额利润的机会时,它们就能够利用这些机会。在敏捷制造企业中,权力是分散的,而不是集中在指挥链的上端。敏捷制造公司不是采用以固定的专业部门为基础的静态结构,而是采用动态结构,关键是满足多功能项目组的需求。在大量生产方式中,人们把技术作为解决制造问题和销售问题的关键;而在敏捷制造系统中,以最佳方式使用技术的人才成为解决问题的主体。

敏捷性是通过将技术、管理和人员三种资源集成为一个协调的、相互关联的系统来实现的。因此,没有高度发达的信息网络、高性能的计算机,特别是高度智能化的分析、集成、调度、协调、管理等现代信息科学技术的支持,敏捷制造的成功是难以想象的。

3. 商业信息化

同其他产业一样,商业也具有自己的产业链。上家是供方,亦即供给一方;下家是买方,亦即需求一方。任何商业活动要取得成功,首先必须有效地获得供需双方的信息:市场需求什么,包括品种、数量、质量、特色、价格等;哪些厂家或商家能提供什么。商家也"输出"信息:向市场宣布他自己能向市场提供什么,具有什么样的竞争优势。现代信息技术可以为商业部门提供先进的信息输入和输出的手段,不仅提高了商业活动的效率,而且导致商业活动结构的调整。

(1) 批发业淡出市场

信息技术与信息系统所构成的"快速反应系统",使得零售业者与生产部门直接挂钩,极大降低了整个销售过程中所消耗的劳动力资源和时间。

美国最大的商品连锁店 Wal-Mart 将其所有的零售店中的每一个销售点上用扫描器扫描条码所得的商品销售信息存入计算机中,并通过电子数据交换系统直接传给供货商。供货商则根据这些信息确定什么时候需运送多少、运送什么样的货物给 Wal-Mart 的哪一家零售店。这种做法消除了许多的中间环节,大大降低了人工的成本而且提高了效率。

美国 Saturn 公司的汽车零售商们在汽车的展示室中使用计算机终端让顾客们进行各种特殊的选择,然后将信息通过电子数据交换系统直接传送给汽车制造厂。厂家则根据顾客的需要来安排汽车和生产,使得汽车的生产由过去的"按库存生产"变为"按订单生产"。这样不仅最大限度地满足了顾客的需要,而且通过减少库存而降低了成本。

日本自行车公司在"快速反应"和"按订单生产"方面更先进。顾客可以在自行车的展示室中借助于"计算机辅助设计"系统对他的身材进行测量,从而找到最适合于他的自行车的尺寸和形状。然后,顾客可以选择刹车的方式、链条、轮胎、变速器的款式以及车身的颜色等。这些信息则通过电子数据交换系统送至生产车间。这种按客户订单生产和装配的自行车可以在3小时内交货或送出。

(2) 零售业改头换面

在批发业逐渐淡出市场的同时,零售业也在不断采用信息技术改造自己,除了广泛采用的条形码系统和扫描之外,管理信息系统及各种智能机器人正在被引入零售业以提高市场竞争力。

美国明尼阿波利斯市的购物中心内设有一家机器人音乐商店,顾客进入这家商店之后,仅受到唯一的一个售货员的欢迎———一台400磅重的机器人。这台机器人在商店中的一个圆形玻璃台中转动,顾客可以通过机器人上的键盘自动选择商店所有的5 000张激光唱片中的任何一张,试听30秒。顾客选定自己所喜爱的激光唱盘之后,可以利用机器的显示器进行付款。付款以后,机器人的机械手会从架上取出顾客所需要的唱盘连同收据一起送至顾客手中。

欧洲的一家很大的超级市场折扣店正在试验一种新的电子售货技术。顾客只需将自己的信用卡插入放有自己想买的商品的货架上的一个槽中即可买到自己需要的商品,商店中既没有售货员,也没有顾客常用的购物小推车。当顾客离开商店的时候,他会发现他要买的东西已经包装好而且正在门口等着他。顾客唯一所需要做的是在信用卡账单上签上自己的名字。

在饭店和餐饮业,计算机可以把服务员填妥的顾客的订菜单电子传送至厨房,而不需要他在客堂与厨房之间来回穿梭。计算机也可以计算出各种原料的消耗量以便饭店经理和供应商确定原料的进货量和时间。在一些快速食品店中,顾客只要在汽车开过食物订购处时,用手触摸一下荧光屏上所显示的各类食物中自己需要的食品,即完成了食物的预定。这个信息立即被送至厨房的联机数据库中,而且出现在炊事员面前的荧光屏上。在炊事员准备好顾客所需要的食物后,只要付款即可将自己所要的食物取走。自动化的饮料控制系统也已经进入饭店,以替代饭店酒吧里的调酒师。这个系统由一台微计算机控制。顾客对于饮料的特定需求被送至自动售货机中,3秒后配好的饮料酒可以送至顾客手中;同时,一份计算机打印好的账单也会同时送出。

1993年5月,IBM与美国Blockbuster公司共同投资创造了一家NewLeaf娱乐公司,向顾客们提供Blockbuster全球3 500家零售店所销售的音像制品,包括光盘、电子游戏、录像带等。这家公司的经营完全摆脱了对汽车和高速公路的依赖,没有仓库、不需要运货,也不需要卡车司机。多种产品完全通过电子的手段——亦即信息高速公路——送到顾客的手中。每一个零售店中都有一个小亭子,顾客可以在其中通过触摸荧光屏的显示图形来选择自己所需要的商品。顾客的需求信息通过高速网络被传送到公司的一台中央计算机,由这台计算机操纵,在几分钟内,为顾客所需要的音像制品做出一个电子复制件,然后通过高速网络再送到这家商店。商店里的机器则根据这个电子复制件的信号,生产出顾客需要的光盘、录音带或者录像带。同时,彩色激光打印机也会打印出与样品质量完全一样的包装及其他附件。这种新的电子分销技术保证了顾客永远不会买不到他要买的已有的音像制品。而且,为每一张光盘或每一盘录像带节约了 3～4 美元的运费。实际上,一个全国性的或全球性的数字通信网络就可以把各种各样的音像制品、电子游戏软件、电影、音乐等所有的文娱活动节目传送到任意一家零售店,甚至最后送到顾客家中的客厅里。

10.2.2 信息社会的服务图景

1. 为教育插上翅膀

计算机网络为学生提供了广阔的学习知识的课堂,计算机辅助教学系统更好地实现了因材施教和个性化教学,多媒体教学设备和软件为学生提供了生动形象的教学内容,这些变革成为信息时代教育领域的一道道亮丽的风景线。

(1) 多媒体教学

比如,在传授物理学重力加速度的课堂上,教师采用录像带记录投掷球体的过程,并把该录像带的视频信号直接数字化输入计算机里,随后学生们用联机工作来分析这个运动过程,绘制计算机图形来说明球体相对于时间所发生的变化。

(2) 数字化实验

对于物理、化学等实验,学生不是在仪器旁边,而是在计算机前面,用鼠标拖动每一实验器材进行组装和实验。如果操作不正确,则无法完成该部分实验,学生可反复多次进行,直至每一步正确完成,整个实验才结束。

(3) 无纸化考试

在考试系统的局域网上,主考官在服务器上编写一份试卷,定义好允许考试的人员;考生在客户机上选取自己的准考证号进行考试。达到设定的时间后,计算机自动结束答题并将试卷传送至服务器。计算机自动完成判断题、单选题、多选题三种题型的评卷,填空题、问答题由主考官通过简单的鼠标选择进行评卷,整份试卷的分数统计均由计算机自动进行。

(4) 互动式课堂

利用互联网不受时间和空间限制的特点,可以在网上实现模拟教室,组织网上讨论,实现信息的双向流通,甚至还可以完全利用 Internet 网组建网络学校。学生可以通过电子的"虚拟对话"讨论课程中的问题,同时 Internet 的访问者也可以被邀请加入"课堂讨论"。

(5) 虚拟学校

基于 Internet 的远程教学克服了传统教育在空间、时间、受教育者的年龄、教学环境等多方面条件的限制,甚至可以使学生不迈入校园即进行学习,并获得相应的学位证书。这样,不出家门即可上学,不出国门即可留学。这时的学生面对的将是一个虚拟学校。课程内容从虚拟图书馆下载;学生和教师在虚拟教室相会,进行"现场辅导";学生按照要求完成相应的作业和练习,并通过电子邮件传送给辅导教师批改;教师则根据学生的作业情况给予相应的辅导;最后通过网上联机考试,即可获得相应的证书。

美国西部 10 个州的州长在 1996 年 6 月宣布,每个州将出资 10 万美元,共建一所虚拟大学。首批学生在 1997 年开始在电子课堂上课。该大学是一个被正式认可的机构,可以得到传统大学承认的课程学分,可以颁发正式的学位证书。1996 年 11 月,我国哈尔滨工业大学的 6 名博士研究生利用互联网选修美国大学的课程,并获得美国锡拉丘兹大学颁发的课程结业证书。

2. 为办公拓展新天地

由于信息技术的应用,人们的办公室正在悄悄地发生着变化,这些变化表现在办公地点、办公方式、办公内容等多个方面。与此同时,人们的办公效率却显著提高,同样的工作任务,参与的人数不断减少,完成的时间不断提前,完成的质量不断提高。

(1) 办公自动化

在办公室采用计算机技术,可将文件存入计算机,方便地进行文件的编辑、修改、排版、存盘、打印、传真、删除等操作。

适用于不同领域的专用管理系统软件,如企业的财务、统计系统,行政部门的文件收发系统,银行的票据打印系统,学校的学籍管理系统,交通部门的车辆管理系统等,使得文件的查找、归档、收发等工作变得不再烦琐。

企业内部网(Intranet)可令企业内部的文件传递变得简便快捷。

(2) 流动办公室

借助信息网络,信息传递方便快捷,为人们改变工作场所提供了可能。

出差在外的人只要拥有一台笔记本电脑和可用于联网的电话线路(有人使用移动电话进行通信),无论身处何处,都能够获得所需的资料与帮助。

原来只能在工厂、公司、商场里靠面对面才能进行的工作,可通过通信设备和计算机的应用转为在家里完成。参与工作的人,每日可以节约大量的用于行车、走路的时间。自由选择工作时间,有利于工作完成质量的提高。

3. 为民生提供好帮手

信息网络的发展带动了信息服务的新模式,并渗透到社会生活的各个方面。

(1) 电子购物

电子购物可使人们足不出户,几分钟即可周游众多的由全球电子商务网络织成的"商场"和"柜台"。虚拟商场不受营业时间的限制,一年365天,一天24小时都在恭候顾客光临,没有休假,没有打烊,什么时候需要购物,打开计算机,敲敲键盘,点点鼠标,即可浏览商品清单,而且能看到数千里之外的商家提供的商品,甚至可以在全球范围内选购商品。大到住房、汽车,小到T恤衫、巧克力等各种商品,凡是在传统商店里可以买到的商品,通过电子购物几乎都可以买到。付款方式也很简单,只要使用信用卡或电子货币划账即可。

(2) 网络银行

运用信息网络,人人都可以在家理财,通过计算机付账,购买股票,检查家庭预算实施情况。从自动提款机到无人银行、电话银行、金融系统不断翻新自动化业务,随着全球的互联网络发展,金融界也掀起了网络银行风潮。

1996年,在美国出现了第一家联机电子银行(Security First Network Bank),这家银行采用了全新的服务手段,顾客足不出户便可以了解账户余额、过户、支付账单甚至贷款业务,不必在等待一个月去了解哪些支票已经兑现,当天就可以了解账户上每一笔业务的细节。进入这家银行的网址后,屏幕上就会出现营业大厅的画面。上面有"开户""个人财务""咨询台""行长"等柜台,甚至还有一名保安,用户只需用鼠标单击各自的柜台,就可以进入自己所需的领域。该银行员工只有10人,自"开业"以来,每天都可以收到大量的储户申请。1996当年存款额已达到1 400万元。

4. 为出行保障便捷与安全

信息时代，准备旅游的人们可以事先通过信息网络查询自己所要了解的各种信息，包括旅游饭店的客房信息、餐饮设施、交通条件以及其他服务设施，旅游景点及相关的景点门票、距离、游览时间等信息，从而制订旅游计划。

准备外出的人们可以通过电子订票系统远程订票，既方便了出行，也使交通部门的运力得到充分的利用。

交通部门可以依靠计算机指挥交通运输，协调运力，处理交通事故。运输部门可以凭借管理信息系统调度各种运输工具。

5. 为健康提供名医

利用先进的信息技术可以创造出先进的医疗设备和诊断技术，可以创造全新的医疗方式，可以创造未来的医院。

20世纪70年代发展起来的计算机断层成像技术（CT）是医学诊断学的一大飞跃。它通过高度准直的X线束围绕身体的某一部位做一个断面的扫描，扫描过程中由灵敏的检测器记录下扫描获得的大量信息，经电子计算机高速运算，计算出该层面各点的X线束吸收系数值，用不同的灰度等级来重建图像，显示出身体每一个横断层面的解剖结构的图像。

随之发展起来的磁共振成像（MRI）技术、数字减影血管造影技术（DSA）和发射断层扫描技术（ECT）将具有强大计算能力的计算机与各种医疗诊断设备相结合，为医生诊断疾病安上了一双双"火眼金睛"。

信息网络的发展使患者就医得到很多方便。一个人尽皆知的例子是，北京大学的一位女学生身患怪病，难以确诊，病情日渐加重，危及生命。她的两位同学通过Internet发出求救信，收到了各国医学专家的诊断建议，高度怀疑为铊中毒。经过协和医院的确诊和全力救治，终于使女学生转危为安。

1997年我国金卫网开通，可提供远程医疗会诊、电视会议、远程教学与培训、国际交流、影像资料信息化、医院信息系统等，体现了医疗从局部地区拓展到全球，由单一表示形式向多媒体发展，由等级层次的组织形式向以病人为中心的模式转化的趋势。

本 章 小 结

本章从"大科学观"的高度，展望了信息科学与技术发展的前景，重点解析了"信息科学—信息技术—信息经济—信息社会"的连锁反应，展示了信息科学技术的发展将对国民经济和社会生活带来的伟大影响和进步。读者当由此获得学习信息科学技术的巨大激励和鼓舞。

信息科学与技术的发展日新月异，本章所展望的图景也会很快因为时过境迁而被更加令人振奋的实际图景所替代。但是无论如何，信息科学与技术的无限发展和由它引发的经济与社会不断走向信息化和智能化，这个趋势是肯定的。这便是信息科学与技术工作者可以大有作为的广阔天地。

思 考 题

10.1 你同意"科学—技术—经济—社会互动学说"吗?为什么?如果不同意,你有什么具体的见解?

10.2 你对"信息科学—信息技术—信息经济—信息社会连锁反应"有什么看法和评论?

进一步阅读的建议

A. 参考文献

[1] 冯秉铨.现代科学技术中的信息科学.百科知识,1980:48.
[2] 蔡长年.信息论学会年会讲话.信息论与Walsh函数论文集,1980:1.
[3] 周炯槃.关于信息科学,信息论与Walsh函数会议录,1980:10.
[4] 钟义信.信息科学.自然杂志,1979(3):4-9.
[5] 钟义信.信息科学原理.5版.北京:北京邮电大学出版社,2013.
[6] 钟义信,周延泉,李蕾.信息科学教程.北京:北京邮电大学出版社,2005.
[7] 钟义信,等.智能科学技术导论.北京:北京邮电大学出版社,2006.

B. 后续课程

科技史与方法学